浙江省哲学社会科学规划后期资助课题
浙江工业大学中国语言文学省高校人文社科
重点研究基地研究成果

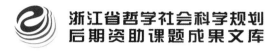

浙江省哲学社会科学规划
后期资助课题成果文库

宿松方言语法研究

Susong Fangyan Yufa Yanjiu

黄晓雪 著

中国社会科学出版社

图书在版编目(CIP)数据

宿松方言语法研究／黄晓雪著.—北京：中国社会科学出版社，2014.5

ISBN 978-7-5161-4238-7

Ⅰ.①宿… Ⅱ.①黄… Ⅲ.①江淮方言-语法-研究-宿松县 Ⅳ.①H172.4

中国版本图书馆 CIP 数据核字(2014)第 083515 号

出 版 人　赵剑英
责任编辑　宫京蕾
特约编辑　李晓丽
责任校对　董晓月
责任印制　李　建

出　　版　中国社会科学出版社
社　　址　北京鼓楼西大街甲 158 号（邮编 100720）
网　　址　http：//www.csspw.cn
　　　　　中文域名：中国社科网　　010-64070619
发 行 部　010-84083685
门 市 部　010-84029450
经　　销　新华书店及其他书店

印刷装订　北京市兴怀印刷厂
版　　次　2014 年 5 月第 1 版
印　　次　2014 年 5 月第 1 次印刷

开　　本　710×1000　1/16
印　　张　18.25
插　　页　2
字　　数　305 千字
定　　价　55.00 元

序　一

《宿松方言语法研究》是作者博士学位论文的改造版。当初做学位论文的时候，作者的注意力完全放在发掘宿松方言不同于普通话的特殊之点上，写什么、不写什么，全按是否有方言特色的原则决定。这是做方言语法的惯常做法。后来作者接受张敏先生的建议，对宿松方言语法作全面检讨，考察项目大为增加。学位论文除绪论外，只有"'把'字句"、"结构助词"、"述补结构及补语标记"、"体貌范畴"四章。本书除导言外，有"代词"、"副词"、"介词"、"连词"、"助词"、"语气词"、"语缀"、"'把'字句"、"述补结构及补语标记"、"比较句"、"双宾句"、"疑问句"、"祈使句"、"否定句"十四章，涵盖了一种方言的语法构造的方方面面，信息量大大增加，有利于从语法方面作方言之间的异同比较。

《宿松方言语法研究》的最大特色，是不但发掘语言事实，而且在发掘语言事实的基础上探寻语法成分的来源。作者把方言语法研究同历史语法研究结合起来，并且综合其他方言的相关语法现象，用语言类型学的观点加以审视，因而多有发明。举两个例子。宿松话跟普通话的"的"字对应的成分有"里"、"里个"、"个"、"底"和"底个"等。作者描写它们的用法，说明它们分布上的差异，而且就各自的来源作了详细讨论：定语标记"里"来源于方位词"里"，名词后缀"个"来源于指示代词"那个"，名词后缀"里"来源于定语标记"里"，"里个"由定语标记"里"和"个"（"个"是指示代词"那个"的减省形式）融合而成。"把"在宿松方言中既是用以构成处置式的介词，又是给予义的动词。这两个"把"都来源于持拿义的动词"把"。给予义动词"把"经常跟引进与事的介词"在"配合使用。当"把"字的宾语不出现的时候，"把"和"在"挨拢，"把在"成为后接与事表给予的惯常说法。这个"把在"后来发展成被动标记，又进一步发展成原因连词。文章梳理了"把"、"把在"几种用法之间的关系，厘清了它们的历史层次，使纷纭变幻的现象变得有条理可寻。不过，由于缺乏文献依据，方言中语法成分来源的考订做起来不能不遇到更多的障碍，难度是相当大的，因而书中结论是否合乎实际，是否真有道理，还需要经过专家学者的认同，经受更多的语言事实的检验。

晓雪同志十分勤奋。本书参考文献列有她自己写作的论文20篇，绝大多数是她博士毕业（2007年）以后的五六年中写成的。这些文章或讨论方言语法，或讨论历史语法，讲方言语法有历史语法的关照，讲历史语法有方言材料的支撑，既重视描写，又重视解释，已经形成了自己的工作思路。我为她已经取得的成绩感到高兴，期待她继续努力，做更多的工作，取得更大的成绩。

李崇兴

2013年9月

序　二

《中国语言地图集》(1987)将安徽省安庆市所辖怀宁、潜山、太湖、宿松、望江和岳西六县的方言划为赣语怀岳片(属北部赣语),因为这些方言在语音上具有赣语的一些特点,譬如中古全浊塞音、塞擦音一律变为送气清音。不过在语法方面,这些方言受江淮官话的影响甚深,以致在很多方面表现出既有别于其他赣语又殊异于江淮官话的显著特征。以往的汉语方言语法研究对这一带的方言鲜有涉及,成果凤毛麟角。黄晓雪老师这本《宿松方言语法研究》选择宿松方言中富有特色的虚词、语法标记、语法范畴及句法结构,进行细致的描写和深入的探讨,为我们了解怀岳片赣语的语法面貌提供了重要参照,可以说,这项研究具有填补学术空白的重要意义。

这本著作的水平,相信读者自有评价,用不着我多所辞费。不过我觉得,本书最重要的创获是历时视角的运用:作者在对很多共时语法现象进行描写的同时,运用语法化的理论和方法对这些语法现象的来源与演变进行了历时考察,使读者不仅知其然且知其所以然,这就将共时的描写和历时的探讨有机地结合起来。

我一直主张,历史语法学界的学者应当做一点方言语法的研究。因为第一,汉语方言语法史原本就是汉语语法史的一个重要组成部分,汉语历史语法研究应该将基于历史文献的研究和基于方言比较的研究结合起来。第二,国内做方言语法的学者,要么是方言学的出身,要么是现代汉语语法的背景。因为受的是共时语言学的训练,这些学者大都将所描写的方言语法现象视为共时的状态;相反,做历史语法出身的人因为有历时视角和历史语法的训练,很容易透过那些共时状态窥见其间的历时关联和演变过程。借用 Bybee(2006)的隐喻来说:纯粹从共时角度看,橡树子(acorn)、橡树苗(oak seedling)、橡树(a full grown oak tree)和橡木(wood products)很可能被视为四种在形式和功能上几无相同之处的物体;但历时地看,这四者之间显然具有清楚的源流和演化关系:橡树子 > 橡树苗 > 橡树 > 橡木。

我本人这些年做一点方言语法史的研究，“其渊盖出于此”。跟我一样，本书作者也是汉语历史语法的出身，所以她能在准确描写宿松方言语法现象的基础上，比较成功地探讨了宿松方言语法中的“橡树苗”或“橡树”之何所来和何处去。

吴福祥

2013 岁杪于京城齐贤斋

目　录

上　篇

下　篇

第一章

导　言

第一节　宿松概况

一　地理人口

宿松县位于大别山南麓，皖、鄂、赣三省结合处。地理坐标为东经115° 52′—116° 24′ 40″，北纬29° 47′ 20″—30° 25′ 30″。东与望江县湖面毗连，南滨长江，与江西省湖口、彭泽县隔江相望，西和湖北省黄梅、蕲春县接壤，北连太湖县。县境南北纬差38′ 10″，相距71公里；东西经差42′ 40″，相距67公里。

宿松县总面积2393.53平方千米，约占安徽总面积的1.71%。其中丘陵地区面积为854.08平方千米；中低山区面积为346.22平方千米；其余为岗地、断陷盆地、平原等，面积为494.63平方千米；水域面积为698.60平方千米。

宿松境内地势西北高、东南低，依次为中山、低山、丘陵、岗地、湖泊和平原，呈阶梯状分布。境内地势由西北向东南逐渐降低，山地、丘陵、湖泊、洲地依次排列。自然差异明显。西北部山区，最高峰罗汉尖海拔1011米，为林茶主要产区；中部丘陵，为粮油产区；南有长江，中南部有龙感湖、黄湖、大官湖和泊湖，面积104万亩，为水产基地。南部冲积平原，为商品棉集中产区。境内有凉亭河、二郎河两大河流。

到2010年底，全县常住人口中共有家庭户193608户，家庭户人口为538231人，居住人口为836922人。其中绝大多数为汉族，散居全县各地的还有回族、壮族、满族、黎族、蒙古族、高山族、苗族等少数民族，其中回族人口在少数民族中居多。县内少数民族均讲汉语。

二　历史沿革

置县与县名。宿松原名松兹。西汉高后四年（前184年）建松兹侯国，文帝十六年（前164年），分淮南国为衡山、庐江二郡，庐江郡“领县第十二曰松兹”，此为本县建县之始。

王莽新政时期（9—23年）曾改县名为诵善。魏建安十九年（214年）改松兹为松滋；晋成帝时（325—342年）因避战乱，县人迁徙过江，于寻阳侨置松滋郡，安帝（397—418年）改松滋侨郡为松滋侨县；南北朝，梁改松滋县为高塘郡；隋开皇初（581—604年）改高塘郡为高塘县，十八年（598年）改高塘县为宿松县，县名沿用至今。

隶属沿革。西周先属舒国，后属皖国。春秋战国先后属吴、越、楚。秦时属衡山郡。西汉高后四年属扬州；文帝十六年属庐江郡；始元五年属扬州。东汉、三国属扬州庐江郡。晋代先后属扬州和寻阳郡。南北朝先后属寻阳郡、江州。隋代和唐代属同安郡。五代十国属舒州。宋政和五年改同安郡为德庆军；绍兴十七年德庆军改为安庆军；庆元元年安庆军升为安庆府。自德庆军至安庆府，其间80年，宿松县均属其辖。元、明、清一直属安庆府。民国，初属安徽省安庆道，后属安徽省第一专区。新中国成立后，属皖北行署安庆专区，后改安庆专区为安庆行署，现改为安庆市。至今，宿松县一直受其管辖。

三　行政区划

宿松县现辖9镇13乡。9镇：凉亭镇、二郎镇、长铺镇、孚玉镇（县城所在地）、破凉镇、许岭镇、下仓镇、复兴镇、汇口镇；13乡：北浴乡、陈汉乡、趾凤乡、隘口乡、柳坪乡、河塌乡、高岭乡、程岭乡、五里乡、九姑乡、佐坝乡、千岭乡、洲头乡。

四　方言系属

《中国语言地图集》（1987）将宿松方言划为赣语的怀岳片。宿松方言在语音上有赣方言的突出特点，即中古全浊塞音和塞擦音（“并定群从澄崇”）一律变为送气清音。

据《宿松县志·大事记》记载：“洪武二年（1369年），朝廷诏徙江西鄱阳、乐平等县民（共96个姓氏）来本县定居。”据曹树基（1991），朱元璋与陈友谅争夺安庆的战争导致了安庆、池州一带的人口的亡徙，战后来自江西的移民进入了这个地区。至明初，自江西迁入宿松县的氏族最多，占74.7%，人数占当时宿松人口的69.7%。宿松人朱书在《杜溪文集》卷

3中说:“吾安庆，古皖国也……神明之奥区，人物之渊薮也。然元以后至今，皖人非古皖人也，强半徙自江西，其徙自他省会者错焉，土著才十一二耳。”（转引自曹树基，1991）。据刘纶鑫（2000），“自唐末五代开始到明代前期，由于战乱等多种社会原因，江西中部、北部的许多居民向湖北南部、湖南东北、安徽南部以及福建东北部迁徙。今湖北东南各县、湖南湘阴、平江、岳阳、南县等地、安徽南部各县和闽西北邵武、建宁一带赣方言区的居民，基本上是这一段时间从江西迁来的”。

周静芳（1998）认为，赣方言在唐末五代就已基本形成。元末明初，迁自江西的、占宿松人口69.7%的说赣语的人势必对土著语言产生很大冲击，进入的赣语跟宿松的土著语言发生了融合。由于说赣语的人数在宿松县占绝对优势，我们认为，这种融合最可能的方式是外来的赣语代替了原来的土著语言，土著语言仅仅在赣语中留下底层。结果，宿松方言在明初以后形成了一个新的格局，这就是今天宿松方言的源头。可见，人口的迁徙是宿松赣语形成的主要原因。

宿松县处在皖、赣、鄂三省交汇的特殊地理位置，加上历史上移民的原因，造成了宿松语言的复杂化。西南程营、汇口一带多带德化口音；西部边境，包括佐坝区的大部分，二郎、陈汉区的一部分，带黄梅语音；北部及东北边境又带太湖县语音；东部明显受望江口音的影响。因长江洪泛淤积形成的复兴区，原无土著居民，其人口均系本县其他地区及外县徙入。这样，在宿松县区域内又出现了枞阳、庐江、桐城、湖口、彭泽等地的语音。以县城为中心，延及五里、九姑、许岭、程集、二郎绝大部分及陈汉、凉亭、复兴区的部分，则操地道的宿松话。

这里所谓宿松方言指宿松县城方言，该方言语法新派与老派差异不大，用例以老派为主。笔者从小生活在属凉亭镇的河塌乡黄畈村，能说地道的宿松话。黄畈村靠近宿松县中部，其方言不大受邻近地区方言的影响，与宿松县城话基本一致。

第二节 关于宿松方言语法研究

方言语法研究虽然从20世纪80年代以来取得了明显进展，但是与语音和词汇的研究相比还是显得薄弱，方言语法事实的发掘还很不够，而且当前的方言语法研究主要是着力于描写，着力于与普通话的比较，对方言句式、功能词的来源和发展却较少有人论述。

陆俭明先生（2000）指出：长期以来，汉语方言研究一直局限于方言语音、方言词汇的调查研究，尤其是方言语音的调查研究，很少顾及方言语法的调查研究。陆先生分析了汉语方言语法研究滞后的原因。一则，方言语法研究的难度很大，因为“操非母方言者难以全面、准确、深入地调查了解该方言的真实面貌；而操该方言但又缺乏语法知识的人也难以全面准确、深入地调查了解该方言的真实面貌”。二则，“长期以来一般认为汉语方言之间语音的差别最大，词汇的差异其次，语法的差异最小，所以普遍认为普通话的语法规则一般也适用于汉语方言”。其实，方言语法与普通话还是存在不少的差别。

“纵观赣方言研究的历史，可以看出，赣方言研究已取得了一定的成就，但是与其他方言的研究状况相比，就显得相对滞后和单薄。而且就目前的成果而言，主要是语音层面上的研究，词汇和语法的研究虽有所涉及，但远不够深入。”（刘纶鑫、田志军，2003）就宿松方言而言，最先对宿松方言语法进行研究的有孙宜志、唐爱华等。研究成果主要是单篇论文，没有专书。已发表的单篇论文有19篇，涉及指示代词、结构助词、动态助词、事态助词、语气词，以及一些特殊的结构和句式，如“一VV到”和“一VV着”结构等。另外，唐爱华《宿松方言研究》一书中对语法也作了一些讨论。总体来看，这些研究虽具有开拓性和启发意义，但不全面，宿松方言语法的总体面貌、历史层次、演变规律和演变类型等问题都还不是很清晰。

就研究方法而论，自20世纪80年代以来，方言语法研究在方法上不断更新，取得了不少研究成果。“……朱德熙先生则通过自己长期深入的汉语语法研究，深切体会到要把现代汉语语法研究好，非着力把标准语（普通话）语法的研究和汉语方言语法的研究及汉语历史语法的研究结合起来不可”（詹伯慧，2004）。在1989年湖北省语言学会第5届年会上，邢福义先生明确阐述了将“标准语语法—方言语法—历史语法”相结合的研究思路，这就是语法学界通常所说的语法研究的“大三角”理论。但是，直到现在，真正贯彻三结合精神的论文并不多，大多数的论文和专著只着眼于共时的语法描写，这就很难找出汉语语法的特征及其演变的规律。虽然语法描写是必不可少的，共时的描写是研究语法演变的基础，没有充分的、准确的描写，无从解释语法的演变过程；但另一方面，语法演变的研究也能为方言语法的描写提供帮助，因为共时平面上的语言差异能体现历时的演变，所以，在对方言语法进行描写的同时，尽可能对语法形式或语法成分的来源和发展演变过程作出合理的解释无疑会大大推进方言语法研究。

20世纪70年代以后，随着语法化理论在国外的兴起，汉语方言语法的研究也开始采用语法化理论来分析一些语法现象。如江蓝生的《吴语助词“来”“得来”溯源》，吴福祥的《南方方言几个状态补语标记的来源》、《能性述补结构琐议》，杨永龙的《从稳紧义形容词到持续体助词——试说“定”、“稳定”、“实”、“牢”、“稳”、“紧”的语法化》，陈泽平的《福州方言处置介词“共”的语法化路径》，等等。总的来看，用语法化理论来研究汉语方言语法的为数不多。

自1985年桥本万太郎的《语言地理类型学》出版以来，语言类型学不断受到关注。近年来，开始出现从类型学的角度来探讨汉语方言语法的走向。这方面的文章如江蓝生的《汉语使役与被动兼用探源》，刘丹青的《吴语的句法类型特点》，吴福祥的《南方方言能性述补结构V得不C带宾语的语序类型》，等等。

一　宿松方言的语音系统[①]

（一）声母　二十三个，包括零声母。

p 布标	pʻ 怕爬步	m 麻门	f 飞符	
t 到刁	tʻ 太台夺	n 南女		l 兰连
ts 走早	tsʻ 操曹贼		s 散三	
tʃ 招举	tʃʻ 昌长柱		ʃ 声虚	
ʒ 绕肉圆				
tɕ 焦九	tɕʻ 秋球杰		ɕ 笑习	
k 贵国	kʻ 开葵柜	ŋ 袄欧	h 河胡	
ø 二蛙衣				

①声母［ts tsʻ s］的发音特点是舌尖抵住下齿龈，舌面最前端向硬腭前部拱起，今记作［ts tsʻ s］。

②［n］声母拼开口呼韵母时，音值为［n］，拼齐齿呼韵母时，音值为［ȵ］，拼撮口呼韵母时，音值为［ɳ］，今合为一个音位［n］。［n］声母不拼合口呼韵母。

① 参照孙宜志（2002）。

（二）声调　六个单字调。

阴平 213 诗高开婚	上声 42	古口好五	阴去 21	汉放盖抗
阳平 35 时穷寒鹅	入声 5	黑缺月局	阳去 24	近厚害岸白合

阳去的起点比 2 低，比 1 高，而且调型为先平后升，今记作 24。

（三）韵母　六十二个，包括自成音节的 [m̩] [n̩]。[m̩] [n̩] 没有列入韵母表中。

ʅ 资师			
ʅ 迟	i 皮低取衣	u 故	ʮ 鱼区
a 爬打扯家	ia 姐夜架	ua 花瓜画	
æ 白特社	iæ 爹绝	uæ 活或	ʮæ 靴瘸
o 剖夺科坐	io 嚼哟	uo 窝	
ai 排歹寨该		uai 拐外快	ʮai 甩踹
ei 美堆催盖		uei 贵悔喂	ʮei 追垂
au 跑到草超	iau 漂吊叫焦		
eu 否斗祖丑	ieu 丢秋抠		
an 办单残		uan 款欢万	
en 战缠原	ien 边天奸烟		ʮen 穿专
on 断钻干			
ən 顿挣称	in 兵丁今英	un 昆温	ʮn 春勋
aŋ 帮当脏昌	iaŋ 娘央	uaŋ 光汪	ʮaŋ 双
oŋ 梦东聪冲	ioŋ 穷凶用		
ɭ 雨二			
ɭʔ 日入			
ʅʔ 刺			
ʅʔ 失执	iʔ 匹踢急	uʔ 不哭	ʮʔ 出剧
aʔ 八踏插夹	iaʔ 鸭压	uaʔ 刮袜	
æʔ 伯得册折	iæʔ 接劫隔	uæʔ 国阔	ʮæʔ 决血
oʔ 泼掇捉戳	ioʔ 脚削	uoʔ 握沃	
euʔ 突足触	ieuʔ 欲畜		

①韵母［ʅ ʅʔ］中的主要元音［ʅ］发音时舌尖抵住下齿龈，舌面最前端向硬腭前部拱起，音色接近元音［ʅ］，今记作［ʅ］。［ʅ ʮ］都不卷舌，实际上是跟［tʃ　tʃʻ ʃ］同部位的元音。

②［iæ iæʔ］两韵母后的主要元音［æ］的舌位偏高。声化韵［ɭ ɭʔ］中的［ɭ］为舌尖后边擦音。

二 主要发音合作人

黄爱堂，男，1941 年生，大专文化程度，小学教师，住凉亭镇黄畈村。读私塾在黄畈，大专在江西永修县，只有读大专期间外出的经历。

黄克武，男，1967 年生，小学文化程度，长期生活在凉亭镇黄畈村。

三 凡例

1. 本书一律用国际音标注音，轻声在音标前用小圆点表示。

2. 例句中解释的文字用比例文小一号的字。如：那搭那里……即解释“那搭”的意思是“那里”。

3. “( )”用于例文，表示括号中的文字是可有可无的文字；用于非例文，是注释性的说明。“[ ]”中的文字也为注释性的说明。

4. “□”用以代替写不出的字。

5. 本字不明、同音替代字用下划线“﹏﹏”标示。

6. “/”表示互相替代的成分。

7. “｜”用于隔开例句。

上　　篇

第二章

代　　词

第一节　人称代词

宿松话的人称代词有：

我（侬）、你（侬）、佢（侬）

人家、别人、旁人

自己、各人

一　我［ŋo^{42}］、你［n̩^{42}］、佢［k'æ^{35}］

"我、你、佢"只能表示单数，其后都可以加语缀"侬"［·noŋ］，但"我侬、你侬、佢侬"也只能表示单数。表示复数

必须加"者"［·tʃæ］或"几"［·tɕi］，说成"我者、你者、佢者"，或者"我几、你几、佢几"，但不说"我侬者、你侬者、佢侬者"或"我侬几、你侬几、佢侬几"。

第二人称代词"你"没有相应的尊敬形式，但有"你老人家"的说法。

"佢"除用作第三人称代词外，还有虚指和回指的用法。虚指的如"今朝要吃佢三大碗"、"管佢几多钱管他多少钱都要买"；回指的如"你把这碗肉吃脱佢你把这碗肉吃掉"，回指的"佢"详见第十四章第一节。

二　人家［nin^{24}·ka］、别人［p'iæ^{24}·nin］、旁人［p'aŋ^{35}］

"人家"是旁指，如：

（1）人家都出去做事在①。

（2）人家里东西不要扒人家的东西不要动。

（3）把东西还在给人家。

"人家"有时指代说话人自己，如：

（4）只顾自己，不顾人家。

---

① 句末的"在"是表事态出现某种变化的事态助词，大致相当于普通话的"了$_2$"。

（5）你把人家里的脚踩倒着在了！（抱怨别人踩了自己的脚）

“别人”可以指某一确定范围内除某一个或某一些人之外的别的人，如：

（6）除脱佢有得没有别人。

（7）今朝除脱你侬除了你，有得没有别人来。

“人家”没有这样的用法，因此例（6）、（7）的“别人”不能用“人家”替换。

“旁人”和“别人”可以互相替换、“旁人”多用于老派，别人多用于新派。

三　自己［ts‘ɿ^{24} · tɕi］、各人［ko^{5} · nin］

“自己”主要用以复指，带有副词的性质，如：

（8）我自己会做。

（9）你自己去，莫别要佢陪。

“各人”指每个人，常跟“自己”一块连用，如：

（10）各人自己招呼照顾好自己。

（11）我者我们各人自己搭车去。

“自己”和“各人”都可以作定语，如：

（12）自己里的东西自己管保管。

（13）各人里的事各人做。

“各人”不能作宾语，作宾语的时候得用“自己”。

第二节　指示代词

宿松话的指示代词是近指、较远指、更远指的三分系统。近指用“这［tæ^{21}］”，较远指用“那［n̩^{21}］”，更远指用“兀［uei^{21}］”。这三个字不仅单用，而且是形成其他指示代词的基础，如：

这里［tæ^{21} · li］	那里［n̩^{21} · li］	兀里［uei^{21} · li］
这搭［tæ^{21} · tæ］	那搭［n̩^{21} · tæ］	兀搭［uei^{21} · tæ］
这边［tæ^{21}pien^{213}］	那边［n̩^{21} pien^{213}］	兀边［uei^{21} pien^{213}］
这乎子［tæ^{21} · hu · tsɿ］	那乎子［n̩^{21} · hu · tsɿ］	兀乎子［uei^{21} · hu · tsɿ］
这一拨［tæ^{21} · iʔ · poʔ］	那一拨［n̩^{21} · iʔ · poʔ］	兀一拨［uei^{21} · iʔ · poʔ］
这个［tæ^{21} · ko］	那个［n̩^{21} · ko］	兀个［uei^{21} · ko］
这些［tæ^{21} · ɕiæʔ］	那些［n̩^{21} · ɕiæʔ］	兀些［uei^{21} · ɕiæʔ］
这滴点［tæ^{21} · tiʔ］	那滴点［n̩^{21} · tiʔ］	

这样［tæ^{21} · iaŋ］　　那样［n̩^{21} · iaŋ］　　兀样［uei^{21} · iaŋ］

那（里）［n̩ʔ（· li）］/［n̩^{35}（· li）］

（一）前三排都是指代处所的。“这里”指示离说话者较近的处所，“那里”指示离说话者较远的处所，“兀里”指示离说话者更远的处所。“这搭”、“那搭”、“兀搭”大致分别等同于“这里”、“那里”、“兀里”，这两组词的分布情形跟普通话的“这里”“那里”相当，都可以用作主语、宾语，都能直接放在人称代词或名词后，使非处所词成为处所词，都能修饰名词和用在介词后。例如：

（1）这里 / 这搭今朝冇得没有人来。

（2）你到这里 / 这搭来一下。

（3）那里 / 兀里 / 那搭 / 兀搭有水冇吗？

（4）桌子放在那里 / 兀里 / 那搭 / 兀搭。

（5）我这里 / 这搭有一双鞋。

（6）钱搁在姐姐那里 / 兀里 / 那搭 / 兀搭在了。

但在修饰名词时，“这搭”、“那搭”、“兀搭”后一般要带定语标记“里·li”，而“这里”、“那里”、“兀里”一般不带，例如：

（7）我几我们这里人喜欢打牌。

（8）我几这搭里人喜欢打牌。

（9）那里水真好。

（10）那搭里水真好。

（11）你莫别管兀里事。

（12）你莫别管兀搭里事。

（二）“这乎子”和“这一拨”两组是指代时间的。“这乎子”就是这个时候，指代眼下的时间或者句中参照点内的时间；“那乎子”就是那时候，指代过去或将来较远的时间；“兀乎子”指代过去更远的时间。“这一拨”指代离说话时较近的时间段；“那一拨”指代过去较远的时间段；“兀一拨”是指代过去更远的时间段。例如：

（13）这乎子天热。

（14）明年这乎子我家□［næ̩ʔ^{5}］儿子或弟弟就要考大学。

（15）佢那乎子家里也穷。| 这里明年就要通车，到那乎子出去就方便着了。

（16）这里兀乎子一下全部是田。

（17）佢这一拨身体不好。

（18）我那一拨冇有没有问佢里的事。

（19）街上兀一拨还有人卖桃子。

另外，“这”和“兀”还可以单用泛指时间，“这”指代现在，“兀”指代原来、过去，“那”则不能单用来指代时间。例如：

（20）我这冇得功夫去我现在没时间去。

（21）我兀还不晓得佢冇结婚我原来还不知道他没有结婚。

（三）“这个”、“这些”、“这滴点”三组指代人或事物。“这个”组指代单个的人或事物，“这些”组指代多个人或事物，“这滴点”组指代体积小的或数量少的人或事物。“这个”、“这些”和“这滴点”指示离说话人较近的人或事物，“那个”、“那些”和“那滴点”指示离说话人较远的人或事物，“兀个”和“兀些”指示离说话人更远的人或事物。没有“兀滴”的说法。“这个”、“那个”中的“个”还可以变读为·koʔ，“这个”、“那个”便带有说话人对所言人或事“不满、不愉快、不如意”的主观色彩。“那个”、“那些”和“那滴”中的“那”也可以变读为n̩^{35}、n̩ʔ^{5}等，表达“戏谑、嘲笑、不满、鄙视”等主观意义。举例详见第四节。

（四）“这样”一组指示方式、程度。“这样”和“那样”分别相当于普通话的“这样”和“那样”。“兀样”一般用于假设复句的结果分句前，代替某种假设的动作或情况。例如：

（22）得着冇有走，一①兀样就撞倒碰上大雨在幸亏没有走，如果走就碰上大雨了。

（23）佢肯定不晓得，兀样还不来着他肯定不知道，如果知道肯定来了。

（五）“那（里）”指示情状、程度。下文立专节讨论。

第三节　疑问代词

宿松话的疑问代词跟普通话很不相同：“么事”用以问事物；“哪个”用以问人；“哪里”、“哪搭”用以问处所；“哪”有两个，“哪$_1$”表示别择；“哪$_2$”用以询问原因和反诘；问时间用“几乎子”、“么乎子”；问数量用“几”、“几个”、“几多”，“几”还可用于问程度；问原因用“若何ˌ”、“如何”；问方式用“若何ˌ”、“如何”、“若样”；问情况用“么样（子）”；问目的原因用“为

① “一”在这里是假设连词。假设连词“一”详见第六章第二节“五”。

么事”、“做么事”。

一 么事 [mo^{42} · sɿ]

“么事”大致相当于普通话的“什么”，可以作主语、宾语、定语。① 例如：

(1) 么事落下来着什么东西掉下来了？

(2) 你在做么事？

(3) 这是么事东西？

二 哪$_1$ [na^{42}]

“哪”用于别择性询问。常常跟数量词结合。数词是“一”的时候可以直接说成“哪个”、“哪些”、“哪条”、“哪样”，等等，跟普通话完全相同。“哪”字单用只能作主语。

三 哪个 [na^{42} · ko]

“哪个”可以作主语、宾语、定语，相当于普通话的“谁”。做定语时“哪个”通常要带定语标记“里 [· li]”。例如：

(4) 哪个是你家哥哥也②？

(5) 台上讲话里的人是哪个？

(6) ——哪个啊？——是我。

(7) 钱把在给哪个？

(8) 这是哪个里的衣裳？

(9) 佢是哪个里的儿子？

“哪个”作定语如果不表示领属，这个“哪个”就是表别择的“哪”加“(一) 个”。“哪个”一般不带定语标记。例如：

(10) 你里的哪个哥哥在北京？

(11) 哪个碗是你吃里个哪个碗是你吃的？

(12) 你认得哪个老师？

四 哪里 [na^{42} · li]、哪搭 [na^{42} · tæ]

“哪里”和“哪搭”都可以询问处所，但“哪里”比“哪搭”使用频率

① 也可用于虚指和任指，如“你两个莫驳嘴你两人别吵架，又不是么事大不了里的事”、“管佢么事都难不倒佢不管什么都难不倒他”。

② 用于疑问句句末的语气词“也”带有舒缓语气，使语气温和的作用，详见第七章第一节“四”。

高得多，“哪搭”用得很少，趋于消亡。[1]“哪里”修饰名词时，一般不用定语标记“里”，而“哪搭”修饰名词时通常要用定语标记“里”。例如：

（13）你哪里 / 哪搭不好过你哪儿不舒服？

（14）哪里 / 哪搭有土鸡子买哪儿有土鸡蛋买？

（15）你是哪里人？

（16）这是哪搭里的鱼？

“哪里”也用于反诘，例如：

（17）佢哪里瞧得你起唻[2]？

（18）我不信，哪里有这样里的事？

（19）哪里是我讲里个的唻？

五　哪$_2$［·na］

“哪”用以询问原因，也用以反诘。例如：

（20）你哪敢去？

（21）你哪不答应同意、应允佢？

（22）佢哪晓得这个事？

（23）水哪不热？

（24）我哪哄［huʔ^{5}］骗你不是？［“不是”在这里表反诘语气，例（26）同此］

（25）这些事我哪是冇有没有见过？

（26）佢哪还说替我做滴事不是他哪里还替我做一点事？

前四例是询问原因，后三例用以反诘。“哪”用于询问和反诘的语气都比较弱，语气比较委婉。

六　几乎子［ɕi^{42}·hu·tsɿ］、么乎子［mo^{42}·hu·tsɿ］

“几乎子”和“么乎子”询问时间，意思是“什么时候”，二者可以自由替换，但“几乎子”用得比“么乎子”要普遍。[3]例如：

（27）不晓得几乎子 / 么乎子只落雨不知道什么时候才下雨？

---

[1] 也可用于虚指和任指，如“不晓得从哪里 / 哪搭来里的一阵雨”、“我今朝管佢他哪里 / 哪搭都不去”。

[2] 语气词“唻”用于反问句是加强反诘语气，用于其他问句是表“深究、追问”语气。详见第七章第一节“一”。

[3] “几乎子”还可以用于虚指和任指，如“我几乎子 / 么乎子要把佢打一顿”、“不管你几乎子 / 么乎子来，我都在家里”。

（28）你几乎子 / 么乎子回来？
（29）伢儿困到几乎子 / 么乎子在孩子睡到什么时候了？
（30）这是几乎子 / 么乎子里的事？

七 几［$ɕi^{42}$］、几个［$ɕi^{42}ko^{21}$］、几多［$ɕi^{42}to^{213}$］

“几”、“几个”、“几多”用于问数量，例如：

（31）你跟头跟前有几块钱？
（32）你家看几头猪在了？
（33）你有几个伢孩子？
（34）饺子一块钱几个？
（35）这个塘里有几多鱼？
（36）几多钱买得一辆车倒多少钱能买一辆车？

“几”还可用于问程度，例如：

（37）佢有几齐整漂亮？
（38）佢对你有几好？

八 若何［io^{35}·ho］、如何［$ʃo^{35}$·ho］、若样［io^{35}·iaŋ］、么样（子）［$mo^{42}iaŋ^{24}$（·tsɿ）］

“若何”和“如何”寻问方式、情状、原因，表反问语气，二者可以自由替换而不改变意义。例如：

（39）我到那里去若何 / 如何走也？
（40）红芋红薯若何 / 如何种？
（41）我不晓得若何 / 如何好我不知道如何是好？
（42）这个话是若何 / 如何把在被佢他听倒听见在了唻？
（43）你若何 / 如何到将现在只回来也？
（44）你若何 / 如何不听话唻？
（45）你若何 / 如何对得起我唻？

询问原因和表反问语气时，“如何”中的“何”还可以省掉不说。例如：

（46）你如到将现在只才回来也？
（47）你如对得起我唻？

“若何”和“如何”还可作谓语询问状况，但这时“何”要读作［ko］。

（48）你若何 / 如何也？病着不噻病了吗？

“若样”询问方式、状况，等同于“若何”和“如何”，但使用频率不如“若何”和“如何”高。例如：

（49）这个菜若样舞做也？

（50）你若样也，你不舒服不噻你不舒服吗？

“么样（子）”询问状况，前面可以加量词“个”。① 例如：

（51）你家儿子（个）么样（子），好滴冇好一点没有？

（52）那个事做得（个）么样（子）？

“若何”、“如何”、“若样”和“么样（子）”都可用于询问状况，但“若何”、“如何”和“若样”有表示惊讶的意思，“么样（子）”为较客观的询问。②

九 做么事［$tso^{21}mo^{42}$·sɿ］、为么事［$uei^{24}mo^{42}$·sɿ］

“做么事”、“为么事”都询问目的和原因，二者用法相同，可以互相替换，但“为么事”使用频率比“做么事”少得多，呈萎缩趋势。“做么事”和“为么事”在宿松方言中可以是词组，也可以是一个词。作词组“做么事”意思是“做什么”，“为么事”意思是“为了什么”。询问目的和原因的“做么事”和“为么事”已经融合成一个词了。例如：

（53）你做么事 / 为么事不去唻？

（54）你做么事 / 为么事发脾气唻？

（55）你做么事 / 为么事要把佢讲话替他说话？

（56）佢非要把伢拉里走他偏要把孩子拉走，不晓得是做么事 / 为么事？

“做么事”、“为么事”是询问目的兼原因，如果单纯询问原因，则不用“做么事”、“为么事”，而用“若何”和“如（何）”。

第四节 “那里”、“那”

宿松方言的“那里”用以指代处所，已如上述。还可指示动作的情状，如“佢懒腰那里伸她那样伸着懒腰”。“那”也有相同的用法，“佢懒腰那里伸”可以说成“佢懒腰那伸”。指示情状的“那里”和“那”我们称为样态指示

---

① “么样”还可用于虚指，如“佢不答应就算着他不同意就算了，反正也不是么样什么大不了里的事”。

② “若何”、“如何”和“若样”都可用于虚指和任指。例如：“佢夸佢家儿子若何若何 / 如何如何 / 若样若样好。”“这个菜若何 / 如何 / 若样种，若何 / 如何 / 若样舞里做着吃我都晓得。”“不管佢若何 / 如何 / 若样骂你，你都不要答应应对。”

代词。“那里”和“那”都可用在状语和动词之间，如“佢慢慢那（里）吃”，可以看成准状语标记。

一 样态指示代词“那里”、“那”的用法及来源

“那里”、“那”用在动词或形容词性成分前作状语，用以指示动作的情状或程度，大致相当于普通话的“那样”、“那么”。“里”一律读轻声[•li]。“那”有几种读音：（一）读入声［n̩ʔ^{5}］，（二）读阳平［n̩^{35}］，（三）读轻声［•n̩ʔ］或［•n̩］，［•n̩ʔ］是入声的“那”的弱化形式，［•n̩］是阳平的“那”的弱化形式。“那”是“那里”的简省形式，以用“那里”的形式为常。随着“那（里）”语音形式的不同，说话人的主观情绪显示出差异。

“那（里）”修饰动词性成分的例：

（1）佢今天看倒我她今天看见我，还眼珠那（里）翻翻白眼。

（2）你一如果讲佢，佢还头那（里）拗。（拗：将头扬起，表示不屑）

（3）佢在那里脚那（里）蹬。（蹬：脚后跟有节奏地上下移动，得意的样子）

（4）那个猪吃得耳朵那（里）刷甩动。

（5）佢那（里）骂你，你哪不受气？

“那”读入声时，是纯粹说话者的立场，如例（1），是将对“眼珠翻”的强烈“不满”直接诉诸听话者，主观性最强；读阳平时，意在让听话者通过自己的观察（“眼珠翻”的动作正在进行）或已有的经验（“眼珠翻”的动作已经发生）作出与自己一致的评价，而听话者也能明显感受到说话者的这种情感倾向，语气显得比较委婉、含蓄；读轻声时，说话者的主观性最弱，但读［•n̩ʔ］比读［•n̩］的主观色彩稍强一些。

“那（里）”后的动词性成分表示的动作如有程度上的差别，它在指示动作情状的同时还兼有指示程度的作用，如例（5）。

“那（里）”用在形容词性成分前，指示程度。例如：

（6）我在这里等脱了你好多时候，你如［ʃo^{35}］何那（里）慢哝呢？

（7）你家儿子病得那（里）瘦，你也不买滴补物在佢吃怎么不买点补品给他吃？

（8）你那（里）渴死着了，我倒着了茶你又不喝。

（9）那个伢孩子那（里）晓得事懂事。

（10）那（里）深里的水，佢还敢下去。

“那（里）”指示程度时，“那”的不同读音在表义上也有细微差别。如例（6），“那”读入声是直接表现出说话者对“慢”这种情况的强烈不满；

读阳平是较客观地强调程度，“不满、责备”的意思隐含其中，语气较委婉、含蓄；读轻声时，说话者“不满”的主观感情大大减弱，但读［•n̩ʔ］比读［•n̩］的主观性稍强一些。

一般来说，“那（里）”表示说话者对所言事件“不好、不如意”等的主观评价，但用来描述孩子或说话者所喜欢的某人时，也可以表示“喜爱”的色彩，如例（9）。

“那（里）+ VP”通常充任谓语或补语，“那”一般读阳平和轻声，但也可读入声。“那（里）+ VP”也可作定语，如例（10），这时“那”一般要读入声或阳平，不读轻声。

“那里”可在同一个句子里出现两次，构成“那里+（NP +那里+ VP）”，作补语。例如：

（11）佢吃得那里汗那里溪流。| 你跑得那里气那里吼。

前一个“那里”修饰“NP +那里+ VP”，一般不能简省为“那”，“那”通常读阳平或入声，不读轻声；后一个“那里”可简省为“那”，“那”一般读轻声。前一个“那里”可以不用，但用与不用意思不同。用“那里”时，表示的事件往往是正在进行的，说者和听者就在动作发生的现场，而且有强调程度的作用。

指示词“那”本读去声［n̩^{21}］，读入声和阳平都是去声的变读。由本调“那”构成的指代词有“那里”、“那个”、“那些”、“那搭［•tæʔ］那里”、“那乎［•hu］子那时候”等。“那个”、“那些”等的“那”都有与样态指示代词“那里”的“那”相应的变调读法。宿松方言的指示词是三分系统：“这［tæ^{21}］”近指、“那［n̩^{21}］”较远指、“兀［uei^{21}］”更远指。“这”、“兀”没有变调形式。由“这”、“那”、“兀”构成的复音词如表 2-1 所示：

表 2-1　指示代词“那”构成的复音词汇总表

与“那”组合的语素 “那”的读音	里	个	些	滴点	搭	乎子时候	样	边
读本调的“那”	这里 那里 兀里	这个 那个 兀个	这些 那些 兀些	这滴 那滴	这搭 那搭 兀搭	这乎子 那乎子 兀乎子	这样 那样 兀样	这边 那边 兀边
读变调的“那”	那里	那个	那些	那滴				

“那”读变调时，“那个”、“那些”、“那滴点”跟样态指示代词“那里”一样，

也带有说话者对所言事件的主观评价，指示性较弱。①例如：

（12）佢喜欢那个人。

（13）佢把我里的朗梳梳子一②搞拿去，那个东西都是好的那样一个东西都看成好东西。

（14）那些发瘟里个“发瘟里个”是詈语，这里是骂害人的鸡，把我家园里菜一下全部吃脱着吃掉了。

（15）那滴东西那么小的孩子，佢还晓得知道那（里）望。

例（12），“那”读本调，“那个［n̩^{21}•ko］”只是客观地叙述，“个［•ko］”也可以变读为［•koʔ］，“那个［n̩^{21}•koʔ］”便带有一点说话者“鄙视、不愉快”的主观色彩。“那”也可以变调。“那”变调时，其后的“个”都读［•koʔ］，这样，“那个”又有了四种读音：［n̩ʔ^{5}•koʔ］、［n^{35}•koʔ］、［n̩ʔ•koʔ］和［n•koʔ］，这四种读音跟样态指示代词“那里”的四种读音表示的主观性基本一致。“那个”读［n̩ʔ^{5}•koʔ］时，直接而强烈地表达说话者对此人“不满、鄙视”的态度，主观性最强；读［n̩^{35}•koʔ］时，说话者意在让听话者通过自己的观察或已有的认识和经验去作出与自己一致的评价，说话者的主观评价隐含其中；读［·n̩ʔ•koʔ］和［·n̩•koʔ］时，说话者的主观评价磨损了许多，但相比之下，读［·n̩ʔ•koʔ］的主观性要比［·n̩•koʔ］强一些。

“那些”、“那滴”可类推。

由于表主观色彩的“那（里）”、“那个”、“那些”、“那滴”的指示性较弱，因此，其前可再加“这［tæ］”或“那［n̩^{21}］”来强化指示的意义，这就构成了“这那（里）”、“那那（里）”，“这那个”、“那那个”，“这那些”、“那那些”，“这那滴”、“那那滴”的形式，这时，第二个音节的“那”读轻声［•n̩ʔ］或［•n̩］。这属于刘丹青（2001）所说的语法化中的强化现象。

样态指示词“那里”来源于处所指示词“那里”。笔者所在的方言点属凉亭镇的河塌乡。河塌乡样态指代词“那里”和“那”两种形式并存，但“那里”比“那”的使用频率高。在同属凉亭镇的凉亭乡，只用“那里”，不用“那”；与宿松县相邻的太湖县，相当于宿松话“那里”的样态指示代词用“尼［ni^{35}］”，“尼”当是“那里［n̩^{24}•li］”的合音形式。

---

① 宿松方言中，指示代词“这样”、“那样”也可以用于动词前指示某种动作或情况，但只是客观的指代，一般不带主观评价，而且其前通常要加动词“学像”，如“你学像这样洗衣裳衣服”、“你学像那样写”。

② “一”在这里为发生体标记，详见第六章第二节“五”。

“那里”本为处所指代词，读作［ṇ^{21}•li］，可以充任主语、宾语、状语。各举一例：

（16）我到小孤山去过，那里不好戏不好玩。

（17）你把书搁放在那里。

（18）——姆妈妈妈呢？——佢那里捡收拾东西。

表处所的“那里”用法上相当于处所名词。与处所名词不同的是，它指示的处所需依赖一定的语境才能确定，比处所名词要虚。当说话者或听话者关注的焦点不在动作的处所时，“那里”表处所的意义就会淡化。例如：

（19）佢那里侧倒头里望歪着头望。｜伢儿孩子那里哭，你去抱下一下佢。

（20）佢那里懒腰那（里）伸。｜你看看看看看，佢那里眼珠那（里）翻直翻白眼。

例（19）的“那里”和例（20）的前一个“那里”均可作两种分析：（一）指示位置，兼表动作的进行，“那里”前可加介词“在”，“那”读本调；（二）指示动作的样态，“那”字要变调。无论是指示位置还是指示动作的样态，例（19）、（20）所表示的动作一般都是正在进行的，说话者和听话者往往就在动作发生的现场。“那里”理解为表处所时，说话时间跟动作发生的时间一致，由于说话时的场景是明确的，“那里”指示处所的作用就不是很重要，其指示处所的意义就有可能淡化而变得空泛。这里有两个问题需要讨论：一是表处所的成分为什么会转化为指示动作的情状的样态指示代词，二者之间存在怎样的语义关联？二是样态指示代词“那里”表示说话者对所言事件“戏谑、嘲笑、鄙夷、不满或喜爱”等主观意义从何而来？关于第一个问题，我们认为，当人们看到某个动作行为发生的处所或场景时，也就自然了解了动作进行的情状；换言之，当说话者要向听话者描述动作的情状时，往往就以指示动作发生的处所或场景的方式让听话者自己去观察。久而久之，表处所的成分就有可能专门用来指示动作进行的情状。例（19）、（20）的“那里”表处所、表动作样态两可，可以作为由处所指示代词向样态指示代词转变的证明。

第二个问题涉及远指代词语义的主观化。由“那［ṇ^{21}］”构成的复音词“那个”、“那些”、“那里”指示的人、物或处所往往跟说话者保持着较远的距离。这种空间距离有可能隐喻为说话者对所言事件的心理距离，表现为所言事件与说话者的心理预期有偏差，因而往往是可鄙的、可笑的、不满的。①当然，这种主观情绪要用变调的手段才能表现出来。

至于由“兀”构成的“兀里”不能用来表示动作的情状，则跟它指示的远近有关。“兀”一般用于看不见的远指；“那”一般用于看得见的远指。只有“看得见”才有可能同动作的情状发生联系。“兀里”指示的处所不在说话者的目及范围之内，这大约是它未能转变为样态指示代词的原因。

语义的分化常常导致语音的分化。“那里”演变为样态指示代词后，“那”的语音变读为［n̩ʔ^{5}］和［n̩^{35}］，语义的虚化又导致“那”的声调弱化，而“里”也可以省掉，只剩一个“那”，结果，“那里”与“那”两种形式并存。

二　准状语标记“那里”、“那”的用法及其来源

“那（里）”可以是唯一的状语，它前面还可以出现其他作状语的成分，构成“X＋那（里）＋中心语”的形式。例如：

（21）佢独弯［tʻieu^{24}·uan］故意那（里）哭，我把在佢气死着在我被她气死了。

（22）我不缠佢不惹佢我没有招惹她，佢好生着无缘无故那（里）骂我。

（23）你讲一句就要得行了，莫别就是老是那（里）讲佢。

（24）佢在后头后边慢慢那（里）走。| 这些菜活活那（里）烂脱着烂掉了。

（25）佢活那（里）累死着了。（活：副词，真正、简直）

例（21）—（25）的“那（里）”都可作两可分析：（一）属后，即与后面的动词组配，修饰这个动词；（二）属前，即与其前的状语结合在一起，这时，“那（里）”类似于一个状语标记。由于“那（里）”前面的X意义比较实在，说话者往往会将表义重点放在X上，“那（里）”语义发生虚化，语义上不重要的成分句法上也会变得不重要，这就有可能导致“那（里）”跟其前的X取消分界，发展为一个状语标记。处于状语和中心语之间的居中位置是“那（里）”开始向状语标记语法化的句法环境。不过，在宿松人的语感里，“那（里）”指示动作情态的意味虽然已经淡化，但还没有完全消失，因而我们管它叫做准状语标记。

宿松方言中，与普通话的“地”大致相当的状语标记是“里［·li］”，例如：

（26）你轻轻里搁放，不要搭摔破着。| 我足足里等脱了你两个钟头小时。

（27）佢起早歇晚里做干活。| 佢几他们在叽叽咕咕里讲话。| 我拼命里跑。

准状语标记“那（里）”和“里”相比，存在以下两点不同：（一）用“里”

---

① “喜爱”的感情也是一种心理偏差，只不过是好的、正方向的偏差。

只是客观地描述动作的状况，用“那（里）”则带有说话者对所言事件“戏谑、嘲笑、不满、鄙视”等主观意义，如“慢慢里走”一般是客观地描述，而“慢慢那（里）走”则带有说话者不满、不愉快的主观感情。（二）从组合的成分看，能进入“X＋那（里）”的X很有限，通常只是一些副词，这是因为“那（里）”正处在开始向状语标记语法化的过程中，与之组合的词的范围还比较小；而“里”不但可以后附于副词，还可后附于形容词、动词短语、象声词等。

样态指示代词虚化为状语标记在别的方言材料中也可以找到证据。

据钱乃荣（2003：278），上海话的“能介”可以出现在作状语的副词性成分后，例如：

（28）现在侬一定要老老实实听话，好好能介做人。

（29）侬要轻轻能介走，勿好发出大声音。

“能介”本来是一个复合的指示代词。钱书指出，例（28）、（29）的“介”都能改为“个”。“能”的本字即“恁”，“恁”和“介”是“这样”的意思，如：

（30）侬只要像平常能介写好了。| 伊面孔冻得像苹果能介红。

浠水、大冶等方言的“个”也有作指示代词和状语标记的两种用法。据汪国胜（1994：9—10），大冶方言的状语标记有“的［ta^3］”和“个［·ko］”（原文写作“果”）两个，“用‘的’只是客观地说明情况，用‘果’则偏重于描述动作进行的情态”。汪化云（2008）认为，这些方言的状语标记“个”来源于指示代词。

南宁平话中的状语标记用“更”［$kie\eta^{55}$］，例如：

（31）一只字一只字更读。| 泉水哗哗声更流住泉水哗哗地流着。

覃远雄（1998）认为：“‘更’是由指示代词来的。作为指示代词，‘更’是‘这么’或‘那么’的意思。例如：‘亚件事冇是更做（这件事情不是这么做）/ 你冇行更快嘛，等下我（你别走那么快嘛，等等我）。’在状语后的‘更’仍含有‘这么’或‘那么’的意思……译作普通话的‘这么’或‘那么’，毫无问题。‘更’的作用是复指强调前边表示方式或状态的状语。‘更’是个非强制性成分，不出现句子照样成立，只是少点儿强调的意味罢了。”

据黄伯荣（1996：549），温州话相当于普通话“地”的结构助词是“恁”，例如：

（32）慢慢自儿恁做慢慢地做。| 勿响儿恁走不声不响地走。| 好好恁讲好好地说。

结构助词“恁”显然是从指示代词“恁”虚化而来的。

上举方言材料，其状语标记均来源于指示样态的指示代词。宿松方言的“那（里）”似乎在走着一条相同的路线。不过，宿松方言里作为样态指示代词的“那（里）”的源词是一个指示处所的指示代词，跟上举方言的情况又有所不同。由指示处所衍生出指示样态的用法，目前我们还没有看到这样的报告。宿松方言的情况或许可以作为方言类型的一格。

第三章

副　词

杨荣祥（1997）将副词分为12个次类：总括副词、限定副词、统计副词、时间副词、频率副词、类同副词、累加副词、程度副词、情状方式副词、语气副词、否定副词、关联副词。本章采取杨先生的分类。否定副词详见第十五章，本章略。

第一节　总括副词

宿松方言的总括副词有：都$_1$、一概、一律、一下。“都”、“一概”和“一律”大体同于普通话。

一　都$_1$［teu^{213}］

“都”跟普通话的副词“都”的用法大致相同，例如：

佢家儿子个个都有用。

我几都不晓得佢里事我们都不知道他的事。

你管佢么事都不要问你任何事情都不要问。

不管哪个谁劝，佢都不听。

我今朝一天都在家里。

哥哥天天都上班。

二　一概［iʔ^{5}k‘ai^{21}］、一律［iʔ^{5}liʔ^5］

“一概”和“一律”表示没有例外，例如：

家里事一概不管。

管佢哪一个，你一概不要与管他是谁，你一概不要理睬。

佢里的事我一概不清楚。

冇得没有票里的人一律不准进来。

三　一下［iʔ^{5}ha^{24}］

“一下”在宿松方言中有四种用法。

（一）表动作数量，既可用于动词前，又可用于动词后

那只老鼠把在佢一下就打死着那只老鼠被他一下子就打死了。

我只打佢一下，佢打我两下在他打了我两下。

（二）用于动词后，表动作短时少量

你把衣裳洗一下。

（三）用于动词前，表“完全、彻底”，这个“一下”是语气副词

天一下变冷着天完全变冷了。| 我心里一下舒服着我心里完全舒坦了。

（四）作总括副词

打工里人一下回来着打工的人全回来了。

这里着重讨论作为总括副词的“一下”。

（一）用法及来源

（1）街上一下是人。

（2）我买里的一下是衣裳。

（3）我一下认得佢几他们。

（4）我几我们一下冇没有去。

（5）鸡一下跑出来着了。

（6）佢家伢将现在一下大着他家的孩子现在都大了。

（7）那些话把在佢一下听倒在那些话被他全听见了。

（8）家里事佢几他们一下不管。

（9）佢北京、上海、南京一下去过。

（10）把这些旧东西一下撂扔脱掉佢①。

（11）你要把心思一下放在念书高头上面。

（12）佢对我几我们一下有气。

（13）我替你几你们一下买倒车票在了。

例（1）为存现句，“一下”指向“街上”，也可认为指向“人”。例（2）为判断句，“一下”指向“我买里的”。例（3）“一下”总括动词后的宾语，这类句子总括的对象往往是上文提及的。例（4）—（7）“一下”前指句子的主语。例（8）有歧义，既可以总括“家里事”，表示“家里的任何事都不管”；又可以总括“佢几他们”，表示“他们都不管家里事”。例（9）指向去往的处所“北京、上海、南京”。例（10）、（11）指向介词“把”的宾语。

① “佢”在这里回指“这些旧东西”。

例（12）、（13）分别指向动作的对象“我几我们”和“你几你们”。

宿松方言中，“都［teu^{213}］”也可以用作总括副词，上举例句的“一下”都可以用“都”替换，但用“一下”比用“都”语气要强。“都”跟普通话的副词“都”的用法大致相同，使用范围比“一下”要广：第一，“一下”一般不用于总括时间段和带有“每一”意义的时间成分，如一般不说“佢一日到黑一天到晚一下打麻将”、“佢年年一下回老家过年”，但可以说“我这几天一下冇得没有空”，“这几天”可看作由几个单元组成的聚合体，所以能用“一下”总括。“都”用以总括时间没有这些限制。第二，“都”可与“是”字合用，说明原因，如“都是我不好，把你里车害脱着把你的车子弄坏了”，“一下”没有这种用法。①

“一下”本是表动作数量的动量结构，表动量小。例如：

（14）佢把门一下就踢开着了。

（15）这个索绳子不牢，一下就扯断着了。

（16）那个碗把在佢一下就摔破着那个碗被他一下子就摔破了。

这些句子的“一下”处于状语位置，表示与动作方式、情态有关的一次性的短时动作，其后的动词均为有起始点、续段和终止点的动作动词，有“迅即完成、迅即实现”的意思。例（14）—（16）为肯定句，“一下”后通常接副词“就”，表示经过一个短暂的、高强度的动作就达到了某种结果，在这种句法环境下，“一下”同时隐含着动作的强度极高的意思。

一些处于状语位置的“一下”表示动作或变化达到完全、彻底的程度，有“完完全全、彻底”的意思，这些“一下”同时还隐含着表动作的“迅即完成、迅即实现”。例如：

（17）那个伢孩子一下懂着了事。

（18）落下这一场雨，园里菜一下长着了。

（19）你这一拨这段时间一下瘦脱着了。

（20）佢两个人将现在一下和气和睦着了。

这些句子的“一下”在语义上都指向其后的谓词性成分，如例（17）“一下”指向“懂”，表示在短时内完全懂了的意思。余例仿此。“一下”后面的动词均为变化动词［例（17）］、状态动词［例（18）］和形容词［例（19、

---

① “都”还可用作表示主观强调，相当于“甚至”的语气副词，读轻声，如“连佢都考上着”，“一下”没有这样的用法。

20)]。变化动词、状态动词和形容词在时间上没有起始点、续段和终止点，“一下”用于修饰这些词时表短时的语义开始淡化，表动作强度极高的意义则凸显出来，由此引申为动作达到“完全”、“彻底”的程度，“一下”便开始由动量结构逐渐词汇化为一个语气副词。

当“迅即+完全”义的“一下”逐渐移用于实际上与“迅即”情状无关的谓词性成分①，且指向与动作或变化相关的人或事物时，它便逐渐向范围副词演化。例如：

（21）这个苹果一下烂脱掉着了。

（22）这一双鞋一下破脱掉着了。

（23）这一棵树一下死脱掉着了。

（24）这个事你不要一下怪佢。

这些句子的主语是表示个体概念的成分，“一下”均可作两可分析：一是分析为表“完全、彻底”的语气副词，如例（21）可理解为烂的程度深，“一下”语义指向“烂”，是“完全烂了”的意思；二是分析为总括对象的副词，“一下”语义指向“苹果”，指苹果烂的范围广。余例类推。与“一下”的两种分析相对应的是这些句子的主语在语义上有两种不同的理解角度。从与其他事物相对待的角度看，它们都是表示个体概念，如把例（21）的“这个苹果”跟那个苹果或其他水果相比照时，它表示的是个体概念，这时“一下”语义指向“烂”；但从内部构成看，人们在认知上又可把它们看作由部分组成的或有一定范围的集合体，如可把“这个苹果”看作可切分的、占有一定空间范围的集合体，这时“一下”语义指向“这个苹果”。

“一下”由语气副词发展为总括副词的关键一步是语义指向的转变，即由指向动作或变化转为指向与动作或变化有关的名词性成分。语言中的词是把连续的现实世界切分开来认知的结果，现实世界被抽象为离散的物体、性质、状态、动作等个体映像。其实，现实世界往往是由动作过程组成的网络，参与动作过程的有动作者、动作作用的物体等。因此，动作过程往往跟人或事物有密切联系，动作或变化的大小、强弱、快慢等都会对动作的参与者（包括动作者、动作作用的物体）产生不同的影响。量大的、强的、快的动作或变化对动作参与者会产生较大的影响；反之，量小的、弱的、慢的动作对动作参与者的影响相对较小。“完全、彻底”的高强度的动作常

① 移用的基础是：如果以夸张的口气说，这些动作、变化是可带有“迅即”情状的。

常波及的是这一动作的参与者的整个范围，因而强调动作或变化程度极高的“一下”很容易转化为总括与动作或变化相关的参与者的范围。

当与动作或变化相关的某个成分通常被看作由许多个体组成的集合概念时，“一下”总括范围的意义更加明显。例如：

（25）你讲里的话佢一下听倒听见在了。

（26）佢里头毛一下白着他的头发全白了。

但这两例仍然有歧义。如例（25）如果把“你讲里的话”看作一个整体，它就是个体概念，那么“一下”为表“彻底、完全”的语气副词；如果把“你讲里的话”看作由许多片段组成的话语聚合体，那么“一下”为总括副词。例（26）依此类推。不过，这两例的“一下”应理解为总括副词。

进一步发展，“一下”就可用于总括表多数概念的成分，从而演变为一个地道的总括副词。例如：

（27）佢家亲戚一下来着了。

（28）树上里的桃子一下红着了。

（29）佢把饭一下吃脱掉着了。

（30）钱把在佢一下用脱掉着了。

综上所述，“一下”由动量词语法化为总括副词的演变路径可以概括为“表动量→表迅即+完全、彻底→表完全、彻底+全部→表‘全部’”。

处于状语位置的“一下”也用于否定句。例如：

（31）我家妹病着了，今朝一下都冇有吃。

（32）家里事佢一下都不管。

这两例的“一下”修饰的动词为有起始点、续段和终止点的动作动词，“一下”可以作两种分析：一是分析为表动量小的数量结构，表示与动作方式、情态有关的一次性的短时动作；二是分析为表“完全、彻底”义的副词，有“一点”的意思，也可以理解为对否定加以强调。这类否定句中“一下”表“完全、彻底”义当是由表动量小的“一下”引申而来，这是用表动作小量来表示动作的全量，“一下”由数量结构词汇化为一个副词。例（33）的“一下”用于修饰非动作动词，“一下”只能理解为表“完全、彻底”义的副词。例如：

（33）佢做事一下都不中不行。

当表“完全、彻底”义的“一下”语义上指向与动作或变化相关的人或事物时，它便逐渐向范围副词演化。例如：

（34）佢里的病一下都冇有没有诊好。

（35）今朝落雨，洗里的衣裳一下冇有没有干。

（36）我几我们一下不晓得佢回来着了。

例（34）中，“一下”可作两可分析：一是分析为表“完全、彻底”义的副词，这时“一下”语义指向其后的谓词性成分，或者说是强调否定；二是分析为表“全部”的总括副词，这时“一下”语义指向“佢里的病”。例（35）的“一下”一般分析为总括副词，因为“洗里的衣裳”通常理解为由许多个体组成的集合概念。例（36）的“一下”只能分析为总括副词。

“一下”用于表“完全、彻底”义时，其后通常要用相当于“甚至”的语气副词“都”，强调动作的量几近于零。但当“一下”用作表“全部”义的总括副词时，一般不与语气副词“都”共现。

用于否定句中的数量结构“一下”语法化为表“全部”的总括副词的演变路径可以概括为“表动量→表完全、彻底→表完全、彻底+全部→表‘全部’”。

由此，用于否定句的“一下”跟用于肯定句的“一下”都演化为表“完全、彻底”义的副词：用于肯定句的数量结构“一下”是在表动作强度大的意义上演化出“完全、彻底”义的，用于否定句的数量结构“一下”是在表动量小的意义上演化出表“完全、彻底”义的，最终都由表“完全、彻底”义演化为表“全部”的总括副词。

（二）演变类型考察

据李如龙、张双庆（1992）和刘纶鑫（1999），除宿松方言外，用“一下”作总括副词的客赣方言还有：宁都、三都、茶陵、吉水、醴陵、新余、修水、安义、都昌、阳新、余干、弋阳、南城、建宁、乐平、东乡、泰和等地。长汀既可以用“一下”，又可以用“ia^5”，“ia^5”应该是“一下”的合音，完整形式和合音形式并存。永新只用合音形式“ia^5”。平江只用一个“下”。据陈淑梅（2001），江淮官话区的武穴、黄梅也用“一下”（原书写作“一哈”）作总括副词，而英山、罗田、蕲春、浠水、红安、麻城、黄州等县市只用“下”（原书写作“哈”），笔者调查，这些“哈”跟动量词“下”同音。另外，重庆（范继淹，1979）、武汉、宜都等地的方言也用“下”表总括。以下例（37）是黄冈话的用例，例（38）是宜都话的用例[①]：

（37）脸上下晒黑了。｜脸下红了。｜我们下冒买票我们都没有买票。｜我一把下烧了我一起都烧掉了。｜我晓得，你们下不好意思。

① 本书所用例句未注明出处的皆为笔者调查所得。

（38）人下走哒。|去年春上发瘟，鸡子下死哒鸡全死了。|下是我的错。

据伍云姬主编的《湖南方言的副词》，湖南方言的总括副词也用“一下”或“下”。用“一下”的方言有吉首等地；岳阳毛田镇话和衡东前山话“一下”和“下”并用；洞口方言用［ia^{45}］，原文记作“亚”字，“亚”应是“一下”的合音；用“下”的有新化、衡阳、湘潭、邵东、岳阳柏祥、娄底、耒阳、新田等地。可见，“（一）下”是一个广泛分布于客赣方言、湘方言、江淮官话和西南官话的总括副词。我们认为，这些方言的总括副词“（一）下”都跟宿松方言有相同的来源，即都由动量词“一下”语法化而来。

有的方言如衡东前山话和娄底话的“一下”也可用作表“完全、彻底”义的语气副词，例（39）、（40）分别引自毛秉生（2007）和彭逢澍（2007）：

（39）你咯几日一下瘦咕哒你这几天瘦得又快又厉害。

（40）他后来尔夜里一下服过六机来服过老来咧他后来那晚上彻底服输甘拜下风。

这种用法的“一下”当是动量词“一下”语法化为总括副词的中间环节。

新化、衡阳、邵东等方言的“下”比宿松方言“一下”的使用范围要广，语法化的程度要高，既可用于总括时间，又可与“是”字合用，说明原因，例（41）、（42）引自罗昕如（2000）：

（41）老李天光到夜下冇空老李一天到晚都没空。

（42）下是你，拿只杯子扮烂哩都是你，把杯子打烂了。

无独有偶，鄂东方言中，“一把”也可用作总括副词，相当于“全”，例（43）—（50）引自陈淑梅（2006），“把”是“一把”的简省形式，原文作“把”：

（43）头毛一把白了头发全白了。

（44）谷一把黄了谷全黄了。

（45）一锅饭一把吃了一锅饭全吃了。

（46）七八个（人）一把来了七八个人全来了。

“一把”也可用作表“完全、彻底”义语气副词，例如：

（47）洋芋把卖了它坚决把洋芋全卖了。

（48）现菜把倒它坚决把剩菜全倒了。

“一把”本为动量词，表一次性的动作，如“我把那只鸡一把一下子抓倒了”，由此引申出表示“动作快而短暂”的用法，例如：

（49）他把狗一把打死了他把狗一下子打死了。

（50）鸡让得毛狗一把驮去了鸡被狐狸突然拖去了。

具有相同或相近意义的词汇成分往往具有相同或相似的语法化路径。

我们认为，鄂东方言的总括副词“一把”跟宿松方言的“一下”应具有相似的语法化路径。虽然，表总括的“一下”和“一把”形式不同，但就其来源看，它们最初都是数量短语，都表一次性的短时动作，由此引申出表动作的快而短暂，经过表“完全、彻底”义的中间环节演变为总括副词。

第二节 限定副词

限定副词有：只$_1$、只好、光、单单、独以。

一 只$_1$ [tʃʅʔ^5]

“只”有四个，“只$_1$”是限定副词，“只$_2$”是时间副词，“只$_3$”是语气副词，“只$_4$”是连词。“只$_2$”、“只$_3$”、“只$_4$”跟“只$_1$”有关联，在此一并讨论。

（一）“只$_1$”表示除此以外没有别的

A. 限制与动作有关的事物

（1）我只到过北京。

（2）佢只会讲汉语，不会讲英语。

（3）这个事我只跟你讲过，有没有跟旁人别人讲。

B. 限制与动作有关的事物的数量

（4）我只买一件衣裳在了。

（5）这个事只有佢一个人晓得知道。

C. 限制动作本身以及动作的可能性等

（6）我只看下看看看，又不买。

（7）佢只寻钱挣钱，不用钱。

（8）家里这些东西佢只晓得知道用，不晓得买。

（9）你只能慢慢劝佢，急不脱急不了。

D. 直接放在指人的名词或代词前面，限制数量

（10）只你劝得佢倒只你能劝得了他。

（11）只我一个人去。

（12）屋里只哥哥一个人。

（二）“只$_2$”表示事情发生得晚或结束得晚

（13）等你回来我只走你回来我才走。

（14）佢三十岁只才结婚。

（15）客人到齐着只开饭客人到齐了才开饭。

（16）雨要落到明朝只停雨要下到明天才停。

（17）你如何到将只来你怎么到现在才来？

（18）我里手到将只暖我的手到现在才暖和。

“只$_2$”的基本作用仍然是限制，我们认为，它应由用于例（6）—（8）的“只$_1$”发展而来，当“只$_1$”前面有表动作发生或结束的时间的词语时，“只$_1$”便由限制动作本身发展为限制动作发生或结束的时间。

（三）“只$_3$”表建议、希望、祈请语气

（19）你只问下佢看你问问他看。

（20）你只吃下看你吃吃看。

（21）你只把伢搁在那个学堂里去念书我建议，你把孩子放到那个学校去读书。

（22）你只到大医院里去查下看你到大医院去检查一下看。

（23）你只不与佢你别理睬他。

（24）你只莫回去你别回去。

我们认为，语气副词“只$_3$”也来源于限制副词“只$_1$”。“只$_1$”表示除此以外没有别的，即“唯一”、“唯独”的意思，这个意义很容易产生“只要如何如何，就能得到某种结果”的联想义，因而容易用于建议别人做某事的语境，进而语法化为表建议、希望、祈请的语气副词。

限制副词语法化为表希望、祈请的语气副词并非宿松方言独有。据李宗江（1999），先秦至六朝文献中，“唯”（也作“惟”、“维”）是最常见的表“只”义的限制副词。如：

（25）君唯人肉未尝。（《韩非·难一》）

（26）子谓颜渊曰：“用之则行，舍之则藏，惟我与尔有是夫！”（《论语·述而》）

（27）将恐将惧，维予与女。（《诗·小雅·谷风》）

“唯”和“惟”都发展出了表示希望、祈请的语气副词。如：

（28）为人臣不忠，当死；言而不当，亦当死。虽然，臣愿悉言所闻，唯大王裁其罪。（《韩非子·初见秦》）

（29）恐侍御者之亲左右之说，不察疏远之行，故敢献书以闻，唯君王之留意焉。（《史记·乐毅列传》）

（30）道听之徒，唯大王察之。（袁康：《越绝书·外传记范伯传》）

（31）先王无流连之乐，荒亡之行，惟君所行也。（《孟子·梁惠王下》）

（32）此丹之上愿，而不知所委命，惟荆卿留意焉。（《史记·刺客列传》）

笔者调查，在浙江余杭话里，“就”也可同时用作表“只”义的限制副词和表希望、祈请的语气副词。如：

（33）我就买了一本书。（限制副词）

（34）侬你就吃吃看。（语气副词）

（四）只$_4$表轻微转折

（35）我兀些其他方面都还好，只身体不太好。

（36）佢心下一下晓得他心里全知道，只嘴里不讲。

（37）你讲里的也有理，只话不中听。

（38）老王是个好人，只脾气坏。

这些句子意思重在前一小句，后一小句是补充修正上文的意思。语气委婉。“只$_4$”由“只$_1$”发展而来，当表限定的“只$_1$”用于有转折意味的复句中时，其意义就开始发生变化。例如：

（39）这个地方只交通不便，兀些其他方面都还好。

（40）这个东西只贵，不过，质量好。

（41）我只身体不太好，兀些其他方面都还好。

例（39）—（41）的“只”还带有表限定的意义，但由于用“只”的小句的后续小句意义有转折，“只”就有了为这种转折作铺垫的作用。而在例（35）—（38）这样的句子里，“只”表转折的意思更加明显，它已语法化为一个典型的连词了。

二 只好［tʃʅʔ^5 · hau］

“只好”表示没有别的选择；不得不。

天落雨下雨，只好明朝回去。

今朝饭不够，只好少吃滴一点。

佢病着了，去不得不能去，只好我一个人去。

三 光［kuaŋ^{213}］

“光”为“只”、“单”的意思。

佢光好吃懒做。

这个事光靠我一个人不中这个事光靠我一个人不行。

不光是你，我都受气。

我今朝光买滴鱼我今天只买一点鱼。

光我俩人就抬脱了二十担石头。

光鸡子鸡蛋就卖一百多块钱在了。

四 单单［tan²¹³·tan］、独以［tʻeu²⁴·i］

“单单”表示从一般的人或事物及动作行为中指出个别的、不相同的。

旁人都来着了，单单佢冇有没有来。

单单这个事把在佢晓得着被他知道了。

大路不走，你单单要走小路。

好日子不晓得过，你单单要过这个造孽可怜里的日子。

前两例“单单”用在体词性成分前，表示从一般的人或事物中指出个别的；后两例“单单”用于动词前，指出动作行为的个别与不同。

“独以”与“单单”表示的意义相同，“单单”可以用“独以”来替换，例如：

旁人都来着了，独以佢冇有没有来。

独以这个事把在佢晓得着被他知道了。

大路不走，你独以要走小路。

你好日子不晓得过，独以要过这个造孽可怜里的日子。

但“独以”多用于老派，“单单”多用于新派。

第三节 统计副词

统计副词有：共、一共、总共、通共。这四个词大体同于普通话。

一 共［kʻoŋ²⁴］

肉和鱼共五十块钱。

你共欠佢他几多多少钱？

我几我们学堂里共有一万多学生。

二 一共［iʔ⁵ kʻoŋ²⁴］

我今朝一共买着了五件衣裳。

家里一共四间房。

今朝一共花脱了三百多块钱。

三 总共 [tsoŋ⁴² k'oŋ²⁴]

佢家总共三个人。

今年总共看着了十只鸡。

佢总共都冇得没有一千块钱。

四 通共 [t'oŋ²¹³ · k'oŋ]

我通共只有一百块钱。

通共有三十个人报名。

第四节 类同副词

"也 [ia⁴²] /[· ia]"的用法同普通话，例如：

（1）我家哥哥也冇有没有回来。

（2）我几这里今朝也落雨在我们这里今天也下雨了。

（3）我也不晓得那个事。

（4）你走，我也走。

（5）你也太不懂事着了。

（6）你也真小气你也真小心眼。

例（1）、（2）"也"读 [ia⁴²]；例（3）、（4）"也"既可以读 [ia⁴²]，又可以读 [·ia]，读 [·ia] 时语气较轻；例（5）、（6）"也"只能读 [·ia]，表委婉语气。陆剑明、马真（1999）认为表委婉语气的"也"仍然跟类同义密切相关。

第五节 时间副词

时间副词有：早已、就$_1$、将将$_1$、将、一得、都$_2$、马上、只$_2$、长、一直、一向、从来、还$_1$、还是、喽倒、在、正在。"只$_2$"本章第二节"一"中已经讨论，不再重复。宿松话的"将将"有两个："将将$_1$"为时间副词，"将将$_2$"为表"恰好"义的语气副词。"将将$_2$"跟"将将$_1$"关系密切，本节一并讨论。

一 早已 [tsau⁴² · i]

"早已"意为"很早已经"。例如：

我早已回来着了。

那些事我早已忘煞忘记着了。

张奶奶早已死着了。

佢早已结着婚、看着伢在他早已结婚生孩子了。

二 就$_1$ [·tɕʻieu]

“就$_1$”有两种意义，一是强调在很久以前已经发生，其前须有时间词语或其他副词。例如：

我几我们好早就认得。

佢 15 岁就考上大学在了。

佢家奶奶前好多年就死着了。

二是表示动作行为或情况在很短的时间内即将发生或出现。例如：

佢马上就回来。

明朝就上课。

我吃脱完饭就走。

三 将将$_1$ [tɕiaŋ^{213}tɕiaŋ^{213}]、将 [tɕiaŋ^{213}]、一得 [iʔ^5 ·tæ]

“将将$_1$”表示动作行为或事物的发展变化恰好刚开始或发生在不久前，大致相当于普通话的“刚刚”，如：

（1）桃子将将红就把在人家摘脱着桃子刚刚红就被别人摘掉了。

（2）天还只将将亮就有人出来着天才刚刚亮就有人出来了。

（3）我将将一困着，就把在你吵醒着我刚刚睡着，就被你吵醒了。

（4）你又不早滴一点来，佢将将出去。

（5）我将将来一眨我刚刚到一会，你就来着了。

（6）我昨日将将起来，佢就来着我昨天刚刚起床，他就来了。

（7）我将将到家就落雨我刚刚到家就下雨。

例（1）—（3）中，“将将”均可作两种理解，既可以理解为表动作变化刚开始。如例（1）即理解“红”的状态才刚刚开始；又可以理解为变化发生在不久前，即理解为“桃子才红不久”。这两种理解跟“将将”后面的动词或形容词的性质有关。这些句子“将将”后面通常为只有起始点、没有终止点的状态动词①和表变化的形容词。动作或变化的出现造成了一个可持续的状态，因此，如果着眼于动作或变化发生的时间，“将将”就表动作或变化刚开始；

① 关于动词的分类详见第六章第二节。

如果着眼于说话时间，则“将将”表示动作或变化发生在不久前。例（4）—（7）“将将”后面通常为动作的起始点和终止点重合的变化动词，动作一开始就完结，“将将”一般只能理解为动作发生在不久前。例（1）—（7）的“将将”都隐含着“恰好”义，都有表示恰好在说话的时间即动作变化刚发生不久的那一时间点上，另外的动作变化或事件发生了［如例（4）表示在说话时即“出去”的动作发生不久的那一时间点上，“你来了”］，因此，“将将”所在的小句往往有表示另一相关动作或事件的后续小句或者前加小句。这种隐含义进一步凸显，“将将$_1$”就开始向“将将$_2$”演变了。例如：

（8）那个话将将把在我听倒在那个话恰好被我听见了。

（9）佢在县里将将住脱一个月他在县城里恰好住了一个月。

（10）这个衣裳大小将将合适。

（11）你也去上海也你也去上海吗？我两人将将同路。

（12）这个鱼将将一斤。

这些句子的“将将”已与说话时间没有关联，只表示事件、动作、人或事物在时间、空间、数量等正好在那一点上巧合，有“不早不晚、不前不后、不多不少、不……不……”的意思。这正是“将将$_1$”的隐含义逐步明确和独立运用的结果。

“将”有两种意义：一是表示动作行为或事物的发展变化发生在说话时间的不久前，大致相当于普通话的“刚”，例如：

（13）我将从外头回来。

（14）佢将骑车过去着了。

（15）我将吃里饭我刚吃的饭，不饿。

（16）佢将走，你就来着他刚走，你就来了。

（17）桃子将红就把在人家摘脱着桃子才红就被别人摘掉了。

“将”与“将将$_1$”存在细微差别。“将”更侧重于时间，“将将$_1$”在表时间的同时，还有强调“恰好、巧合”的意思。例（13）—（15）没有表后续动作或事件的小句，“将”没有隐含“恰好”的意义，不能用“将将”替换；例（16）、（17）“将”所在的小句有后续小句，“将”可以用“将将”替换，但表示的意义仍然有细微差别，用“将”虽然也含有表示在时间上巧合的意思，但用“将将”更强调在时间那一点上的巧合。

二是表示动作行为或事物的发展变化刚开始或正要开始，是“现在”的意思，例如：

（18）衣裳洗脱着衣服洗完了，将来舞饭现在来做饭。

（19）你将后悔你现在后悔,原先做么事人里个原来干什么去了？（这里的“里个”相当于普通话中位于句末的“的”）

（20）佢认着了错，你将莫不要骂佢。

“一得”表示动作行为的发生距离说话时间极短，意为“刚刚”，例如：

（21）佢一得还在这里他刚刚还在这里。

（22）你一得讲里话，就不承认你刚刚说的话，现在就不承认。

（23）一得用里剪刀，就不晓得搁在哪去着刚刚用的剪刀，现在就不知道搁在哪里了。

（24）我将方一得吃里饭，又饿着在我刚刚吃的饭，又饿了。

“一得”与“将”意义相近，但也存在细微差别：（一）例（21）—（23）的“一得”虽可用“将”替换，但“一得”强调动作的发生距离说话时间更短。（二）“一得”可以跟表“刚才”义的时间名词“将方”搭配使用，如例（24），“将”则不能与“将方”搭配。（三）“一得”完全没有“恰好”义，例（16）、（17）的“将”不能用“一得”替换。（四）“一得”没有“现在”的意思。

四 都$_2$［·teu］/［·tæ］

“都$_2$”表已经，既可以读［·teu］，又可以读［·tæ］，后者应是前者进一步弱化所致。例如：

饭都冷着，快滴吃饭都冷了，快点吃。

佢都80岁在了。

天都黑着了，快滴快点回去。

日头都出来着了。

五 马上［ma^{42}·ʃaŋ］

表示动作行为或情况在很短的时间内即将发生或出现。例如：

天马上就亮。

桃子马上就红。

我马上就走。

马上要落雨。

你不要马上答应同意、应允佢。

六 长［tʃʻaŋ^{35}］

表动作行为或状态、某种情况从某一时间开始将一直持续，“长”前面往往要出现表时间的词语。例如：

佢将长住在这里他从现在开始一直住在这里。

我二回长对你好我以后一直对你好。

七 一直［iʔ⁵tʃʅ²⁴］

表示动作行为始终不间断或状态始终不变。例如：

莫别见怪，佢一直是这个脾气。

这个老堂厅一直冇得人看这个老厅堂一直没有人看管。

佢兄弟两个一直不和气和睦。

八 一向［iʔ⁵çiaŋ²¹］

表示从过去到现在，或过去某个时间到现在。例如：

佢一向身体还好。

我一向喜欢吃鱼。

我这一向都冇有没有去过佢家。

哥哥一向不问家里事。

九 从来［ts'oŋ³⁵ · lai］

也表示从过去到现在，但多用于否定句。例如：

我从来冇有没有去过北京。

佢里病从来冇有好过他的病从来没有好过。

佢从来不问我里事他从来不问我的事。

十 还$_1$［hai²¹］、还是［hai²¹ · ʃʅ］

“还”和“还是”都可表示动作或状态持续不变，可以互相替换，例如：

佢还（是）在那里住。

哥哥还（是）冇没有回来。

我还（是）不懂你里的话。

十一 喽倒［leu³⁵ · tau］

“喽倒”表不定时，为“有时”之意，表动作行为或情况偶有发生，例如：

佢喽倒也到我这里来戏他有时也到我这里来玩。

哥哥喽倒脾气也躁哥哥有时脾气也暴躁。

佢喽倒考得也不好。

奶奶喽倒脑子不清楚。

十二　在［·tʻei］、正在［tʃən²¹·tʻei］

“在”和“正在”表动作在进行中或状态在持续中，例如：

佢在看书。

外头在落雨外面在下雨。

哥哥在困醒哥哥在睡觉。

佢正在那里讲话。

外头正在落雨外面正在下雨。

佢正在那里发脾气。

第六节　频次副词

频次副词有：常、总₁、板、时不时、从新、从、重新、重。

一　常［tʃʻaŋ³⁵］、总₁［tsoŋ⁴²］、板［pan⁴²］、时不时［ʃʅ³⁵puʔ⁵ʃʅ³⁵］

“常”、“总₁”、“板”和“时不时”均为惯常义副词，表示某种动作行为或某种情况经常性地反复进行或出现。

“常”意为“常常”，例如：

佢上课常迟到。

佢常骂伢他经常骂孩子。

这一拨常落雨这一段时间经常下雨。

老实人常吃亏。

佢常考第一名。

我常到佢家去戏玩。

“总₁”表示动作、状态在特定时间内无例外地重复发生，例如：

佢总瞧不起人他一向看不起别人。

我总在十二点里的乎子时候吃中饭。

一到考试，他总不中不行。

我总冇得时间去看得佢我一直没时间去看他。

佢总是那里多礼她总是那样客气。

佢做事总是慢慢吞吞里他做事总是很慢。

“常”与“总”相比，“常”不能用于否定句，“总”没有这个限制。关键（2002）认为，表示动作、状态在特定时间内无一例外地重复发生的“总”是从表示总括的范围副词“总”发展来的，我们赞同关先生的观点。

“板”意为经常；再三。例如：

有话好好讲，板嚷个么事咏再三嚷什么呢？

我这一拨肚子板不舒服我这一段时间肚子经常不舒服。

佢两人板驳嘴他两人经常吵架。

天板落雨天经常下雨。

佢板迟到。

你板落脱东西你经常丢东西。

这些例句的“板”都可用“常”来替换，但“板”的使用范围比“常”要窄，“板”仅用于说话人认为所言事件是不好的、不如意的场合，如不说“我板考第一名”。现在新派通常不用“板”，只用“常”，“板”趋于消亡。

“时不时”意为“不时”，例如：

佢时不时里发脾气他不时地发脾气。

这个天时不时落雨。

佢家时不时来些不三不四里人他家不时来一些不三不四的人。

这三个词表惯常性的程度不同，“总”表惯常性的程度最高；“常”和“板”其次，侧重于经常性的动作行为或情况；“时不时”最低，指动作行为或事件间歇性地发生或出现。

二　从新［ts'oŋ^{35}ɕin^{213}］、从［ts'oŋ^{35}］、重新［tʃ'oŋ^{35}ɕin^{213}］、重［tʃ'oŋ^{35}］

这四个副词都表示动作行为重复或反复多次进行，四者可以互相替换。例如：

这个柜子冇没有做好，我叫木匠从（新）做一个。

把衣裳从（新）洗一到一遍。

把田里草从（新）扞 hən^{42} 锄一遍。

我冇没有听清，你重（新）讲一遍。

这个柜子冇没有做好，我叫木匠重（新）做一个。

把衣裳重（新）洗一到一遍。

把田里草重（新）扞 hən^{42} 锄一遍。

我冇没有听清，你重（新）讲一遍。

第七节　累加副词

累加副词有：再、还$_{2}$、又$_{1}$。

一　再［tsai^{21}］/［·tsai］

“再”用法同普通话，表动作行为的累加，是更进一层的重复，多指未实现的动作，例如：

你再讲一遍。

不准再骂佢。

我再困睡一会。

今朝落雨下雨我就不去，明朝再去。

我有事要走，过一会再讲。

前三例的“再”读［tsai^{21}］，表示“实在的重复”，指重复已经做过的相同性质的行为动作。后两例的“再”轻读，表示“空缺的重复”，指原先想要进行的某种行为动作因某种原因没有进行，因而将在说话后的某个时间里进行。

二　还$_{2}$［hai^{21}］/［·hai］

“还$_{2}$”表示动作行为、性质状态或事物数量的累加。与“还$_{2}$”有关联的表转折语气的“还$_{3}$［·hai］”，在此一并讨论。

“还$_{2}$”的例：

我写里字还好些我写的字还要好一些。

你比佢还漂亮些。

除脱你，还有好几个人冇没有来。

过几天还要热些。

这些句子的“还”与普通话的累加副词“还”大体相同，不同的是，宿松方言的“还”还可表动作行为的累加，语义上相当于表“实在的重复”的“再”，可用“再”来替换。例如：

你还骂佢，我就不饶你你再骂他，我就不饶你。

你还问下看你再问问看。

你还吃滴你再吃一点。

累加副词“还”通常是把事情往大里、高里、重里说，但“还”也可以反过来把事情往小里、低里、轻里说，这时“还”读轻声［·hai］，例如：

佢里的身体还算好。

佢回来还不到一个星期就走着了。

佢对我还冇得你样里好他对我还没有你对我那样好。

这些句子的“还”都隐含着表“却、反而”意思，当它用于表示相反情况或意义的语境时，“还”就完全演变为表转折语气的副词“$还_3$”了。例如：

我那里帮佢我那样帮他，佢还反过来说我不好。

佢住里得最远还最早到。

我不怪佢，佢还倒发脾气我不怪罪他，他却反倒发我的脾气。

叫佢去买菜，佢还在这里看起电视起来[①]着看起电视来了。

吃你开里的药，我里病不讲好滴还差些我的病不说好些还差一些。

三　$又_1$［ieu^{24}］

“$又_1$”大体同普通话。表示动作或状态重复或继续，或反复交替；表示几个动作、状态、情况累积在一起。例如：

那个人昨日来过，今朝又来着了。

这个电影我看脱了一遍又一遍。

走一贬歇一贬，歇一贬又走一贬走一会歇一会，歇一会又走一会。

我想去又不想去。

佢做事又好又快。

第八节　程度副词

程度副词有：几、好、很、越、更、最、有滴、有滴把。

一　几［$tɕi^{42}$］

“几”表示程度深，意义大致相当于“多”。可用于疑问句询问程度，例如：

你讲在我听下看你讲给我听听，佢对你几好他对你有多好？

佢长得有几漂亮？

① 宿松话中，“起”与“起来”搭配使用，所以有“落起雨起来”的说法。

这个事有几难哝呢？

也可用于叙述句：

管佢几热，佢都不怕管他多热，他都不怕。

你不晓得我心里有几难过你不知道我心里有多难过。

这个事要几容易就有几容易这个事要多容易就有多容易。

但最常见的还是用于感叹句：

这个电影几好看哦[①]！

这个伢孩子几聪明哦！

佢几能吃苦哝[②]！

你几孬傻哝！

二 好［hau⁴²］

“好”表示程度深，例如：

好深个水好深的水！

佢里眼珠她的眼睛好大。

佢昨日好大一夜只到家他昨天很晚才到家。

三 很［hən⁴²］

表示程度高。例如：

佢很勤快。

我心里很不舒服。

我很喜欢钓鱼。

佢这样做很伤我里的心。

今朝很买着了滴一点东西在了。

佢两人很划得来合得来。

你写得好得很。

四 越［ʒæʔ⁵］

越A越B，表示在程度上B随A的变化而变化，如：

你越骂佢，佢越有气。

---

① 用于感叹句句末的“哦”带有希望得到听话者的认同、回应、应允的意思，详见第七章第一节“六”。

② 用于感叹句句末的语气词“哝”的作用是加强赞叹、喜爱等感情，详见第七章第一节“一”。

雨越落越大雨越下越大。

这个花越看越好看。

天越来越热。

五　更［kən^{21}］

“更”表程度高，用于比较，例如：

我比你更瘦。

佢比你更会讲。

你一夸夸奖佢，佢更做得有劲（= 佢做得更有劲）。

佢比你更不喜欢讲话些一些。

这个事跟你讲不清，跟佢更讲不清。

六　最［tsei^{21}］

“最”表极端，胜过其余，例如：

我把最好里的东西都把在给你。

奶奶最喜欢里的人是你。

你讲得最好。

你这一回最少要考 80 分。

佢最冇得没有本事。

我今朝坐在最前头前面。

七　有滴［ieu^{42}tiʔ^{5}］、有滴把［ieu^{42}tiʔ^{5}pa^{42}］

“有滴”和“有滴把”都表示程度不高，大致相当于普通话的“有点儿”，多用于不如意的事情。“有滴”和“有滴把”意义相同，可以互相替换。如：

我有滴（把）想去。

佢有滴（把）喜欢骂人。

佢今朝有滴（把）不快活高兴。

今朝有滴（把）冷。

我有滴（把）不舒服。

第九节　情状副词

情状副词有：一麻、一径$_1$、一路、一气鼓、一连、（一）把$_1$（详见本章第十节“七”)、一、分头、好好、连忙、私下、躲倒、单生、硬、慢慢、白、独弯、好生着、照样、照。

一 一麻［iʔ⁵·ma］

“一麻”表示动作行为连续不停或毫不松劲地快速进行，有“一个劲儿”的意思，“一麻”后通常要用状语标记“里”①，例如：

佢一麻里地跑。

佢一滴都不客气，低着个头一麻里吃他一点都不客气，低着头一个劲儿吃。

佢一麻里跟我招手。

伢儿孩子在窠里摇篮里一麻里哭。

外头一麻里地打雷。

二 一径$_1$［iʔ⁵·tɕin²¹］

宿松方言中，“一径”有两个：一是作情状副词，二是作表“干脆”义的语气副词，分别记作“一径$_1$”和“一径$_2$”。“一径$_1$”有两个意思：一是表“一直、持续不断”的意思；二是表“直接、径直”的意思。“一径$_2$”的来源与“一径$_1$”有关，在此一并讨论。

（一）用法

表“一直、持续不断”的“一径$_1$”举例如下：

（1）你沿这一条路一径里地走。

（2）佢一径里地发脾气。

（3）佢一径里地洗佢里的衣裳，头都不抬。

（4）一径里地吃饭，莫别讲话。

（5）外头一径里地落雨下雨。

（6）我一径就冇有没有作佢里指望他。

这些句子的“一径$_1$”表示连续不停或毫不松劲地专心于某种动作行为、状态或某事，其后通常也要带状语标记“里”。“一径$_1$”和“一麻”表示的意义相近，都有表示连续不停或毫不松劲的意思，但有细微差别：“一径”侧重于不顾及其他或不受其他因素干扰而专一于某动作行为或状态，“一麻”则侧重于强调动作行为的快速、迅速。如例（3）意为“她连续不停地专一于洗衣服”，不去顾及其他的事或受其他因素干扰而停下来，如果将“一径”

① 状语标记“里”的用法及来源详见第六章第一节“五”。

用"一麻"替换,则侧重于表示"她快速地连续不停地洗衣服"。例（1）中，"一径"修饰的是与空间位移有关的动作"走"，它还带有比较实在的意义，即可同时理解为从空间某一处一直或直接位移到另一处，是"径直"之意。当"一径"跟表非空间位移的词语进行搭配时，它的语义也就由表空间位移的方式隐喻为动作在时间上的"一直、连续不断"了。

"一径$_1$"表"径直、直接"进行某种动作行为或做某事。例如：

（7）我一径从小路走。

（8）我一径回去，不等佢。

（9）你一径从那里搭车回来。

"一径$_1$"所在的句子为肯定句。例（7）—（9）"一径"修饰的都是表空间位移动作的动词，表示不绕弯子、径直地行动，此种意义很容易引申为表"干脆"的决断语气，这几例的"一径"均可重新分析为"干脆"义的语气副词。当这种意义的"一径$_1$"跟表非空间位移的词语进行搭配时，就演变为专门表祈使、决断语气的"一径$_2$"了。例如：

（10）你一径跟佢讲清楚着了。

（11）一径把佢成个家，等堂客去管佢干脆给他成个家，等老婆去管他。

（12）你一径不要答应同意、应允。

（13）你一径莫别管佢，管又管不倒管不住。

（二）历史考察

"一径"本为"一条小路"的意思，亦作"一迳"。例如：

（14）充帐下都督周勤时昼寝，梦见百余人录充，引入一迳。(《晋书·贾充传》)

（15）一迳野花落，孤村春水生。(杜甫：《遣意》诗之一)

（16）溪南重回首，一径出修篁。(杜牧：《郡斋独酌》)

（17）山根一径抱溪斜，片地才宽便数家。(杨万里:《桑茶坑道中》诗之八)

（18）千峰匼匝更分明，磵复冈回一径清。(钱谦益：《香山寺》)

近代汉语时期，"一径"已有作表"径直"的副词的用法：

（19）明日捉个空，便一迳到临安府前叫起屈来。(《京本通俗小说·错斩崔宁》)

（20）冲军阵,鞭骏马,一径地西南上迓。(董解元:《西厢记诸宫调》卷2)

（21）姑姑，你侄儿除授潭州为理，一径的来望姑姑。(关汉卿：《望江亭》第一折)

（22）再停两日，点起山寨人马，一径去取了来。（《水浒传》第 42 回）

（23）武松回到下处，房里换了衣服鞋脚，……一径投紫石街来。（《金瓶梅》卷 9，第 243 页）

“一径”表“径直”的意义应是由“一条小路”的意义引申为径直通往某处的途径而来，例（19）—（23）“一径”都与表空间位移的动词搭配，且这些句子都为肯定句，跟宿松方言“一径$_1$”出现的句法环境相似。

三　一路［iʔ^{5}leu^{24}］

“一路”大致相当于普通话的“一起”或“一齐”。例如：

（1）我几明朝一路来我们一起来。

（2）我几一路住脱两年我们在一起住了两年。

（3）把这个东西一路算钱。

（4）佢几一路拍起手起来着他们一起鼓起掌来了。

（5）这两棵树一路死脱着这两棵树一齐死掉了。

例（1）“一路”表示在空间上合在一处，例（2）表示同一地点发生的事情，例（3）表示加在一起，例（4）、（5）表示在时间上同时发生。

情状副词“一路”应是由“同一条路”的意义演变而来，例（1）的“一路”理解为“同一条路”也未尝不可。由“同一条路”引申为在空间上合在一处，再由空间的同地隐喻到时间的同时。

四　一气鼓［iʔ^{5}tɕʰi^{21}·ku］

“一气鼓”表示某种动作行为或事件不间断地迅速完成，有“一鼓作气”的意思，通常用于可持续的动作性强的自主动词前。[①]例如：

把衣裳一气鼓洗脱佢把衣服一鼓作气洗掉。

我一气鼓就跑过去着了。

佢一气鼓挑脱了十担水。

① 袁毓林（1993）把现代汉语的动词分为述人动词和非述人动词，述人动词指能够表示人的动作、行为、状态、变化等的动词。述人动词里又分可控动词和非可控动词，非可控动词表示不能由动作者控制的动作、行为，如“病、胜、败、懂、知、会、患、死、瘫、变”等。可控动词又分自主动词和非自主动词。自主动词表示动作的发出者有意识地发出的动作、行为，非自主动词表示动作的发出者无意中发出的动作、行为。本书的非自主动词包括袁书所说的非可控动词和非自主动词，自主动词即袁书的自主动词。

五 一连 [iʔ⁵lien³⁵]

“一连”表示同一动作或同一情况接连发生，例如：

这个事，佢一连问脱了好几次。

一连落脱好几天雨一连下了好几天雨。

我几屋里一连死脱了好几个人我们村里一连死了好几个人。

六 一 [iʔ⁵]

“一”表示动作的短暂、猛然，兼有表强度大的意思，常用于“一V起来”结构，“一”通常要重读。①例如：

那些人了一喊着起来。

佢一跑着了起来。

伢儿把在开水烫里一哭着起来孩子被开水烫得猛地哭了起来。

七 分头 [fen²¹³tʻeu]

“分头”表示若干行为主体分若干方面做某事，例如：

我和你分头去做。

我几我们分头去寻。

八 好好 [hau⁴²·hau]

“好好”意为尽力地、认真地、耐心地，例如：

我几我们要好好过日子。

你好好跟佢讲，莫别发脾气。

你好好默下看好好想想。

这个伢太不懂事着这个孩子太不懂事了，我要好好骂佢一顿。

九 连忙 [lien³⁵·maŋ]

“连忙”表示人的行为动作迅速或急迫；赶快、急忙。例如：

看倒来着客人看见来了客人，佢连忙去倒茶。

听倒外头喊听见外面喊，我连忙从家里跑出来。

---

① 情状副词“一”跟体标记“一”不同。情状副词“一”不能读轻声，而且有实在意义，体标记“一”意义较虚化，且只能读轻声。关于体标记“一”详见第六章第二节“五”。

十 私下 [$s\eta^{213}$ · ha]、躲倒 [to^{42} · tau]

“私下”表示背地里，不公开，例如：

佢私下里地跟我讲过。

我私下里地跟你商量下一下。

我私下里地送滴一点东西在给你。

“躲倒”形容行动不使人觉察，是“偷偷”的意思。例如：

我躲倒跟佢讲一声。

你躲倒把这个钱存到银行里去。

局长家堂客局长老婆在家里躲倒收人家礼。

十一 单生 [tan^{213} · sen]

“单生”表示专门为了某一件事情，意为“特地”，例如：

这是我单生买在你里个这是我特地买给你的。

我二回单生去看你我下次特地去看你。

你单生去请佢过来。

十二 硬 [$\eta\partial n^{24}$]

“硬”表示坚决或执拗地；勉强地。例如：

我不去，佢硬拉我去。

叫佢不要去，佢硬不听话。

我问过佢，佢硬是不同意。

这那多石头硬把在佢挑脱着这么多石头硬是被他挑完了。

十三 慢慢 [man^{24} · man]

“慢慢”表示速度慢，例如：

慢慢吃。

这个事慢慢来，不要着急。

由速度慢引申出表逐渐的意义，例如：

这个伢孩子慢慢懂着事在这个孩子逐渐懂事了。

我慢慢学会着了做鞋。

伢慢慢大着孩子逐渐长大了。

但有时“慢慢”到底是表示速度慢，还是表示逐渐的意思，不好区分，如在“佢里的病慢慢好着了”中，“慢慢”作哪种理解要依语境而定，也可能两种意义兼而有之。

十四 白［p‘æ24］

“白”表示没有效果；徒然。例如：

我今朝白跑一趟，一样事都冇有没有办成。

你讲也是白讲，佢又不听。

这个衣裳做小着这个衣服做小了，白花力气。

饭白把在佢吃着饭白给他吃了。

十五 独弯［t‘ieu24·uan］

“独弯”表示明知不应或不必这样做而这样做；故意地。相当于普通话的“故意”。例如：

佢独弯害人家。

我独弯不等佢晓得。

佢独弯不与我他故意不理睬我。

佢昨日不来，是独弯里个是故意的。

你莫怪佢，佢又不是独弯里个你别怪罪他，他又不是故意的。

十六 好生着［·hau sen213·tʃo］

“好生着”表示没有任何原由、无缘无故，同时含有突然、没有预料到的意思。常含贬义。例如：

佢好生着发脾气。

冇得哪个缠佢没有谁招惹他，佢好生着那里那样哭。

你好生着不与我做么事你无缘无故不理睬我干什么？

天好生着落雨。

十七 照样［tʃau21·iaŋ］、照［tʃau21］

“照样”和“照”均意为“照旧”，二者可以互相替换。例如：

我跟佢道理讲脱一稻箩讲了一箩筐，佢照（样）不用心念书用功读书。（“讲脱一稻箩”意为“讲了很多”）

你照（样）念你里书你照样读你的书，不要管那些闲事。

第十节 语气副词

我们分语气副词为七类：表肯定、强调；表委婉；表不定、推测；表疑问、反诘；表祈使、决断；表后悔；表出乎意料。

一 表肯定、强调

这是语气副词中最大的一类：就$_2$、就是、本来、反正、才、真、肯定、一定、必定、确实、的确、毕竟、正好、正、将将$_2$（见本章第五节“三”），又$_2$、其实、得着、倒、都$_3$、还$_3$（见本章第七节“二”）、足、足足、总$_2$、总算、势必。

（一）就$_2$ [tɕʻieu^{24}] / [·tɕʻieu]、就是 [tɕʻieu^{24}·ʃʅ] / [·tɕʻieu·ʃʅ]

“就”加强肯定，大致同于普通话，例如：

（1）我原先就在这里住。

（2）我就不信学不会。

（3）佢就去过美国。

（4）我跟头就有佢里照片我跟前就有他的照片。

（5）就只佢一个人冇来就只他一个人没来。

（6）这个衣裳就好看。

前二例的“就”通常轻读，除非要特别强调才重读。例（3）—（5）“就”通常重读；但如果重读“就”前面或后面的某个成分（这个成分通常是指人的），“就”就要轻读，如例（3）如果重读“佢”，则“就”轻读。例（6）的“就”要重读。重读“就”有强调所言情况的确如此的意思。

强调数量多，“就”轻读，例如：

（7）我几我们班就考二十个人在了。

（8）佢一个人就挑脱十桶水。

“就是”也强调肯定，例如：

（9）佢就是不会做人。

（10）你里的身体就是好。

（11）一坐就是一天。

（12）一买就是 100 斤。

例（9）、（10）“就是”的“就”重读，例（11）、（12）轻读。

（二）本来［pen^{42}·lai］

强调原先、先前就是如此，例如：

我本来就不想去。

佢本来身体不好，将还一下好着他原先身体不好，现在却完全好了。

我本来就冇有忘煞你我本来就没有忘记你。

你本来就不该去。

（三）反正［fan^{42}·tʃən］

表示坚决肯定的语气，例如：

这个事反正跟我冇得没有关系。

佢不答应就算着他不同意就算了，反正也不是么样什么大不了里的事。

反正你也不是外人，我就不客气。

（四）才［$ts'ai^{35}$］、真［$tʃən^{213}$］

这两个副词意义相近，均强调程度深。例如：

佢长得才漂亮。

这个东西才好吃。

那个伢才不晓得事那个孩子很不懂事。

你才能吃苦。

你才孬傻。

这个电影真好看。

这个伢孩子真聪明。

那个人真不识抬举。

你真能吃苦。

你真孬傻。

“真”侧重于客观判断，“才”侧重于主观评价。

（五）肯定［$k'ən^{42}t'in^{24}$］、一定［$iʔ^{5}t'in^{24}$］、必定［$piʔ^{5}t'in^{24}$］

“肯定”表示无疑问，必定。例如：

今朝肯定要晴。

佢今朝肯定不得回来他今天肯定回不来了。

你肯定是骂着佢你肯定是骂了他，佢只骂你他才骂你。

这个事肯定是你不好。

“一定”用法同普通话。可表示意志坚决。多用于第一人称，用于第二、第三人称时，往往表示要求别人坚决做到。例如：

我一定要把这个事做好。

你今朝一定不要回去。

你一定要答应同意、应允。

也可表示必然，确实无疑。例如：

这个事佢他一定晓得。

我明朝不一定有工夫来。

“必定”表示主观上确定某事、动作行为或状态将要发生或出现。例如：

佢借你里钱必定要还在你里个他借你的钱必定要还给你的。

你帮着佢你帮助了他，佢必定要感你里情他必定要感谢你。

佢输脱那多钱他输掉了那么多钱，心下心里必定不舒服。

佢这一大夜都冇有回来他这么晚了都没有回来，必定是在那里有事。

“必定”和“一定”有区别：(一)“必定”一般用于表未然事件的句子，“一定”没有这个限制；(二)“一定”强调肯定的语气要比“必定”强，“一定”有不容怀疑的意思，“必定”还带有一点猜测的意味；(三)“一定”可以宣示主观意志，“必定”不行，如不能说“我必定要把这个事做好”。

(六)确实［k‘oʔ^{5}ʃʅ^{24}］、的确［tiʔ^{5}k‘oʔ^{5}］

“确实”和“的确”表示的意义基本相同，均为对客观情况的真实性表示肯定。可位于句中状语的位置，也可位于句首。“确实”和“的确”现在也可分别读成［tɕ‘ioʔ^{5}ʃʅ^{24}］和［tiʔ^{5} tɕ‘ioʔ^{5}］。例如：

那个人确实/的确不得人痛不讨人喜欢。

这个事确实/的确气人家让人生气。

你这个人确实/的确老实。

确实/的确，你那乎子那时候真可怜。

确实/的确，佢也太孬着太傻了。

但二者的使用频率有区域上的差异。笔者方言“确实”的使用频率比“的确”高，而在有的方言点，如二郎铜铃乡用“的确”多，而用“确实”少。

(七)毕竟［piʔ^{5}tɕin^{21}］

充分肯定重要的或正确的事实，暗含否定别人的不重要的或错误的结论。例如：

毕竟年纪轻，不懂事。

毕竟你年纪大些，让滴佢让一点他。

我毕竟比你多吃几包盐。(“多吃几包盐”谓阅历丰富一些)

佢毕竟冇念你那多书，冇得你样里通达她毕竟没有你读的书多，没有你那样通情达理。

（八）正好［tʃən²¹hau⁴²］、正［tʃən²¹］

“正好”表示某种巧合（多指时间、情况、机会条件等），恰好、正巧。例如：

我正好要问你个一个事。

我正好明朝也要去买滴点东西。

我在街上正好一碰倒佢我在街上正好碰见了他。

佢今年正好20岁。

“正”表巧合、恰好、刚好。例如：

我正要问你个事。

我正出门，车就来着。

这个衣裳大小正合适。

（九）又$_2$［ieu²⁴］

表示转折或加强否定语气。例如：

佢心里有话又不讲出来。

这个事我又不晓得。

佢又冇得责任，你不要怪佢他又没有责任，你不要怪罪他。

你莫哄人家，人家又不是冇长眼珠你别骗别人，别人又不是没长眼睛。

（十）其实［tɕʻi³⁵·ʃʅ］

表示所说的情况是真实的。例如：

你默倒佢冇有回来你以为他没有回来，其实佢早已回来着其实他早就回来了。

佢看上去那里那么年轻，其实有五十多岁在其实有五十多岁了。

其实，我也不晓得佢住在哪里。

（十一）得着［tæʔ⁵·tʃo］/［·tæʔ·tʃo］

语气副词“得着”有两个：“得着$_1$”读［tæʔ⁵·tʃo］，表示由于某种有利条件而侥幸避免了不利的事情，其用法大致同普通话的“幸亏”；“得着$_2$”读［·tæʔ·tʃo］，表示由于某种不利条件或不可预知的因素而不可避免地造成了事情的不利、不好。“得着$_1$”举例如下：

（1）得着你帮我一把，一兀样这那多东西不得到家幸亏你帮了我一把，要不然这么多东西到不了家。

（2）得着天落雨，园里菜一兀样干死着幸亏天下雨，要不然园子里的菜干旱死了。

（3）今朝路上堵车，我得着冇有出去我幸亏没有出去（= 得着我冇有出去幸亏我没有出去）。

（4）今朝家里冇得人替我引伢，得着你来着今天家里没有人替我带孩子，幸亏你来了。

（5）你要找里的人一下全部在这里，你今朝得着来着你今天幸亏来了。

“得着$_1$”通常用于句首，但也可位于句中状语的位置，有时位置不同表示的意思不一样，如例（4）指出在“你”的帮助下避免了一件不利的事情，例（5）指出避免了于“你”不利的事情。

“得着$_2$”的例：

（6）天又在落雨天又在下雨，得着我还把个衣裳一洗倒我还把衣服洗了。

（7）你昨日讲来又冇来，得着我还在家里等你你昨天说来又没有来，我还在家里等你。

（8）得着我还把个饭一煮倒，哪晓得你几不在这里吃我还煮了饭，谁知道你们不在这里吃。

（9）你把个伢一个人搁在这里，得着佢哭一下昼你把孩子一个人放在这里，害得他哭了一下午。

例（6）的意思是：由于“天又在下雨”这个不可预知的因素，使得言说者认为“我把衣服洗了”变成了一件不好的事情。余例类推。

“得着$_1$”和“得着$_2$”的意义实则相通，某种有利条件可以侥幸避免不良后果，反过来，某种不利条件或不可预知的因素就有可能造成不良后果。这两个“得着”在不同的语境下可以互相转换，例（6）如果说成：

（10）天又晴着了，得着我把衣裳洗脱在幸亏我把衣服洗了。

（11）天又在落雨天又在下雨，得着幸亏我冇有没有衣裳。

这两例的“得着”都是“幸亏”的意思。例（10）跟例（6）相比，“天又晴着”是有利的条件，条件变了，“得着”的意思也就变了。例（11）跟例（6）相比，条件没有变，但“得着”所在句子表示的事件与例（6）相反，“得着”也只能理解为“得着$_1$”。可见，“得着$_1$”和“得着$_2$”是不同语境的产物。

“得着”本为动词，意为“得力于”，其后通常接指人的名词或代词，记作“得着动”。如：

（12）这个事得着你，一冗样办不成这个事得力于你，不然办不成功。

（13）佢当局长是得着佢家母舅他当局长是得力于他舅舅。

（14）不得着我，你哪找得到那里好里事如果不是得力于我，你怎么能找到那样好的事？

“得着动”后面出现其他动词时，其语义就开始虚化，如例（1）还带有一点“得力于”的意味。

（十二）倒［·tæ］

大致同于普通话的副词“倒（到）”。例如：

你一讲，我倒默起来着经你这么一说，我倒是想起来了。

讲里倒容易，你来做下看哒讲得倒是容易，你来做做看。（“哒”在这里表祈使、建议的语气）

人不大心思倒不小人不大心倒不小。

这个衣裳好看倒好看，就是太贵着了。

你跟我一路去，那倒好呢你跟我一起去，那倒是很好。

佢那倒不是独弯里个，还不是忘煞着他那样倒不是故意的，很可能是忘记了。

（十三）都$_3$［·teu］/［·tæ］

“都”表强调语气。例如：

连皮都吃脱着连皮都吃掉了。

连伢都拖出去做事去着连孩子都叫出去做事了。

这个事伢都晓得做这个事孩子都知道做。

佢那多年纪头毛都冇有白他年纪那么大头发都没有白。

今朝落雨都要去下雨都要去。

你走佢都不来送下你你走他都不来送送你。

我里的事佢问都不问一声。

我今朝一口都冇没有吃。

（十四）足［tseuʔ^5］、足足［tseuʔ^{5}tseuʔ^5］

“足”和“足足”意为够得上某种数量或程度。例如：

这一条鱼足有十几斤。

这个事花三天工夫足够着了。

我足足等脱你两个钟头我足足等了你两个小时。

（十五）总$_2$［tsoŋ^{42}］

语气副词“总”有三个：“总$_2$”意为毕竟、总归；“总$_3$”表推测、估计；“总$_4$”表“核实、确认”的语气。“总$_3$”、“总$_4$”跟“总$_2$”有关联，在此一并讨论。

“总$_2$”的例：

（1）在社会上混，总要有滴点本事本领。

（2）你总不能不把伢念书你毕竟不能不给孩子读书。

（3）天总要晴里个天总要晴的 。

“总$_3$”表推测、估计，多用于数量，相当于“大概”。例如：

（4）你今朝来，总有么事什么事？

（5）这个屋总有二十年不哨这个房子大概有二十年。（“不哨”表推测语气）

（6）这个鱼总有十几斤。

（7）这个事恐怕总要半个月只才能做脱完。

“总$_4$”表“核实、确认”的语气，通常用于是非问。例如：

（8）你明朝总回来吧[①]？

（9）你总冇有骂佢哝你的确没有骂他？

（10）佢总答应同意、应允哝？

（11）你总不今朝就走吧？

我们认为，“总”的第二种意义是第一种意义在不同语境下的变体。这两种意义都表示说话人对所言情况的总归性的看法和态度，当“总”后面出现表数量的成分时，“总”容易被理解为表示对数量一种归总性的估计、推测。“总”的第三种意义也由第一种意义发展而来，即当用于疑问句时，“总”表毕竟、总归的语气发展为表寻根问底的“核实、确认”的语气。

（十六）总算［tsoŋ^{42} · sən］

用同普通话。可表示经过相当长的时间后某种愿望终于实现，较多用于希望达到的结果。例如：

落脱半个月里雨下了半个月的雨，今朝总算晴着了。

我等脱了一上昼上午，你总算来着了。

也可表示大体上还过得去，如：

那个伢孩子总算不错。

（十七）势必［ʃʅ^{21} · piʔ］

强调所言事实或结果与所预料、担心的情况刚好相符，多用于不希望出现的事情或达到的结果。如：

佢势必把钱落脱着他还是把钱弄丢了。

佢势必把伢冻病着她还是把孩子冻病了。

今朝势必冇有落雨今天还是没有下雨。

① 此例和例（11）的“吧”表测度语气，详见第七章第一节“二”。

二 表示委婉

未必［uei^{24} · piʔ^{5}］表示不一定；不见得。例如：

真搞起来真斗起来，佢未必打得过你侬他未必打得过你。

佢未必听你里话他未必听你的话。

你未必不对佢他好？

佢未必冇有去他未必没有去？

三 表示不定、推测

表示不定、推测语气的副词有：大概、恐怕、只怕、约莫、作兴、想必、总$_{3}$（见本章第十节“一”）。除“作兴”外，其余副词大体用法同普通话。

（一）大概［ta^{24}k‘ai^{21}］、恐怕［k‘oŋ^{42} · p‘a］、只怕［tʃʅʔ · p‘a］

这三个副词都表示推测、估计；可能。“大概”有两种意义：（一）表示对数量、时间的不很精确的估计。例如：

（1）这里离我家大概八里路。

（2）我明朝大概五点钟动身。

（3）佢他大概有四十多岁。

（二）表示对情况的推测；可能。例如：

（4）大概佢也不晓得你里的事。

（5）那个事大概也不难。

（6）大概明朝要落雨下雨。

“恐怕”语义上跟“大概”相同，但出现的句法环境略有不同，“恐怕”一般不能直接放在数量词前，如例（1）、（2）中的“大概”就不能用“恐怕”替换。例如：

（7）这里离我家恐怕有八里路。

（8）我明朝恐怕要到五点钟里乎子只动身我明天恐怕要到五点钟的时候才动身。

（9）佢恐怕有四十多岁。

（10）恐怕佢也不晓得你里的事。

（11）那个事恐怕也不难。

（12）恐怕明朝要落雨下雨。

“只怕”跟“恐怕”用法基本相同，例（7）—（12）的“恐怕”都能用“只怕”替换。老派多说“只怕”，新派多说“恐怕”和“大概”。

（13）这里离我家只怕有八里路。

（14）我明朝只怕要到五点钟里乎子只动身我明天恐怕要到五点钟的时候才动身。

（15）佢他只怕有四十多岁。

（16）只怕佢他也不晓得你里的事。

（17）那个事只怕也不难。

（18）只怕明朝要落雨下雨。

“只怕”应是限制副词“只”跟表心理活动的动词“怕”逐渐融合而形成的，“只怕”在线性排列中经常组合在一起，表示“只害怕、只担心”的意思，例如：

（19）我别人都不怕，只怕你侬只怕你。

（20）佢只怕你家娘家人娘家人来闹事。

（21）佢只怕身体不好。

例（20）、（21）中，“只怕”后均为小句，我们认为，副词“只怕”正是在这种句法环境中语法化而来的。担心、惧怕所言情况隐含着推测、估计的意义，正是因为推测、估计某情况会发生，才会产生担心、惧怕的心理，当这种隐含义进一步凸显时，“只怕”就演变为表推测、估计的语气副词了。例（21）的“只怕”也可以重新分析为副词，这时，“佢”就不能再看作“怕”的主语，但“只怕”有一个言者主语[①]，它在这里的作用是表明说话人的态度、看法。

“只怕”用于加强反问语气，意为“难道”。例如：

又不是外人，我只怕跟你行客气不是我难道跟你讲客气吗？

你不求佢，佢只怕还来求你他难道还来求你？

你做得倒里事，只怕我还做不倒你能做到的事，难道我还做不到？

用于加强反诘语气的“只怕”也应由表“只害怕、只担心”的“只怕”逐渐语法化而来。

近代汉语中，单独一个“怕”字也可以表示推测，例如：

夫妻私相告语，怕生这男孩后每岁田禾倍熟，因命名唤做郭成宝。（《五代史·周上》）

我非将乎？怕有破绽处么？（《七国春秋》卷中）

“怕”也可用于加强反诘语气，例如：

我怕没经天纬地才，拿云握雾手？稳情取步入蟾宫，跳过龙门，占

① “言者主语”的概念参看沈家煊（2001）。

了鳌头。(《金钱记》三［上小楼幺篇］)

姐姐每肯教诲，怕不是好意？争奈我官人行怎敢便话不投机。(《谢天香》三［滚绣球］)

“怕”本为表“害怕、畏惧”的动词，它演变为表推测和表反诘语气的副词的机制当跟宿松方言的“只怕”相似。

（二）约莫［ioʔ⁵ · mo］

表示对数量、时间的估计。例如：

这里离我家约莫八里路。

我约莫五点钟动身。

这条鱼约莫有十斤。

（三）作兴［tsoʔ⁵ · ɕin］、想必［ɕiaŋ⁴²piʔ⁵］

“作兴”和“想必”都表示对情况的推测、推断。“作兴”表示不很肯定、有可能的语气，语义相当于普通话的“兴许”，可用于句中，也可以用于句首，例如：

佢今朝作兴要回来他今天可能要回来。

你作兴也不晓得那些事。

那个事作兴也不难。

作兴明朝要落雨。

作兴佢冇有没有讲那个话。

“想必”表示偏向于肯定的推测、推断。通常用于句首，但也可用于句中，例如：

想必你也不晓得那些事。

佢还冇没有回来，想必是在那里有事。

想必佢冇有没有讲那个话。

那个事想必也不难。

四　强调疑问、反诘

这类语气副词有：还₄、到底、总₄（见本章第十节“一”）、何必、何苦、只怕（见本章第十节“三”）。“还₄、到底、何必、何苦”这四个副词大体用法同普通话。

（一）还₄［ · hai］

“还”可用于是非问，例如：

你还认得我不？

天落雨，你还回来不？

奶奶还好不？

还可用于反问，例如：

这一大夜这么晚了，佢那[①]还不早已回去着了？

这个事还要问还用问？

佢里的事还对我讲？

还可用于祈使句，例如：

你还不快滴点跟佢陪个不是。

（二）到底［tau^{21}·ti］

“到底”是对最终结果（或事实）询问，有“核实、确认”语气，通常用于正反问或选择问，例如：

（1）你到底去不你到底去不去？[②]

（2）你到底问佢冇你到底问他没有？

（3）你到底吃也不吃唻你到底吃不吃？[③]

（4）你到底去也冇去唻你到底去没去？

（5）你到底答应同意、应允也，还是不答应唻？

（6）到底是你去也，还是我去？

（7）你到底是在家里看书也，还是到街上去？

“到底”和“总$_4$”意义相近，但是使用的语境不同，“总”不用于正反问和选择问，只用于是非问（例见本章第十节“一”），用于是非问时，也不用于句末由“吧$_2$”、“呗”、“啵”、“嘛”、“嘿”、“末”构成的是非问[④]；而“到底”只用于正反问或选择问［如例（1）—（7）］，以及由“吧$_2$”、“呗”、“啵”，“嘛”、“嘿”、“末”构成的是非问，例如：

（8）佢到底回去吧？

（9）你到底答应同意、应允呗？

（10）你到底去啵？

---

① “那”在这里起承接作用。

② 用于句末的否定词“不”和例（2）的“冇”在这里都用于构成正反问，详第十三章第一节。

③ “也”用于句中表停顿，详见第七章第一节“四”。

④ “吧$_2$”、“呗”、“啵”和“嘛”、“嘿”、“末”这两组语气词分别是用于句末构成疑问句的否定词“不”和“冇”跟语气词“啊$_1$”、“也”、“哦$_1$”的合音形式，其用法详见第七章第二节“一”、“二”。

（11）你在学堂里到底用心念书嘛你在学校里到底用功读书了吗？

（12）佢到底借钱在给你嘿？

（13）你到底骂佢末？

（三）何必［$ho^{35}piʔ^{5}$］、何苦［$ho^{35}k'u^{42}$］

"何苦"和"何必"意义相近。"何必"表反问语气，表示不必，例如：

路又不远，何必坐车。

你何必为得这那滴小事受气你何必为了这么一点儿小事生气。

你何必做那个孬傻事。

为得这个事发那大个脾气为了这个事儿发那么大的脾气，何必唻？

"何苦"用反问语气表示不值得，例如：

你何苦为得这那滴小事受气你何苦为了这么一点儿小事生气。

为得这个事发那大个脾气为了这个事儿发那么大的脾气，何苦唻？

你这是何苦唻？一个人在这里自己逼自己一个人在这里自己折磨自己。

"何苦"比"何必"语气要重，"何苦"一般都可换成"何必"，但"何必"不一定能换成"何苦"，如"路又不远，何必坐车"中，"何必"就不能换成"何苦"。

五　表祈使、决断

千万、左以、一径$_2$（见本章第九节"二"）、非要、只$_3$（见本章第二节"一"）。只有"千万"用法同普通话。

（一）千万［$tɕ'ien^{213}uan^{24}$］

表示恳切叮咛，意为"务必"，例如：

你千万要记得。

你千万不要等佢晓得着了。

你千万不能走马路中间。

（二）左以［$tso^{42}·i$］

"左以"表"索性"、"干脆"的语气，例如：

（1）这一瓶酒喝脱一大半在，左以一下喝脱佢这一瓶酒喝了一大半，索性全喝掉。

（2）你原先开始冇没有答应同意、应允，将左以不要答应。

（3）缠着我，左以把你里东西一下掼脱佢惹恼了我，索性把你的东西全扔掉。

（4）我左以把车送你回去。

（5）左以把这些东西都卖脱掉。

"左以"和"一径$_2$"意义相近，都有"索性"、"干脆"的意思。"一径$_2$"

例见本章第九节“二”，这里只就“左以”和“一径”在语用上的细微差别作一比较。“左以”用于以某一相关动作行为或事实为基准点或铺垫、后一动作行为再继续或进一步实施的语境，如例（1）表示“这一瓶酒既已喝了一大半，索性全喝了”的意思。例（1）、（2）“左以”所在的小句前通常有表作为后一动作的基准点或铺垫的小句，“左以”一般不能用“一径”替换。例（3）—（5）没有出现作为基准点或铺垫的小句，“左以”可以用“一径”替换，但替换后语义有所不同，如例（4）隐含有“我已经为送你回去做了与之相关的事情”为前奏，而用“一径”替换后通常只表示一开始或直接就表明“送你回去”，没有做任何其他与之相关的事。

（三）非要［fei^{213} · iau］

表示故意跟外来要求或客观情况相反，意为“偏”或“偏偏”。例如：

不要我去，我非要去。

我非要不与佢我偏不理睬他。

你只非要把这个东西送在佢你偏要把这个东西送给他。（“只”表希望、祈请语气）

我冇有跟佢讲，你非要说我讲着我没有跟他讲，你偏偏说我讲了。

六 表后悔

一加火［iʔ^{5} · tɕia · hu］、一茬［iʔ^{5} · tsʻai］

“一加火”有两个意义：一是用于表已然事件的叙述句，表说话人“惋惜”或“后悔”的语气；二是表不以为然的、轻视的语气。表“后悔、惋惜”的“一加火”举例如下：

（1）一加火冇煮倒饭再走没有煮好饭再走，现在有些后悔。

（2）你一加火冇跟佢讲一声你没有跟他讲一声，我觉得有些惋惜。

（3）那乎子一加火冇有去念个大学，将后悔死着那时候没有去念大学，现在后悔死了。

（4）一加火冇有把我家妹寻在你我现在有些后悔，没有把我妹妹嫁给你。

（5）你昨日一加火冇有去得昨天没有去，我觉得有些惋惜。

（6）一加火冇把那些鱼一下买来没把那些鱼全买下来，我现在有些后悔。

这种意义的“一加火”往往用于表已然事件的否定句，与否定副词“冇（有）”搭配使用，表没有做或未做成某事而“惋惜”或“后悔”。当说话人述自己时，“一加火”表“后悔”语气，如例（1）意为说话人对“没有煮饭”而后悔；言他人时，“一加火”表“惋惜”语气，如例（2）意为说话人对“你没有跟他讲一声”这件事有些惋惜。余例类推。

表不以为然、轻视语气的“一加火”的例：

（7）佢那能死着，一加火考个第一名在他那样张狂，不就考了个第一名。

（8）一加火寻着滴钱在挣了一点儿钱，有什么了不起。

（9）一加火做着那个事在做了那个事，有什么了不起。

（10）你一加火当个局长在了。

例（7）—（10）的“一加火”出现的句法环境跟前六例恰恰相反，往往用于表已然事件的肯定句，是说话人对别人的成功所表现出的不服气或轻视的主观感情，这种感情通过不以为然的、轻视的语气反应出来，是对别人的成功表现出来的一种消极的态度，歪曲地反应了说话者自身希望做成某事或获得成功的心理。例（7）意为说话人认为“他考了第一名”没有什么了不起，而这又通常是说话人想实现而未能或不能实现的事情。

这两种意义的“一加火”语义上存在关联，都反应了说话人希望获得成功的心理，只不过，这种心理在对待别人的成功时表现出的是消极的情绪，但在对待未能或不能实现的事时则又表现出后悔、惋惜的情绪。

“一茬”和表“惋惜”、“后悔”的“一加火”意义相近，但也存在两点差别：（一）“一茬”既能用于肯定句，也能用于否定句，“一加火”只能用于否定句；（二）同用于否定句时，“一茬”表示的后悔语气较“一加火”强。用于肯定句时，“一茬”还带有欠考虑或计划不周全的意思。例如：

（11）一茬跟佢搭腔真不该跟他交往。

（12）我一茬来我真不该来。

（13）落雨在，一茬把个衣裳一洗脱下雨了，真不该把衣服洗了。

（14）今朝一茬跑到街上去，滴么事都冇买一点儿东西都没买。

（15）一茬冇跟佢讲一声没跟他说一声，现在真是后悔。

（16）一茬冇有叫佢去得没有叫他去，现在真是后悔。

例（11）表示说话人认为“跟他交往”是件欠考虑的的事。余例类推。“一茬”可以独用，但其后通常带个“儿［·ɭ］”，带不带“儿”意义用法完全相同。

“一茬”本为数量词。指动作或状态持续的时间短暂，例如：

（17）将方一茬风把衣裳一下吹里落下来着刚才一阵风把衣服全吹下来了。

（18）天又落一茬雨在了。

（19）河里今朝发一茬洪水在了。

（20）我里手将方又痛一茬在我的手刚才又痛了一阵子。

语气副词“一茬”大概由数量词“一茬”语法化而来。短暂时间内完成的动作或事件往往被认为是欠考虑的或考虑不周全的，其结果往往是不如意的，从而使言说者产生后悔、惋惜的情绪。“一茬”由数量词到副词的语法化应是通过认知上的推理，联想义逐渐固定化的结果。副词“一茬”应是先用于肯定句，然后再逐渐扩展到用于否定句的。

七　表出乎意料

一把［iʔ^{5}pa^{42}］

“一把”在宿松方言中有三种用法。

（一）作为数量结构，跟普通话的“一把”基本相同。例如：

一把伞｜一把刀

一把米｜一把筷子｜一把老骨头

佢有一把气力。

佢是一把好手。

帮一把｜拉佢一把拉他一把｜出一把力

一把把佢抱倒在一把把他抱住了。｜一把就捉倒在一下就抓住了。

（二）作为表情状的副词，意为“紧紧、牢牢”，记作“一把$_{1}$”。例如：

佢把钱一把一园倒[①]他把钱藏得很严实。

情状副词“一把”中的“一”也可以省掉不用，说成：

佢把钱把一园倒他把钱藏得很严实。

（三）作为语气副词，表“偶然、意外”，记作“一把$_{2}$”。例如：

今朝一把困过头在今天竟然睡过了头。

这里着重讨论作为语气副词的“一把$_{2}$”，情状副词“（一）把$_{1}$”在此一并讨论。

（一）用法

语气副词“一把$_{2}$”表示所言事实或动作及结果的发生或出现在言者看来带有很大的偶然性或意外性，是出乎意料[②]之外的，是不太可能或不该发生的。例如：

（1）你一把考个第一名在了。

---

① “一V倒”是固定格式，表动作造成的动作或状态的持续，详见第六章第二节“五”。

② 所谓“‘出乎意料’是说话人觉得出乎意料，或是说话人认为听话人会觉得出乎意料，从认识上讲就是说话人认为句子表达的命题为真的可能性很小”（沈家煊，2002）。

（2）佢今朝一把吃脱了三碗饭在了。

（3）我今年一把看养三只大猪在了。

（4）妹今朝一把起个大早在了。

（5）佢一把看着生了个儿子在原以为她生不出儿子来，没想到竟然生了一个儿子。

（6）佢一把跶［taʔ^5］摔到在河里去着了。

例（1）去掉“一把”为客观的叙述，加上“一把”则表示在说话者看来“你考了第一名”这件事的发生是非常偶然的、意外的。余例类推。

“一把”只用于表已然事件的肯定句中，不用于否定句和表未然事件的句子，通常用于处置式和被动句中。用于处置式的例：

（7）佢一把把屋做起来着原以为他盖不起房子，没想到竟然盖起来了。

（8）今朝把饭一把烧黑着今天竟然把饭烧黑了。

（9）我一把把个钥匙一落［lo^{24}］弄丢脱了。

（10）我今朝一把把个谷一割倒，不晓得天还落起雨起来着我今天竟然把稻子割了，却不知道天下起雨来了。

（11）我旧年去年一把把个屋买倒，将现在跌价在。

“一把”通常用于处置标记“把”的前面，如例（7），但也可用于动词前，如例（8）。例（9）—（11）中，处置标记“把”的宾语前面有个量词“个”。据沈家煊（2002），处置式通常带有对说话人来说“不如意”的主观感情。这类带“个”的处置式比不带“个”的处置式主观性更强，更带有说话人对所言情况感到“不如意、不愉快”的主观意义。如例（10）、（11）的“割谷”和“买屋”本应是有目的、有计划的行为或事件，但言说者从其结果看，认为是偶然地、意外地做了一件没有计划好的或缺少预见的事。

用于被动句的例：

（12）这个事一把把在被哥哥晓得着了。

（13）衣裳一把把在雨□［toʔ^5］淋湿着。

（14）那个话把在被佢一把听倒听见在了。

（15）我一把把在被佢哄倒在骗了。

（16）那个贼把在警察一把抓倒抓住在了。

（17）电视机一把把在被哥哥修好着了。

（18）这个题目一把把在被佢做出来着了。

“一把”既可以用于主语后、被动标记“把在”之前，如例（12），又可以用于“把在＋NP”之后、谓语动词前，如例（14），但以前者为常。

汉语被动句都带有出乎说话人意料之外的意义，即动作对受事的影响出乎说话人的意料（洪波等，2005）。宿松方言中，被动句用上语气副词“一把”则表示所言事件在言说者看来带有很大的偶然性、意外性。这类句子跟不用“一把”的被动句相比，主观性要强得多。

此外，“一把”还经常用于遭遇句。[①]既可以用于句首，又可以用于句中，以用于句首为常。例如：

（19）一把把在佢考上大学在了。

（20）把在佢一把捉倒住一条鱼在了。

（21）一把把在佢当个书记在了。

（22）一把把在你看着生了个儿子在。

（23）一把把在佢做起屋起来着做起屋来了。

遭遇句本身就表示所言事件出乎说话人的意料，用上“一把”有进一步强化言说者对所言事件持消极态度的作用，因而主观性更强。如例（19），去掉“一把”表示“佢考上大学”这件事出乎说话人的意料，用上“一把”则进一步强调这件事的发生在说话人看来是极其偶然的、意外的。

（二）来源

我们认为，语气副词“一把$_2$”由用于动词前的动量结构“一把”语法化而来。

动量结构“一把”表同手有关的一次性动作，同时含有表动作快而短暂的意思。例如：

（24）我一把就捉倒捉住那只猪儿小猪在了。

（25）我把那只鸡一把抓倒捉住在了。

（26）桌上里的钱把在被佢一把搭去着抓去了。

“一把”在不同的语境中会朝着两个方向语法化。一是语法化为“紧紧、牢牢”义的情状副词，二是语法化为表偶然性的语气副词。

由于“一把”总是跟同手有关的动词搭配，“一把抓住、捉住某东西”很容易向表“紧紧、牢牢地抓住、捉住某东西”的意义引申。例如：

（27）佢一把抓倒抓住我不放。

（28）佢把我里的手一把一捏倒捏着。

（29）我把伢孩子一把一抱倒抱着。

---

① 关于遭遇句详见第九章第五节。

例（27）—（29）中，“一把”可以作两种分析，既可以理解为表一次性动作的动量结构，又可理解为表“紧紧、牢牢”义的情状副词。“一把”作动量结构时，要求其后的动词性成分是有界的，例（27）的“抓倒”可看作有界的动作，“倒”在这里是表动作完成或有了结果的动相补语。[①]但这个句子不是表已然事件，而是一个持续性的事件，即在说话时动作正在持续，因而“抓倒”又可理解为动作完成后状态的持续，这样，“一把”表“紧紧、牢牢”的意义就凸显了出来，表一次性动作的意义因而淡化。例（28）、（29）中，“一把”与“一V倒”组配，“一V倒”在宿松方言中是一个凝固格式，表动作或状态的持续，用于“一V倒”前的“一把”表“紧紧、牢牢”义更为突出，但这两例的动词表示的动作还同手有关，因而“一把”还带有表一次性短暂动作的意义。当“一把”跟表同手无关的动作的动词进行组配时，它就完全由一个动量短语语法化为表“紧紧、牢牢”义的情状副词了。例如：

（30）佢一把一眦倒我他紧紧盯着我。

（31）这个纸一把一黏在墙上，扯不下来。

表“紧紧、牢牢”义情状副词“一把$_1$”还有一个更为常用的简省形式“把”，这当是省掉“一”而形成的，例（28）—（31）中的“一把”都可以说成“把”，如例（28）可说成“佢把我里的手把一捏倒”。“一”的简省当受到了两个方面的影响：一是情状副词“一把”语义已较虚，根据语法化的一般规律，语义的虚化（包括泛化、简化、抽象化等）往往会导致语形由大变小，由繁变简，由自由变黏着。二是情状副词“一把”经常跟“一V倒”组配，“一V倒”是一个三音节的固定结构，由于汉语最基本的音步是两个音节，省掉“一把”中的“一”就会使“把”跟“一V倒”形成四个音节，这种［2＋2］的四字格更符合汉语的韵律结构。

客观世界中一次性就能抓住、捉住某东西的几率是很小的，因而“一把”又可以发展出表偶然性的用法。例（24）中，“一把”后有副词“就”，“就”表示在说话者看来，行为动作或情况发生、进行、完成得早或快，与“就”组配时，“一把”表一次性短暂动作的意义很明显，表偶然性的意义是隐含着的，但去掉“就”时，“一把”表一次性短暂动作的意义就大大淡化了。例（25）、（26）的“一把”都有歧义，当关注动作本身时，“一把”表快而

① 赵元任（1970）的 phase complement，吕叔湘先生译作“动相补语”，是表动作有了某种结果的成分，意义比动补结构的补语要虚，但比完成体助词要实。

短暂的意义凸显；当关注事件的结果时，“一把”表偶然的意义就凸显了出来。例（24）—（26）中的“一把”后接的动词都是同手有关的动作，“一把”还没有虚化为语气副词。当表同手无关的动词与“一把”组配时，“一把”就完全由动量结构语法化为表偶然、意外的语气副词了。例如：

（32）今朝一把走错路在今天偶尔走错了路。

（三）相关的方言材料

在跟宿松毗邻的太湖话中，“一把”的用法同宿松话。

英山方言中，数量结构“一把”也表同手有关的一次性的短暂动作，如“我把那只鸡一把捉倒住了”，“一把”也可同时用作副词。例（33）—（42）引自陈淑梅（2006）①：

（33）钱一把搞落丢了。

（34）病一把好了。

（35）她把钱把园倒她将钱藏得很严实。

（36）他把绳子把拉倒他将绳子使劲地拉着。

例（33）、（34）的“一把”可看作表偶然、出乎意料的副词；例（35）、（36）的“一把”可看作表“紧紧、牢牢”的情状副词。“一把”由“紧紧、牢牢”义还引申出了表程度严重、厉害的意思。例如：

（37）胸口把闭倒心脏憋闷得很厉害。

（38）天把黑倒天非常黑。

（39）眼睛把肿倒眼睛肿得很厉害。

数量结构“一把”还演化出了表动作快而短暂的时间副词的用法，有“一下子、突然”的意思。例如：

（40）他把狗一把打死了他把狗一下子打死了。

（41）鸡让得毛狗一把驮去了鸡被狐狸突然拖去了。

（42）你把他一把吵醒了你把他一下子吵醒了。

黄冈、黄梅等方言中，数量结构“一把”也可同时用作副词。黄冈方言中，“一把”有以下用法：

（43）我一把把那个鱼捉倒住了。

（44）你一把一挡倒你紧紧地挡住了，叫我么样怎么走过去？

（45）这个纸一把一黏在墙上，扯不下来。

① 笔者调查核实，陈文所说的鄂东方言实属老派英山话。

例（43）中，“一把”表同手有关的一次性动作，同时含有表动作快而短暂的意思。例（44）、（45）中，“一把”后的动词不限于表同手有关的动作，“一把”已经语法化为“紧紧、牢牢”义的情状副词了。黄冈话的“一把”虽然也可用作表“紧紧、牢牢”义的副词，但没有“他一把一眦倒我他紧紧盯着我”的说法，说明黄冈话表“紧紧、牢牢”义的“一把”的使用范围比宿松方言要窄。黄冈话的“一把”没有作表偶然、出乎意料的语气副词的用法。

黄梅话的“一把”只表同手有关的一次性的短暂动作，如：

（46）我一把把那只鸡捉倒住了。

（47）佢一把把我抓倒住了。

方言中某个成分在共时平面的动态性和异质并存现象实际体现了历时发展的时间序列。黄冈、黄梅、宿松、太湖、英山等方言中，“一把”都有表同手有关的一次性短暂动作的用法，黄梅话的“一把”意义最为实在；黄冈话的“一把”还演化出了表“紧紧、牢牢”义的用法；而宿松和太湖等地的“一把”不但演化出了表“紧紧、牢牢”义的副词，还演化出了表偶然、出乎意料的语气副词；老派英山话表“紧紧、牢牢”义的“一把”还进一步演化出了表程度严重、厉害的语气意义，其语法化程度最高。

第十一节　关联副词

就$_3$［tɕieu^{24}］

连接两件紧接着发生的事；或承接上文，得出结论。用同普通话。例如：

吃脱完饭就走。

看倒佢我就想笑看见他我就想笑。

佢一看就会。

我兀就不买我要么就不买，一买就买一堆。

佢一去我就不去他如果去我就不去。

一落雨就不去如果下雨就不去。

那个女伢大就大滴，会过日子就中那个女孩子大就大一点，会过日子就行。

第十二节　小结

综上所述，宿松方言的副词如表 3–1 所示：

表 3–1　　宿松方言副词使用情况表

次类		副词
总括副词		都$_1$ 一概 一律 一下
限定副词		只$_1$ 只好 光 单单 独以
统计副词		共 一共 总共 统共
类同副词		也
时间副词		早已 就$_1$ 将将$_1$ 将 一得 都$_2$ 马上 只$_2$ 长 一直 一向 从来 还$_1$ 还是 喽倒 在 正在
频次副词		常 总$_1$ 板 时不时 从新 从 重新 重
累加副词		再 还$_2$ 又$_1$
程度副词		几 好 很 越 更 最 有滴 有滴把
情状副词		一麻 一径$_1$ 一路 一气鼓 一连（一）把$_1$ 一 分头 好好 连忙 私下 躲倒 单生 硬 慢慢 白 独弯 好生着 照样 照
语气副词	表肯定、强调	就$_2$ 就是 本来 反正 才 真 肯定 一定 必定 确实 的确 毕竟 正好 正 将将$_2$ 又$_2$ 其实 得着 倒 都$_3$ 还$_3$ 足 足足 总$_2$ 总算 势必
	表委婉	未必
	表不定、推测	大概 恐怕 只怕 约莫 作兴 想必 总$_3$
	强调疑问、反诘	还$_4$ 到底 总$_4$ 何必 何苦 只怕
	表祈使、决断	千万 左以 一径$_2$ 非要 只$_3$
	表后悔	一加火 一茬
	表出乎意料	一把$_2$
关联副词		就$_3$

第四章

介　　词

宿松话的介词有：把、把在、在、从、对、照、顺倒、沿、就、按、朝、同、找、跟、和、替、为、为得、用、凭、除脱、连、比、似等。

“把”字是一个以引进受事为主的介词（如“你把衣裳穿上”），“把在”是一个以引进施事为主的介词（如“饭把在狗吃脱着了”），“把”和“把在”的用法及来源详见第九章。“比”和“似”引进比较的对象，详见第十一章。

第一节　在［·tʻei］

宿松方言的介词“在”可以引进处所，还可以引进与事。引进与事的用法是普通话没有的，引进处所的用法跟普通话的“在”也不完全对当：有相当于普通话“在”的用法，如“佢在家里看书”、“在墙上写字”；有相当于普通话“从”的用法，如“我在北京来”；有相当于普通话“往”或“到”的用法，如“小李今朝要在上海去”。除引进处所外，“在”最常见的用法是引进给予的对象即与事，相当于普通话的引进与事的“给”。这里主要讨论“在”引进与事的用法。以下把引进与事的成分称作“与事标记”。

宿松方言中，双宾语句最常见的语序是直接宾语（指物）在前，间接宾语（指人）在后，而且间接宾语一般要用与事标记“在”引出，构成“动词（＋直接宾语）＋在＋间接宾语”的格式。例如：

（1）我一会搞拿书在佢。

（2）王伢小王把车在我骑。

（3）佢送饭在你。

（4）这个钱你还在姐姐。

（5）你把一担谷在娘娘借下子你给婶婶一担谷，暂且借一借。

我们认为，“在”引进与事是由它引进处所的用法发展来的。“在”常常出现在与空间位移有关的动词后引进处所。例如：

（6）水桶落在井里在了。

（7）书放在桌上在了。

（8）椅子送在学堂里在了。

（9）你把锄头搞拿在佢家去。

“VP＋在＋处所词”结构表示动作实施后人或物体到达的处所，“VP＋在＋与事”表示在动作作用下人或物体由一方转移到另一方，两者表示的意义是相通的，即由表示人或物体位移到某处语法化为转移到某人。英语 to、日语 ni 以及世界上很多语言的处所标记都有演化为与格标记的情况。“在”后面的名词为处所名词兼实体名词时，“在”可以作两可分析：例（8）、（9）“在”后的“学堂”、“佢家”既可以看作处所名词，又可以看作实体名词。当它们作为实体名词时，在功能上就相当于一个指人的名词或代词。如“学堂通知今朝开会”、“佢家请客”、“学堂”、“家”就是当作指人的名词来用的。

“在”有了引进与事的用法后，它前面的动词就不再限于给予类动词，取得义动词后也可以用“在”引进与事，例如：

（10）佢买一件衣裳在儿子。

与普通话的“给”不同，取得义动词后的“在”只能看作介词而不能看作动词，因为“在”引进与事是由引进处所的用法通过功能扩展而来，它转化为与事标记之前就已经是一个介词；取得义动词后的“给”具有较多的实词义，因而仍然可以看作动词。

值得注意的是，与事标记“在”不能带单个的动物名词作宾语，如不能说“把给谷在鸡”，只能说“把给谷在鸡吃”。

引进处所的介词兼用来引进与事并非宿松方言独有，别的方言也有同样的情形。如湖北黄冈、鄂州等地的方言，引进处所的“到”也可以兼用来作与事标记。下引例句是笔者调查鄂州方言所得：

（11）你搬椅子到屋里。

（12）桌子送到学校了。

（13）我把钱到他。

（14）送一本书到你。

例（11）“到”引进处所；例（12）中的“学校”既可以看作处所名词，又可以看作实体名词，因而“到”可以作引进处所和引进与事两可分析；例（13）、（14）两例的“到”就只能看作与事标记了。

古代汉语的“于”同样既可以引进动作行为到达的处所，又可以引进与事。引进处所的如：

（15）百岁之后，归于其居。(《诗·唐风·葛生》)

引进与事的如：

（16）言私其豵，献豜于公。(《诗·豳风·七月》)

“于”兼作引进处所和与事的介词，同宿松方言的“在”兼作引进处所和与事的介词是平行的。

第二节 从［tsʻoŋ^{35}］

“从”表示空间的起点；表示经由的处所或路径。如：

（1）你从后头出去。

（2）我从小路走。

（3）燕子从南把往北飞。

（4）佢从头到脚都是新底的。

（5）从你那里到我家有几多路？

还可以表示时间的起点，如：

（6）从旧年起开始，佢就病里得起来不得他就病得起不了床。

（7）佢从早晨到夜里冇有没有吃一粒米。

（8）从吃脱了那个医生开里的药，佢里的病就好着了。

第三节 对［tei^{21}］

“对”表示对待，例如：

（1）你对佢要好滴好点儿。

（2）你对人家好，人家就对你好。

（3）单位对佢很重视单位对他很看重。

（4）佢对你还客气不他对你还客气吗？

“对”表示朝、向，有时要加“倒·tau”，用“对倒”有强调对准的意味。例如：

（5）对我笑一下。

（6）佢对老师讲些么事在他对老师说了些什么？

（7）你不要对佢讲好话。

（8）面对面讲话。

（9）对倒佢里的头打。

（10）对倒佢家门口骂。

“对”也可以作动词，表对待和朝、向，例如：

（11）我这样对你，你还说我对你不好。

（12）你把面对我。

（13）我家跟佢家门对门。

（14）对（倒）正中间，不要插歪着。

例（11）表对待，例（12）—（14）表朝、向。

第四节　照［tʃau^{21}］

表示依照，一般可以加“倒”，例如：

（1）照（倒）葫芦画瓢。

（2）你照（倒）书抄一遍。

（3）你照（倒）我里的样子做。

（4）一照我讲如果照我说啊，佢冇得么样钱他没什么钱。

“照（倒）”也可以作动词，例如：

（5）照（倒）书，不要乱写。

第五节　顺倒［ʃʮn^{24} · tau］

“顺倒”表示经过的路线，例如：

（1）你顺倒这条路笔直走你顺着这条路径直走。

（2）雨顺倒屋檐淌雨顺着屋檐流淌。

“顺倒”也可以作动词，表示顺从、依从，例如：

（3）你莫别顺倒佢别顺着他。

（4）我管佢么事不管什么都顺倒你。

第六节　沿［ien^{35}］

“沿”表示经过的路线，例如：

（1）你沿小路走。

（2）沿河走。

（3）我今朝沿路十八家沿路走了许多人家。

“沿”和“顺倒”意义接近，如“你沿小路走”中的“沿”可以用“顺倒”替换，但“沿”还有靠近边沿的意思，这个意义是“顺倒”没有的。因此，例（2）、（3）中的“沿”不能用“顺倒”替换。

第七节 就（倒）[tɕʻieu^{24}（·tau）]

“就”表示趁着，借着，可以加“倒”，例如：

（1）就（倒）木匠在家里整修整下一下门。

（2）就（倒）天晴，晒一下被卧。

“就（倒）”也可以作动词，表示挨近、靠近，顺从、依从，例如：

（3）把碗就（倒）把碗凑过来。

（4）就（倒）桌子吃饭。

（5）就（倒）灯看书。

（6）你就（倒）佢滴你依从他一点。

（7）你就（倒）佢里的话讲。

例（3）、（4）的“就倒”表示“挨近、靠近”。例（5）的“就倒”既表示“挨近、靠近”，又可以表示趁着、借着的意思。例（6）、（7）的“就（倒）”表顺从、依从的意思，这个意思当由“挨近、靠近”的意义引申而来。

第八节 按[eu^{21}]

“按”表示遵依，例如：

按人口分田。| 按月算钱。| 按顺序来。

第九节 朝[tʃʻau^{35}]

“朝”表示动作针对的目标或方向，例如：

朝北走。| 大门朝南开。| 朝那里望。

“朝”也可以作动词，例如：

你把面朝我你面朝我。

第十节　同［tʻoŋ^{35}］

“同”表示动作对象，例如：

（1）佢同你借滴点儿钱。

（2）我同你商量个事。

（3）我同你打听个人。

第十一节　找［tʃau^{42}］

“找”表示动作对象，例如：

（1）佢找你借滴点儿钱。

（2）我找你商量个事。

（3）我找你打听个人。

“找”可以换成“同”。

“找”还可以用作动词，例如：

（4）有人找你。

（5）你找我冇得没有用。

第十二节　和［·ho］

“和”的用法多样、使用很频繁，其用法可以归纳为以下七项。

（一）表示共同，协同。例如：

我和你一路一起去。| 我和你商量个事。| 我和佢有十年冇没有见过面。

（二）引进动作行为的受益者，相当于“替”。例如：

明朝，我和你去割谷。| 我和你梳头。| 你和我挑一担水来。| 我和你问下看问问看。| 你和客人倒滴点茶。

“和”引进动作的受益者的用法当由协同义的用法语法化而来，“我和你去割谷”的“和”可以作两可分析，当“去割谷”的动作理解为“我和你”两人参与时，“和”为协同介词，当“去割谷”的动作理解为只有“我”参与时，“和”为引益介词；“我和你梳头”的“和”只能分析为引益介词。

（三）指示与动作有关的对方。例如：

我有话和你讲。| 我可以和他对质。| 佢在和儿子怄气。| 你和单位打

个电话。

（四）表示与某事物有无联系。例如：

这个事和你不相干。| 佢和这个事有牵连。

（五）引进动作行为的承受者。例如：

和你赔不是赔礼。| 和奶奶磕个头。| 你和我家家里把个信你给我家送个信。

（六）引进比较的对象。例如：

这个伢儿孩子和佢家娘他妈长得一模一样。| 佢几讲里话和我不一样他们讲的话和我不一样。| 这个衣裳里的式样和那个衣裳差不多。| 我和你一样长高。

（七）表示“从……那里”，有“向”的意思。例如：

我和你借 1000 块去做本钱我向你借一千块钱做本钱。

和你讨滴醇靶曲做粑吃向你讨一点酵母做粑吃。

第十三节 跟［·kən］

“跟”与“和”的用法基本相同，上述七种用法的“和”都可以用“跟”来替换。

“跟 $kən^{213}$”还可用作动词，表跟随。例如：

佢不跟你她不跟你过日子，你也不要难过。

第十四节 替［·$t'i^{21}$］

“替”引进动作的受益者。例如：

你替客人倒茶。| 我替伢孩子穿下一下衣裳。| 那个医生在替佢诊病。

“替”还可用作“代替”义动词。例如：

我去替你。| 佢替得倒你不他代替得了你吗？

第十五节 为［uei^{24}］、为得［uei^{24}·tæ］

“为”和“为得”都表示目的或原因，表目的还是原因难以分开。如：

佢为那个事和跟我驳嘴吵架。| 我为佢里的事到处求人。

上举例句的“为”都可以用“为得”替换，用“为”显得比较文气。

第十六节 用［$io\eta^{24}$］

“用”表示工具。例如：

用刀切 | 用斧头砍 | 用碗装 | 用油炸 | 用手撕 | 用牙齿咬

“用”也可用作动词，例如：

你用我里的笔。| 这个盆你用不这个盆你用不用？

第十七节 凭［$p^{ʻ}in^{35}$］

“凭”表示凭借，依据。例如：

佢凭么事什么当官。| 凭本事吃饭。| 凭你，还冇得没有那大个那么大本事。| 凭这那滴，你就晓得佢对你是真心也还是假心凭这一点，你就知道他对你是真心还是假心。

第十八节 除脱［$tʃ^{ʻ}ʮ^{35}$ · $t^{ʻ}o$］

表示不计算在内，相当于“除了”。例如：

除脱我，冇得人跟佢打得伙倒没有人能跟他合得来。| 除脱佢冇得旁人除了他没有别人。| 佢除脱娘家一门亲，管佢哪个都冇得她只有娘家一门亲，不跟别的亲戚来往。| 除脱你侬，冇得哪个修得倒除了你，没有谁修得好。我除脱不回来，一回来就去看你。| 除脱不买，一买就是上百斤。

“除脱”也可用作动词，表“除掉”。例如：

你把要把在佢里钱除脱你把要给他的钱除掉。

第十九节 连［$lien^{35}$］

宿松话“连”的用法同于普通话。例如：

连皮一路一起吃。| 连本带利一路一起还在给你。| 连做带歇前后差不多一个月。| 连伢孩子都不如。| 佢走里乎子走的时候连个招呼都不打。| 家里连一斤油都冇得没有。

一般认为，介词由动词语法而来。宿松方言中，大部分介词如“在、对、照、顺倒、就（倒）、朝、找、跟、用、除脱”等同时兼有动词用法，只用作介词不用作动词的只有“从、沿、和、凭”等几个。

第五章

连　词

宿松话的连词有：跟、和、一、一是、把在、要不、要么、还是、只要、只有、除非、不管、就是、虽讲、虽说、只、只讲、只说等。“只”表示轻微转折，详见第三章第二节“一”。

第一节　跟［$kən^{213}$］、和［·ho］

“跟”、“和”都表示平等的联合关系，两者在使用上没有区别，但“和”比“跟”较为常见。例如：

把衣裳跟/和鞋都洗脱佢把衣服和鞋都洗掉。

我跟/和姐姐都不想去。

第二节　一［·iʔ］、一是［·iʔ·ʃʅ］

“一”和“一是”都是假设连词，“一是”表假设一语气略强。例如：

一（是）落雨，我就不回去如果下雨，我就不回去。

一（是）我，就不要佢走要是我，就不让他走。

“一”和“一是”的用法和来源详见第六章第二节“五”。

第三节　把在［ma^{42} tʻei］

“把在”为原因连词，例如：

把在佢在这里讲话，耽误我一上昼上午冇没有做事。

原因连词“把在”的用法及来源第九章详细讨论。

第四节　要不［$iau^{21}puʔ^{5}$］、要么［iau^{21}·mo］

“要不”和“要么”都用于叙述句表示选择，二者都可以成对使用，两个“要不”（或“要么”）后的成分的性质相同，“要么”主要是年轻人使用。下面只举“要不”的例：

要不你去，要不我去，总要把派个人去。

要不初一，要不十五，我到你家去看你。

要不学裁缝，要不学石匠，随你。

“要不”还可以单用，但都不是始发句，“要么”没有这种用法。例如：

你还在那里慢慢里地挨拖延，要不你在家里，我去买菜。

我也不晓得银行里借得钱倒不，要不你问下佢看我也不知道银行能否借到钱，要不你问问他看。

第五节 还是［·hai·ʃʅ］

“还是”用于问句中表选择，通常用“（是）……还是……”的形式。例如：

你（是）回去也，还是不回去？

吃饭也，还是吃面啊？

你不舒服，（是）累里个的也，还是饿里个的？

第六节 只要［tʃʅʔ5·iau］

“只要”表示必要条件，其用法跟普通话大致相同。例如：

只要你打个招呼，佢肯定帮忙。

只要人勤快，不愁冇得没有饭吃。

只要天落雨，我里的腰就痛。

只要有钱，管佢么事都买得倒不管什么东西都能买到。

第七节 只有［tʃʅʔ5·iəu］

“只有”表示唯一条件，其用法跟普通话大致相同。例如：

只有你讲得佢倒只有你能说服他。

我只有那一本书冇没有买。

只有爷娘父母跟你讲这些话。

想佢两个人不驳嘴吵架，只有分开过。

第八节 除非［tʃʰɥ^{35} · fei］

强调某条件是唯一的先决条件，其用法跟普通话大致相同。例如：

除非你不回来，你一回来佢就要找你里的麻烦。

除非你去，我是不会去里个的。

除非不买，一买就买几十斤

佢不听，除非你去劝佢。

第九节 不管［puʔ^{5}kuan^{42}］

“不管”用于有疑问代词或并列短语的句子里，表示在任何条件下结果或结论都不会改变。通常用于表任指意义的疑问代词前。例如：

不管你如何骂佢，佢都不受气不管你怎么骂他，他都不生气。

不管在哪里，你都要招呼照顾好自己。

不管哪个来找我，都说我不在。

不管么乎子都中什么时候都行。

你几你们不管有冇有没有钱都不能驳嘴吵架。

第十节 就是［tɕʰieu^{24} · ʃʅ］

“就是”表示假设兼让步，用法同普通话的“即使”。例如：

就是打，也不能打佢里的头。

就是讨饭，也要把伢念书就是要饭，也要给孩子读书。

第十一节 虽说［sei^{213} · ɕiæʔ］、虽讲［sei^{213} · kaŋ］、只说［tʃʅʔ^{5} · ɕiæʔ］、只讲［tʃʅ^{5} · kaŋ］

这四个词都表让步，出现的句法环境也相同，但意义轻重有细微差别。“虽说”和“虽讲”意义相同，“只说”和“只讲”意义相同，“虽说”和“虽讲”意义相当于普通话的“虽然”，“只说”、“只讲”比“虽说”、“虽讲”让步的语气要轻。例如：

我两人虽讲收入不高，日子也过得过去。
虽讲年纪大，身体还好。
虽讲佢不是亲生里个的，比亲生里还亲些。
我两人虽说收入不高，日子也过得过去。
虽说年纪大，身体还好。
虽说佢不是亲生里个的，比亲生里还亲些。
我两人只讲收入不高，日子也过得过去。
只讲年纪大，身体还好。
只讲佢不是亲生里个的，比亲生里还亲些。
我两人只说收入不高，日子也过得过去。
只说年纪大，身体还好。
只说佢不是亲生里个的，比亲生里还亲些。

第六章

助　　词

宿松方言的助词有：里、里个、底（个）、得、着、倒、过、在、下、看（看）等。我们分助词为四类：结构助词、动态助词、事态助词和其他助词。“里”有两个，一个是结构助词，另一个是动态助词。“着”有两个，“着$_1$”是动态助词，“着$_2$”是事态助词。“下”有两个：表动作的短时少量，表祈使或意愿，归入“其他”类。“里个”、“底（个）”、“得”是结构助词，“倒”、“过”是动态助词，“在”是事态助词。“看（看）”为表尝试的助词，归入“其他”类。

第一节　结构助词

这里所说的结构助词，指与普通话的“的、地、得”相当的成分。根据“中国东南部汉语方言比较研究计划”调查表的设计①，普通话的［·tə］按其分布和功能可分析为：

的$_1$：作状语标记，附在副词性成分后面，通常写作“地”。例如：非常的高兴、三番五次的说。

的$_2$：作状态形容词后缀。例如：红红的、漂漂亮亮的。

的$_3$：作转指标记，即构成体词性的“的”字结构。例如：吃的、中国的。

的$_4$：作定语标记，出现在定语和中心语之间。例如：新的衣服、刚出版的书。

得$_1$：作可能补语标记。例如：上得去、吃得完。

得$_2$：作状态补语标记。例如：睡得很香、洗得干干净净。

得$_3$：作程度补语标记。例如：好得很、怕得要命。

本节讨论与“的、得”相关的语法成分。

宿松方言中，与“的$_4$”相当的是“里［·li］”，记作“里$_1$”；“个”也有类似定语标记的用法，记作“个$_1$”。与“的$_2$”相当的有“里”和“里个”，

① 见陈泽平（2001）。

记作“里$_2$”和“里个$_2$”。跟“的$_1$”大致对应的也是“里[·li]”,记作“里$_3$”。与“的$_3$”相当的有“个$_2$”、“里个$_1$”、“里$_4$”、“底”和“底个”。

“里”还可用作联系方式状语和中心语的结构助词，如“买里吃”，详见本章第二节“四”。“个”还可表“确定、肯定”的语气,放在这里一并讨论。

与“得$_1$”、“得$_2$”和“得$_3$”大致相当的有“得[·tæ]”和“里[·li]”,详见第十章。

一 定语标记“里$_1$[·li]”

(一)用法

1.名(代)+里+名

名词修饰中心语时，中间大多要插入“里”，如：

我里手我的手 | 伢儿里娘孩子的娘 | 佢里衣裳他的衣服 | 王伢里信小王的信 | 桌上里碗 | 老虎里尾巴 | 昨日里菜

表质料和功能属性的定语和中心语之间一般不插入“里”。表质料的如：

铁椅子 | 杉树床 | 木头桌子 | 钢门 | 毛线裙 | 尼龙袜 | 塑料袋 | 纸盒子 | 牛皮鞋 | 布鞋 | 篾篮 | 缎子被卧 | 毛料衣裳[①]

表功能属性的如：

汤碗 | 饭桌 | 茶盘 | 米盆 p'ən^{24} 装米用的缸 | 鞋油 | 黑板擦 | 酱油瓶 | 墨水瓶

带方位词“里”的处所名词可以直接修饰中心语：

塘里鱼 | 碗里饭 | 抽屉里钱 | 篮里菜 | 房里桌子 | 荷包口袋里钱 | 田里谷 | 桶里水 | 家里鸡 | 学堂里凳 | 轧米厂里柴油机 | 龙王庙里菩萨 | 旅社里床 | 商店里布 | 乡里车 | 银行里钱 | 村里水泵

如果要特别强调处所,中间就要插入定语标记“里”,说成“塘里里鱼”、“家里里鸡”等。

一些代词也可以直接修饰名词，例如：

么事什么事 | 么事东西 | 哪里东西哪里的东西

那里衣裳那里的衣服 | 这里鞋这里的鞋

宿松话里,代词不能直接修饰表亲属称谓的名词,因此,没有“我哥哥”、“佢妈妈”的说法,代词和表亲属称谓的名词之间要插入“家”如“我家哥哥”、

① “毛料衣裳”中间也可以插入“里”，说成“毛料里衣裳”。

“佢家姆妈他的妈妈”，也可插入“里”，如“我里哥哥”、“佢里姆妈他的妈妈”。

2. 区别词修饰中心语时，一般不插入“里”。例如：

金项链 | 银手镯 | 急性病 | 男式皮鞋 | 大号袜 | 上等木头 | 大红袄 | 公狗

3. 动（动词包括动词词组）＋里＋名

唱里歌 | 买里菜 | 借里书 | 下车里地方 | 新来里老师 | 走路里样子 | 教书里水平 | 开车里技术 | 佢她寄来里信 | 我洗里碗

4. 形＋里＋名

进入这个格式的形容词，可以是性质形容词，也可以是状态形容词。单音节形容词作定语修饰名词一般不带“里”，但可以加“里”的也不少，下面例子的“( )”表示可不用“里”。例如：

懒人 | 木人笨人 | 好伢儿好孩子 | 红花 | 绿叶 | 新衣裳 | 旧鞋 | 破（里）衣裳 | 难（里）事

双音节性质形容词可以带“里”，也可以不带，例如：

老实（里）人 | 滑头（里）人 | 热受热情（里）人 | 勤快勤劳（里）人 | 齐整漂亮（里）伢孩子 | 作家乖巧、贤惠（里）人 | 容易（里）题目 | 干净（里）衣裳 | 邋遢脏（里）鞋 | 新鲜（里）肉

进入“形＋里＋名”的状态形容词通常有三类，第一类是 BA 式的形容词，B 是附加在性质形容词 A 前描述程度深的语素。例如：

雪白里手 | 冰冷里水 | 通红里布 | 铁结里土巴 | 漆黑里桌子 | 梆硬里床 | 爆干里草 | 透湿里鞋 | 拍满满满里水 | 蓬黄黄黄里脸 | 蒙细很细里粉 | 飞热很热里饭 | 鲜甜里橘子 | 斩齐很齐里头毛 | 瘪淡很淡里菜 | 崭新里衣裳

第二类是一些可以单说的四字语的形容词。例如：

傻里傻气里样子 | 土里土气里衣裳 | 乱七八糟里东西 | 贼手贼脚里个伢一个孩子 | 鬼头鬼脑里一个人

第三类是“A'B 着”式的状态形容词（详见第八章第十二节）。例如：

干净着里衣裳 | 香喷着里饭 | 肉巴软而松着里床 | 热和着里被卧 | 红通着很红里袜子 | 热和着里麵 | 软显着很柔软衣裳

上举表质料和功能属性的名词、性质形容词以及区别词直接修饰中心语，构成的“XN”结构具有称谓性。称谓性是指构成一个类名去称谓某个或某类事物，“XN”是给某一类事物赋予一个类名，其作用就像一个表类指的单个名词。有的“XN”如“木头桌子”中间也可以插入结构助词“里”，变成“木头里桌子”。“XN”和“X 里 N”都具有分类性，但分类性有所不同。“木

头桌子”是直接用X“木头”给N概念“桌子”分类，从而形成一个称谓性的类名；而“木头里桌子”是用“所有具有木头质料的事物”给“桌子”分类，是用X作为标准将所有含有此属性的事物分为一类，再用这个类名去限定另一个类名N，涉及两次分类，因而“X里N”结构有分类性，但不具有称谓性。[①]“XN”和“X里N”在分布上有所不同：单个名词能出现的地方，“XN”也能出现，如“新桌子”可以换成“新木头桌子”，而不含称谓性的“X里N”不能替换单个名词，如“新桌子”不能换成“新木头里桌子”。

宿松方言的“里”的隐现规律大致与普通话的“的”相似。张敏（1998）用距离象似性原则来解释“的”的隐现规律。“语言成分之间的距离反映了所表达的概念的成分之间的距离。”[②]（Haiman，1983）由于表质料、功能的名词以及表性状的区别词等都是事物较稳定的、较本质的属性，一般不以人的主观意志为转移，中心语所表达的事物和这类属性是一种稳固的、恒定的关系，故这些属性与事物的概念距离较近，根据距离象似原则，“在功能上、概念上或认知上更接近的实体，在语码的层面也放得更近”（Givón，1990）。因此，表质料、功能和性状的词语往往直接跟中心语组合。

5. 副＋里＋名。限于少数几个双音节副词，例如：

暂时里事 | 一向里下数一贯的做法

6. 介词短语＋里＋名。介词限于“对”，例如：

对佢里看法对他的看法 | 对我里样子态度

7. 其他用法

甲：在指人的名词（包括代词）和指职务、身份的名词中间加“里”，表示某人取得某种职务或身份。

这一把（麻将）佢他里庄 | 小王里校长 | 佢里媒人

乙：在某些动宾短语中间，插入指人名词（包括代词）加“里”，表示某人是动作的对象。

开你里玩笑 | 佢他受李伢小李里气 | 佢拆厂长里台他拆厂长的台

丙：在某些句子的动词（包括动词性词组）和宾语中间加“里”，强调已发生的动作，或动作的主语、宾语、时间、地点、方式等。

佢监里考他监的考（强调主语） | 昨日上里街昨天上的街（强调时间） | 我

① 见张敏（1998：250）。

② 见张敏（1998：218）。

在北京念里大学（强调地点）

（二）"里$_1$"的来源

宿松方言中，"里"同时可用作方位词，方位词"里"有两种读音：

（一）单用或构成复合方位词并居前时，语义上跟"外"相对，读[li42]，如：

把往里走｜把里移滴往里移一点｜困睡里头里边去｜搁放到里边去

（二）"里"用在名词后指示方位或处所，构成方位短语"N里"（N代表名词或代词），读轻声[·li]。例如：

房里｜河里｜碗里｜抽屉里｜荷包里｜热水瓶里｜缸里｜家里｜车里｜店里｜学堂里｜城市里｜村里

N是具有空间性质的名词，"里"表示空间的"内部"或"在……范围内"。

"N里"可以作动词或介词"在"的宾语和存在句的主语，例如：

我在房里｜菜在碗里｜钥匙在抽屉里｜谷在田里

钱搁放在荷包里｜水倒在缸里｜鸭在河里划游｜佢他在塘里捉鱼

锅里在舞煮饭｜园里种着了菜｜桶里有水｜篮里装东西在了

"N里"也可以直接修饰名词，用来指示某一事物所在的位置，构成"N1里N2"形式，N1是N2所在的位置或范围，即N2被包含在N1的空间范围内。由方位词"里"构成的"N1里N2"结构在宿松方言中大量存在。例如：

房里灯｜河里草｜碗里菜｜抽屉里信｜荷包里钱｜热水瓶里水｜缸里鱼｜家里桌子｜店里布｜车里货｜盆里食｜箩里谷｜篮里东西｜锅里饭｜壶里茶｜袋里米｜书包里书｜盒子里笔｜塘里鱼｜田里谷｜园里菜｜地里麦｜庙里菩萨｜学堂里桌子｜屋里锄头｜圈里猪｜树林里鸟｜草窠里虫｜柜里衣裳｜家里鸡

我们认为，定语标记"里"是由上举"N1里N2"中的方位词"里"虚化来的。一旦N1与N2的空间位置关系发生变化，"里"的实词义就开始淡化，"里"的性质和作用随之转变。

根据N1的不同性质，"N1里N2"结构可以向两种不同方向转化：（一）如果N1只作处所名词，这类N1便由表空间位置向表空间属性转化；（二）如果N1是处所名词兼用作实体名词，这类N1由表空间位置向领有者转化。

第一种的转化

"里"为方位词的"N1里N2"结构中，N1是特定的空间，实体N2位于N1的空间范围内。N1和N2虽然存在一定的、有时是经常性的空间位置关系，但它们之间不是恒定的、永久不变的联系，因为一个特定的空间不能永远留住一个实体，如"鱼"一般会从"塘里"移出来，"菜"也会从"园里"

移出来。一旦N2表示的事物从N1表示的空间中移出，"N1里N2"结构中N1和N2之间的空间位置关系不复存在，方位词"里"便开始向定语标记转化。

脱离具体的语境，上述"N1里N2"的"里"可以作两可分析：如果N2表示的实体位于N1表示的空间范围之内，"里"是方位词；如果N2从N1的空间范围移出，N1和N2的空间位置发生分离，"里"就可以分析为定语标记。

"N1里N2"结构中，当"里"为方位词时，N1是专指某些个体，如"塘里鱼"是指某个具体的、特定的"塘"，"塘"前面可以用"这个"、"那个"修饰。但是，在具体的言语交际中，发话人虽然知道是某个具体的"塘里"的"鱼"，但却没有指明或不需要指明，而语境又不提供这个信息时，听话者因不知道这个信息就按照与"河"、"江"、"海"相并列的"塘"来理解，这里的"塘"不再是某个特定的、具体的"塘"，而是"塘"的心理完形，由与"团塘、三角塘、菱角塘、四方塘"相并列的层次上升到与"河"、"江"、"海"相并列的基本层次范畴。认知科学的研究表明："人类的大多数思维是在基本层次上进行的。"（张敏，1998：61）这就是说，某个特定的具体的"塘"上升到基本层次范畴，有语用和认知上的原因。这样，N1也就由专指转为类指，"里"进一步向定语标记转化。

"里"虚化为定语标记后，"N1里N2"中的"N1"不再限于三维立体的容器，表平面空间的处所词也可以进入N1的位置。例如：

路上里车｜河上头里桥｜桌子上里茶碗｜屋后头里树｜树底下里石头｜院子后头里塘｜东边里田｜门背后里竹棍｜门口里脚踏车自行车｜地上里草

第二种转化

方位词"里"构成的"N1里N2"，N1是表示机构或单位的名称。这类名词可以兼作处所名词和实体名词，与一般处所名词有所不同。例如：

家里鸡｜学堂里凳｜轧米厂里柴油机｜龙王庙里菩萨｜旅社里床｜商店里布｜乡里车｜银行里钱｜村里水泵

N1既可以看作"容器"，又可以看作某个机构或单位。因此，上举"N1里N2"都可以作两可分析：如果把N1看作容器，N1是处所名词，"里"为方位词；如果把N1看作某个机构或单位，N1是实体名词，"N1里N2"表示领属关系。N1为处所名词时，"N1里N2"可以变换成"N2在N1里"，而不能变换成"N2是N1里个"（"里个"相当于普通话中表转指的"的"），如"家里鸡"中的"家里"为处所名词时，"家里"在语义上与"外头"相对，"家里鸡"可以变换成"鸡在家里"。N1为实体名词时,可以变换成"N2是N1里个",但不能变换成"N2在N1里"。如"家里鸡"中的"家里"为实体名词时,"家里"在语义上与"别人家"相对,可以变换成"鸡是家里里个鸡是家里的"。

由于N1可以是机构或单位的名称,机构或单位由特定的人群组成,与人有不可分割的关系,这样,指人的名词或代词很容易进入表领属关系的"N1里N2"结构中N1的位置,从而形成典型的领属关系结构。例如:

我里书 | 佢几他们里鱼 | 妹里衣裳 | 老李里狗 | 牛里尾毛尾巴 | 小王里田 | 老李里哥哥

由空间关系到领属关系的隐喻有语言类型上的共性。"世界上几乎所有语言里的领属关系和空间定位关系的编码形式都有相通之处(Ultan,1978),这恐怕不是偶然。Clark(1978)对无亲属关系的30种语言的抽样考察充分显示了这一点。在多数情况下,前者可看作从后者引申而来的……"(张敏,1998:336)

"里"虚化为定语标记后,时间名词等抽象名词或代词也可以出现在N1位置上,N2位置上也可以出现抽象名词。如:

原先原来里事 | 下昼下午里会 | 明年里打算

老师里水平 | 佢里技术 | 我里想法

语法化的一般规律是发生语法化的成分的分布会逐渐扩展到与其原有的词汇意义不符的语境中去。"里"虚化为助词后,它出现的范围逐步扩大,可以用在动词和形容词后面,形成"动+里+名"和"形+里+名"两种结构。

定语标记来源于方位词并非宿松方言独有。赣语岳西话的定语标记"底"也来源于方位词"底",储泽祥(2002)对此作了充分的论证。

二 个$_1$[·ko]

宿松方言的"个"有时也有相当于定语标记的用法,例如:

好深个水 | 好些大很大个雪 | 几很重个担子 | 几很远个路 | 点滴浅很浅个水 | 好些长很长个棍子

这些"个"都用于"X形+个+名"结构,X是表程度的"好、好些、几、才、(一)点滴"[①]等成分,X修饰的是有度量意义的单音节形容词,如"长、短、轻、重、厚、薄、阔、窄、深、浅、粗、细、大、小、远、近"等。

① 点滴:对程度轻微的强调,有往小、少、轻里说的意思,它前面还可以加"一"字,"一点滴"与"点滴"意思基本相同,"点滴"也可以说成"眼滴"。"好"、"好些"、"几"、"才"是对程度大、重、深等的强调。

"个"本为量词，其用法跟普通话大体相同。我们认为，上举例句的"个"正处在由量词向定语标记虚化的过渡状态，还没有完全虚化为定语标记，其理由有二：一是这些"个"还带有一定的词汇意义；二是"个"只是在"X形＋个＋名"结构中使用，其范围极其有限。

这类相当于定语标记的"个"在宿松方言中还演化出了用于叙述句句末，表"确定、肯定"语气的用法。例如：

（1）那个棍子好些长个很长。

（2）河里水好深个。

（3）那个包儿重个很重。

（4）那个被卧点滴厚个那个被子一点儿厚。

（5）我里头毛把在佢铰 kau^{213} 里那眼滴短个我的头发被她剪得那么一点儿短。

（6）那个伢儿长好些长个在那个孩子长很高了。

这些句子句末的"个"都可以去掉，但去掉后"确定、肯定"的语气减弱。

"X形＋个＋名"结构与其他定中结构相比，有一个独特之处，就是通常独立作句子用，并且是始发句，如"好深个水"可加上陈述语调成为句子。"X形＋个＋名"中，"X形"的作用相当于一个状态形容词，据张敏（1998：247），由状态形容词作定语的定中结构，其定语一般都可以原封不动地转移到谓语位置上（如"黑糊糊的手→手黑糊糊的"），"X形"通常也被移到谓语的位置上，"个"便自然处于句末的位置了，例如：

（7）这里里的水好深个。

（8）外头里的雪好些大个。

（9）我身上里的担子几重个。

（10）从我家到街上里的路几远个。

句末的句法环境使得"个"很容易演化为语气词。不过，这种"个"使用的句法环境很受限制，其前的成分跟类似于定语标记的"个"相同，即均为受表程度的"好、好些、几、才、（一）点滴"等修饰的有度量意义的单音节形容词。而且，"个"后面还可以出现事态助词"在"，如例（6）。因此，用于句末的"个"还不能看作真正的语气词。

三　转指标记"个$_2$"、"里个$_1$"、"底"、"底个"、"里$_4$"

（一）用法

"个"、"里个"、"底"、"底个"、"里"都可以用来表转指，合起来大致相当于普通话表转指的“的”。

1. 个$_2$[·ko]

“个”用于名词、区别词和形容词后，“X+个”相当于一个名词。

甲、名词（包括代词）+个

“个”前面的名词主要是表质料的名词，例如：

钢个|瓷个|纸个|铁个|布个|蔑个|泥巴个|牛皮个|木头个|杉树个|毛线个|尼龙个|塑料个

一些代词后也可以带“个”，如：

么事什么个|哪里个（询问事物和处所的疑问代词+个）

那里个|这里个|兀里个（处所指示代词+个）

这里的“处所指示代词+个”不同于“指示代词+量词‘个’”：前一种结构里的“个”可以用名词替换，如“那里个”可说成“那里书”；后一种结构里的“个”不能用名词替换，如“这个”不能替换为“这书”。

指人的代词不能后附“个”，如不能说“我个、你几你们个、哪个谁个”。

“个”前面也可以是带方位词“里”的处所词，例如：

A组：塘里个|碗里个|抽屉里个|篮里个|房里个|荷包口袋里个|田里个|桶里个

B组：家里个|学堂里个|轧米厂里个|龙王庙里个|饭店里个|乡里个|村里个|我家个|娘家个|婆家个

A组“个”前面的成分是处所名词，B组“个”前面的成分是处所名词兼实体名词。

指人名词和时间名词不能进入这一结构，如不能说“哥哥个”、“王伢小王个”、“明朝个”。

乙、区别词+个

金个|银个|急性个|慢性个|男式个|女式个|大号个|小号个|新式个|老式个|公个|母个

丙、形+个

跟“个”组合的形容词主要是性质形容词，例如：

红个|蓝个|白个|紫个|大个|小个|长个|短个|团圆个|扁个|好个|新个|旧个|老个|破个|干个|直个|花个|难个|容易个|干净个|邋遢脏个|新鲜个|齐整漂亮个|囫囵个

能后附“个”的词语都能直接修饰名词，例如：

铁床｜钢门｜碗里饭｜篮里菜｜家里田｜金耳索耳环｜急性病｜公猪｜男式鞋｜红花｜新手表｜干净衣裳｜齐整漂亮伢

“X＋个”一般作主语、宾语，例如：

（1）（那个菜）新鲜个好吃些，现个剩的不好吃。

（2）你先做容易题目，落了再做难个你先做容易的题目，然后再做难的。

在一定语境下也可作谓语，例如：

（3）我买两个包在了，一个皮个，一个革皮革个。

“X＋个”也可以作定语，但必须带定语标记“里”：

（4）这些衣裳，红个里颜色好看些，黑个里式子式样好看些。

“X＋个”可受数量词修饰，例如：

（5）我洗一个干净个在你我洗一个干净的（碗）给你。

“X＋个”在意义上通常是转指上文提及的某一范围的事物，既可以表单指，如例（1）、（3），也可表类指，如例（2）、（4）。上文未提及的事物，也可以用“X＋个”来转指，这时“X＋个”在意义上相当于一个表通指的类名①，例如：

（6）佢总是喜欢吃甜个。

“大个、小个、老个还可以转指人，少［ʃau^{21}］个”只能转指人，不能转指事物，例如：

（7）大个里女到人家去着老大的女儿嫁人了。

“大个”指弟兄姊妹中排行“老大”，“小个”指“最小的”。“老个”跟“少个”或“小个”对举时，“老个”指老年人，“少个”和“小个”指年轻人，如“老个少个都在家里”。

2. 里个$_1$［·li·ko］

“里个”可以用在名词、区别词、形容词、动词后表转指。

甲、名词（包括代词）＋里个

王伢里个小王的｜奶奶里个｜哥哥里个｜我家妹里个我妹妹的

（以上X为指人的名词）

你里个你的｜我几里个我们的｜佢里个他的｜哪个里个谁的

（以上X为指人的代词）

这边里个｜那边里个｜兀边里个｜这搭这里里个｜那搭里个｜兀搭里个

① 关于“通指”、“单指”，请看陈平（1987）。

（以上X为处所指示代词）

桌上里个｜床头跟床头里个｜地下里个｜屋角下里个｜门背后里个｜中间里个

（以上X为处所词）

前日里个｜旧年去年里个｜这乎子现在里个

（以上X为时间名词）

乙、区别词+里个

急性里个｜慢性里个｜男式里个｜女式里个｜大号里个｜小号里个｜上等里个｜新式里个｜老式里个

丙、形容词+里个

干净里个｜邋遢脏里个｜新鲜里个｜齐整漂亮里个

丁、动词（包括动词词组）+里个

开车里个｜讨饭里个｜教书里个｜看山里个守山的｜看门里个｜磨剪刀里个｜新来里个｜替佢做事里个｜诊牙齿里个｜唱戏里个｜开店里个

（以上"V+里个"指人）

洗里个｜借里个｜吃里个｜学里个｜佢买里个｜洗碗用里个｜吃不脱完里个｜哥哥寄来里个｜佢送里个

（以上"V+里个"指事物）

这些"X+里个"中的动词一般为二价或三价动词。

"X+里个"可作主语和宾语，也可以单独成句，但不作谓语、补语和定语。例如：

（8）那搭里个那里的不要扒动，你用桌上里个。

（9）佢吃公家里个，自己不出钱他吃公家的，自己不掏钱。

（10）佢讲里个我冇有听清楚他讲的我没有听清楚。

（11）你用我昨日买里个你用我昨天买的。

（12）坐在那里吃饭里个吃饭的（人）是校长。

（13）将方刚才跟你讲话里个讲话的（人）是哪个？

（14）——这个筷子是哪个吃里个？——我吃里个。

（15）这个屋原先是我住里个。

（16）这个盆是邋遢里个脏的。

（17）哪一个不喜欢有钱里个谁不喜欢有钱的（人）。

"X+里个"可以转指动作的受事，如例（8）—（11）；可以转指动作的施事，如例（12）、（13）；可以转指动作的工具，如例（14）；还可以转指动作的处所，如例（15）。可以作主语，如例（8）、（12）；也可以作宾语，如例（16）、（17）。转指工具和处所时，通常只作宾语。

3. 底［·ti］、底个［·ti·ko］

"底"

"底"仅能附着在一些单音节的名词（限于表质地、材料的名词）、区别词和形容词后。"X＋底"相当于一个名词。

名＋底：

木底｜钢底｜纸底｜布底｜篾底｜皮底｜铁底｜瓷底

"底"不能用于指人的名词和代词后，如不能说"妹底"、"我底"、"佢底"。

区别词＋底

金底｜银底｜公底｜母底

形容词＋底：

红底｜黑底｜白底｜大底｜小底｜老底｜长底｜短底｜瘦底｜胖底｜新底｜旧底｜热底｜冷底

"X＋底"一般作主语和宾语，可以受数量词修饰，在一定语境中也可作谓语，其功能与"X＋个"相同。例如：

（18）佢总是喜欢着穿红底。

（19）木晾衣架容易烂，铁底经用些木头晾衣架容易烂，铁的耐用一些。

（20）你买个便宜里的手表算着了，莫别买贵底。

——贵底我哪买得起！

（21）我吃一个热底，冷底吃得肚子不好过舒服。

（22）这两个项链，金底比银底贵好多。

（23）我买两个气球在了，一个红底，一个白底。

"X＋底"具有称谓性，相当于一个类名，如例（18）—（20），也可以表单指，如例（21）—（23）。

"老底、小底、大底"除了指称事物外，也可以指称人，指称人时也相当于一个专名，"少［$\int au^{21}$］底"不能指称事物，但可以指称人，这些"底"都可以换成"个"。例如：

（24）老底住在大底家，小底出门去着老人住在老大家，老小出门去了。

"底个"

"底个"跟"底"的组配情况相同，即只能用于表质地、材料的单音节名词、区别词和形容词后。如：

木底个｜钢底个｜纸底个｜布底个｜篾底个｜皮底个｜铁底个｜瓷底个

金底个｜银底个｜公底个｜母底个

红底个｜大底个｜老底个｜长底个｜短底个｜瘦底个｜新底个｜旧底个｜热底个

“底”和“底个”在句法使用和表意上也相同，例（18）—（24）的“底”均可用“底个”替换。

4. 里$_4$ [·li]

“里”的适用范围很窄，一般只附于动词（包括动词短语）后。如：

戴里｜着穿里｜做里｜佢讲里｜你住里｜开车里｜讨饭里

“X 里”一般转指上文没有提及的人或事物，其作用相当于一个名词，但句法功能很受限制，主要用作判断句的主语。例如：

（25）佢讲里是大话，做起事起来冇得用做起事来没用。

（26）我为里就是佢我为的就是他。

（27）前头坐里是校长。

（28）开车里是我家哥哥。

（29）将方刚才跟你讲话里是哪个？

（30）我吃里是筷子，佢吃里是□ [t‘iau^{213}] 勺子。

（31）你住里是楼房，日子才好过日子过得真好。

“X 里”可以转指动作的受事，如例（25）、（26）；可以转指动作的施事或对象，如例（27）—（29）；可以转指动作的工具，如例（30）；还可以转指动作的处所，如例（31）。

（二）用法比较

1. “里个”与“个”、“底”、“底个”、“里”

“里个”，不但能用于名词、区别词和形容词后，还能用于代词、动词或动词短语后；不但能用于普通名词后，还能用于处所名词和时间名词后。“个”、“底”、“底个”一般不能后附于动词或动词短语[①]，不能后附于指人的名词、人称代词以及时间名词。“里”只能用于动词或动词性短语后。

2. “个”与“底”

① 少数单音节动词如“病”、“活”、“死”、“烂”等可以后附“个”、“底”、“底个”表转指。

“个”与“底”比较接近，但适用面仍有广狭之别：“底”只用于表质地、材料的名词、形容词和区别词后，而且所后附的词都只能是单音节；“个”用于名词、形容词和区别词后，但不限于单音节。

3.“里个”与“里”

“里个”比“里”适用面要广得多。“里个”可以用在名词、形容词、区别词、动词（包括动词短语）后，“里”只用于动词（包括动词短语）后。“动＋里”通常只作主语；“动＋里个”较多用作宾语，也可作主语。“动＋里”用作主语转指施事时可以用“动＋里个”替换，例如：

（32）将方刚才跟你讲话里 / 里个是哪个谁？

（33）为头带头里 / 里个是佢。

（34）开车里 / 里个是我家伯伯。

（35）那个穿黑衣裳里 / 里个是佢家姆妈妈妈。

（36）讨饭里 / 里个来着要饭的来了。

但用作主语转指受事时，“里个”和“里”有差别。试比较：

（37）我今朝吃里是麵。

（38）佢寻嫁里是个木匠。

（39）哥哥困睡里是竹床。

（40）那个女伢女孩子我不喜欢。

——我喜欢里个你又不喜欢。

（41）这是佢里洗脸盆，佢用里个我不要这是她的洗脸盆，她用的我不要。

例（37）—（39）中的“动＋里”都用于判断句，转指上文没有提及的人或事物，这些“里”不能用“里个”替换。例（40）、（41），“动＋里个”都用于非判断句，转指上文提及的人或事物，这些“里个”通常不能用“里”替换。

4.“个”与“里个”

能够后附“个”的词语一般也能后附“里个”，但并不完全重合。首先，“里个”较少用于单音节词后，相比而言，单音节词后附“个”要常见得多。其次，“个”可以用于带方位词“里”的处所词后，如“塘里个”、“房里个”、“家里个”、“学堂里个”；“里个”通常用于不带方位词“里”的处所词后，如“这边里个”、“兀边里个”、“这搭这里里个”、“那搭里个”、“桌上里个”、“地下里个”、“房门背后里个”。带方位词“里”的处所词后较少用“里个”，只有在需要特别强调处所时，才有下面说法：

这里里个 | 那里里个 | 兀里里个

塘里里个 | 碗里里个 | 抽屉里里个 | 篮里里个 | 房里里个

家里里个 | 学堂里里个 | 轧米厂里里个 | 龙王庙里里个 | 饭店里里个

（三）来源

1.“个$_2$”、“里个$_1$”的来源

朱德熙先生（1982）把体词性偏正结构分为黏合式和组合式两大类。就宿松方言说，黏合式偏正结构就是不加“里”的“XN”（如“木头桌子”），组合式偏正结构就是加“里”的“X 里 N”（如“木头里桌子”）。[①]“XN”与“X 个”对应，“X 里 N”与“X 里个”对应，即：

XN → X 个：木头桌子→木头个 | 缎子被卧绸缎被子→缎子个 | 男式皮鞋→男式个 | 金项链→金个 | 红袜子→红个 | 干净衣裳→干净个 | 齐整漂亮伢儿孩子→齐整漂亮个 | 塘里鱼→塘里个

X 里 N → X 里个：木头里桌子→木头里个 | 缎子里被卧绸缎的被子→缎子里个 | 男式里皮鞋→男式里个 | 干净里衣裳→干净里个 | 齐整漂亮里伢儿孩子→齐整漂亮里个 | 吃里东西→吃里个 | 我洗里衣裳→我洗里个 | 我里书→我里个 | 桌上里碗→桌上里个

有些词语既能后附“里个”，又能后附“个”，如“木头个、木头里个”，是因为这些词语既可以直接修饰中心语，又可以后附定语标记“里”修饰中心语。

我们认为，“X 个”和“X 里个”中的“个”是由指示代词“那个”变来的。如果话语中某一成分的所指在上文已经出现，或者透过语境可以明确，往往就用代词来复指这个实体，因而就产生“X 那个”和“X 里那个”的结构。不少“X 个”和“X 里个”的“个”字前面仍然可以加“那”，如：“你把缎子个在我你把缎子的给我”和“老师里个好些老师的好一些”都可以说成“你把缎子那个在我你把绸缎那个给我”、“老师里那个好些老师的那个好一些”。“X＋那个”和“X 里＋那个”中，“那个”仍然可看作中心语，但是，“那个”是指示上文或语境中已出现的信息，“那”表较远指的指示性已经很弱，去掉“那”，不改变意思的表达，“那”实际成了一个在语义上无关紧要的成分。这样，“那”就在“X＋那个”和“X 里＋那个”结构中脱落了，原来由“那个”负载的信息转由“个”承担，变为“X 个”和“X 里个”的形式。“X 个”的“个”变成了转指标记。而在“X 里个”中，由于定语标记“里”与“个”

① 这里的 X 包括名词、性质形容词、区别词、动词等，不包括状态形容词。

经常连用，导致“里”跟“个”结合在一起，从而形成新的分界，“里个”成了与“个”在用法上有差别的转指标记。

2.“里$_4$”的来源

转指标记“里”当是由定语标记“里”转化而来，当“X里N”中的N无须明言或不便明言时，就用“X里”来转指。“X里”一般转指上文没有出现的人或事物，这一点跟“X里个”形成对立。“X里”转指的是“X里N”的N，N是一个上文没有出现的信息，因此“X里”也就用来转指上文没有出现的信息。

3.“底”、“底个”的来源

与“个”一部分用法重合的“底”是怎样来的，是历史上结构助词“底”的残留，还是“里”的音变形式？因为材料缺乏，一时无从论定，只能存疑。至于“底个”，则可能是受“X里个”结构的类推，“X底”从而变成“X＋底个”。

四　状态形容词后缀“里$_2$”和“里个$_2$”

（一）里$_2$[·li]

1. 用法

（一）AA里

AA有的可以单用，只用作定语，例如：

大大眼珠眼睛｜驮驮背｜眯眯眼｜矮矮个子｜长长脸｜黑黑皮｜团团圆圆脸

但与“AA里”作定语所表示的意思不同。“AA＋N”中的AA表示稍微、有一点的意思，有时是偏离适中而不是恰到好处的意思。而“AA里”作定语都是表示程度深的意思，如“满满里一桶水、好好里一件衣裳”等。AA一般只用来修饰跟人有关的一些名词，如上举“眼珠眼睛、背、眼、个子、脸、皮”等。

宿松方言中“AA里”式形容词不是很多，常见的有：

大大里｜白白里｜黑黑里｜矮矮里｜团团圆圆里｜长长里｜驼驼里有点驼背的样子

（二）ABB里

ABB不能独立出来单说，加“里”然后成词。例如：

皱巴巴里｜黑马马里很黑｜硬梆梆里很硬｜紧巴巴里经济拮据、吝啬｜干

巴巴里 | 结绷绷里很结实 | 酸溜溜里 | 干□ pau[21] □ pau[21] 里干而松软 | 活央央里很活泼 | 红通通里很红 | 冷□ sæ[213] □ sæ[213] 里很冷 | 毛霍霍里毛茸茸的 | 暖和和里 | 胖巴巴里 | 泡和和里很松软 | 热哄哄里热乎乎的 | 软□ t'ia[42] □ t'ia[42] 里软而没有劲 | 神斗斗里很机灵 | 细蒙蒙里很纤细 | 鲜滴滴里味道很鲜美 | 香喷 p'oŋ[21] 喷 p'oŋ[21] 里很香 | 尖耸耸里很尖 | 翘卧卧里直挺挺的 | 臭□ ŋang[213] □ ŋang[213] 里很臭

（三）AABB 里

AABB 一般也不能独立出来单说，加“里”后能单用。例如：

甲、漂漂亮亮里 | 四四方方里 | 和和气气里 | 热热闹闹里

乙、孬孬霍霍里傻乎乎的 | 木木攮攮里很笨拙 | 倔倔吵吵里很倔强 | 懵懵懂懂里 | 昏昏木木里很愚笨 | 尖尖匹匹里很小气 | 顺顺当当里很顺利 | 乖乖伤伤里很乖 | 矮矮墩墩里很矮 | 鼓鼓囊囊里 | 松松垮垮里很松

丙、捶捶打打里不断地捶打 | 牙牙唱唱里时不时地唱，形容很快乐 | 哭哭兮兮里哭哭啼啼的 | 戳戳骂骂里骂骂咧咧的 | 疯疯癫癫里

丁、叮叮当当里 | 叽叽咕咕里 | 哗哗啦啦里 | 咕咕哝哝里

甲、乙两组的 AABB 是形容词性的，甲组是 AB 式形容词的重叠形式，如“漂漂亮亮”是“漂亮”的重叠形式。乙是以某一形容词性的语素为意义核心构成，如“孬孬霍霍”以“孬”为意义核心。丙组的 AABB 是动词性的，往往以某一动词语素为意义核心，如“牙牙唱唱”以“唱”为意义核心。丁组的 AABB 是摹声的。

（四）其他成分（多为四字语）加“里”

这类四字语不大能够单说。例如：

老实巴焦里 | 污里马遭里脏兮兮的 | 混头夯拉脑里大脑不清楚 | 叽里呱啦里

“X 里$_2$”可以作定语、谓语和补语，不作主语和宾语，描述人或事物的情状。作定语的例：

好好里东西 | 硬帮帮里床 | 皱巴巴里衣裳 | 红通通里布 | 矮矮墩墩里矮矮的个子 | 吵吵闹闹里地方 | 鼓鼓囊囊里包 | 四四方方里田 | 哭哭兮兮里样子 | 进进出出里人 | 叮叮当当里声音 | 老实巴焦里样子

作谓语或补语时，“X 里$_2$”的作用相当于一个状态形容词。举例如下：

（1）佢个子矮矮里。

（2）床上硬梆梆里很硬。

（3）你昏昏木木里很愚笨。

（4）佢一天到晚牙牙唱唱里时不时地唱，形容很快乐。

（5）佢两个在房里叽叽咕咕里，不晓得讲些么事不知道讲些什么。

（6）衣裳洗得皱巴巴里。

（7）把伢着得漂漂亮亮里把孩子穿得漂漂亮亮的。

（8）佢气得戳戳骂骂里骂个不停。

（9）楼上搞得叮叮当当里。

2. 来源

我们认为状态形容词后缀“里”来源于定语标记“里”。如前所述，定语标记“里”经常附于形容词后以修饰中心语。“里”所附的形容词可以是性质形容词，也可以是状态形容词。性质形容词修饰中心语时，可带“里”，如“红里鞋”、“齐整里伢漂亮孩子”，也可不带“里”，如“红鞋”、“齐整伢漂亮孩子”；而状态形容词作定语修饰中心语时通常要带“里”，例如“雪白里手”、“冰冷里水”、“乱七八糟里东西”、“贼手贼脚里个伢”、“鬼头鬼脑里一个人”、“香喷着里饭”、“肉巴软而松着里床”。[①]张敏（1998）在讨论普通话“的”的隐现时说，状态形容词一般不能直接作定语，而要带“的”才能修饰中心语，这是因为状态形容词表临时状态，与表事物的概念之间联系不紧密，因而中间要用“的”。宿松方言的状态形容词作定语需带“里”，这跟普通话带“的”所遵循的规则相同。由于“里”经常附着于状态形容词后，人们在认知上便逐渐将“里”与状态形容词看成一个整体，“里”演变为一个类似构词语缀的状态形容词标记。由状态形容词作定语的定中结构具有述谓性（指从句法功能的角度看，主要作谓语）（张敏，1998：239），也就是说，状态形容词经常被用作谓语。“状态形容词＋里”作定语时，人们并未关注“里”是状态形容词后缀还是定语标记，但当“状态形容词＋里”作谓语时，“里”恐怕就只能看作词缀了。经常用于“状态形容词＋里”结构使得“里”跟其前的成分逐渐融合为一个密不可分的整体，“里”也就由一个句法成分逐渐演变为一个构词语素。

（二）里个$_2$［·li·ko］

1. 用法

能后附“里$_2$”的词根都能后附“里个$_2$”，例如：

大大里个｜白白里个｜皱巴巴里个｜黑马马里个很黑｜和和气气里个｜热

① 状态形容词只是在作定语时要带“里”，作谓语和补语时通常不带“里”，因此，我们把用于状态形容词后的“里”看作定语标记。

热闹闹里个｜孬孬霍霍里个傻乎乎的｜牙牙唱唱里个时不时地唱，形容很快乐｜哭哭兮兮里个哭哭啼啼的｜叮叮当当里个｜叽叽咕咕里个｜老实巴焦里个｜污里马遭里个脏兮兮的

但“X里$_2$”和“X里个$_2$”在用法和语义上有细微差别。从用法看，“X里$_2$”可以作定语，也可以作谓语和补语，“X里个$_2$”只能用作谓语和补语，不用作定语。作谓语和补语时，“X里$_2$”都能用“X里个$_2$”替换，但替换后，二者在语义上存在细微差别：“X里$_2$”是直接表达或描摹某种状态，而“X里个$_2$”带有指示具有X那样的情状、样态的意味。试比较：

（10）你倔倔吵吵很倔强里。

（11）你倔倔吵吵很倔强里个。

（12）佢把伢孩子打得哭哭兮兮哭个不停里。

（13）佢把伢孩子打得哭哭兮兮哭个不停里个。

例（10）是直接表达“你”具有“倔倔吵吵很倔强里”这种个性，而例（11）带有指示“你有倔倔吵吵很倔强里”的那种情状、样态的意味。例（12）是直接描摹“伢”哭个不停，例（13）带有指示“伢哭个不停”的情状的意味。

“里个$_2$”还可用于能够单用的状态形容词和四字语后。

（一）用于BA式的状态形容词后，B是附加在性质形容词A前描述程度深的语素。这类状态形容词如：

雪白｜冰冷｜通红｜铁结非常结实｜漆黑｜梆硬很硬｜爆干｜透湿｜拍满非常满｜蓬黄很黄｜蒙细｜飞热很热｜顺光很光滑｜精光｜稀化很化｜稀软非常软｜鲜甜｜斩齐很整齐｜斩平很平整｜瘪淡很淡｜满饱很饱｜生咸很咸｜焦干很干｜灿新

BA式的状态形容词有两种变式：BBA式和BcA式，它们的后头也能用“里个”。例如：

BBA式：喷喷香喷香喷香｜（水）跑跑pau^{35}pau^{35}开滚开滚开｜通通亮通亮通亮

BcA式（c为一些插入的成分，这类BcA式多带贬义）：精卵光精光｜漆卵黑漆黑｜铁卵结非常结实｜瘪卵淡很淡｜稀卵软稀软｜铁死紧很紧｜铁死结｜雪消白雪白｜稀巴烂稀烂｜漆马搭黑漆黑｜冰死骨冷冰冷

（二）用于一些描摹人的特点或情状的、可以单用的四字语（包括状态形容词）后。例如：

糊里糊涂｜傻里傻气｜土里土气｜戳里戳气（说话）很生硬、难听｜乱七八糟｜喉声大气（声音）洪亮｜贼手贼脚｜鬼头鬼脑｜快嘴快舌｜嘴多毛长多嘴多舌｜直心直肠爽直

不过，这几类形容词和四字语后的“里个”可以去掉，如下举例（14），去掉“里个”照样成立。

“A'B着”形式的状态形容词（见第八章第十二节）后通常不能用“里个”，如不能说“花生吵得香喷着很香里个”。“里个”也不能用于由状态形容词后缀“里”构成的状态形容词后，如不能说“皱巴巴里里个”。

“X＋里个”通常作谓语和补语。作谓语的例：

（14）衣裳皱巴巴里个。| 佢一日到黑一天到晚牙牙唱唱里个时不时地唱，形容很快乐。

（15）佢傻里傻气里个。| 这个床梆硬里个硬硬的，困里不舒服睡得不舒服。

（16）那个伢孩子贼手贼脚里个。

（17）这个菜瘪卵淡很淡里个。

作补语的例：

（18）佢在家里蓄养得雪白里个。| 屋里搞得污里马遭里个脏兮兮的。

（19）你里脸冻得通红里个。| 我忙得昏头转向里个。

（20）屋里把在被佢搞得乱七八糟里个。

（21）瓶盖转拧得铁死紧非常紧里个。

“X里个$_2$”不能充任定语。

由于“X＋里个”通常用作谓语和补语，“里个”就处在句末的位置。当X为可以单独使用的状态形容词或四字语时，句末的位置使“里个”很容易游离出来，从而演变为一个表确认、肯定语气的语气词。例（15）—（21）中，“里个”前面的X可以单用，“里个”已经可以作两种分析：既可以看作后附于X的词缀；又可以看作后附于整个句子、表“确认、肯定”语气的语气词。下面几例里的“里个”好像只能看作语气词了：

（22）我肯定要来里个我肯定要来的。

（23）不管你如何讲，我都不答应同意、应允里个。

（24）天总要落雨下雨里个。

（25）反正我是不打算与佢里个反正我是不打算理睬他的。

这些“里个”大致相当于普通话用于句末表“确认、肯定”语气的“的”。

2. 来源

后缀“里个$_2$”和转指标记“里个$_1$”同出一源，即都来源于组合式偏正结构“X里N”。“里个$_1$”的来源已如前述（见本节“三”），这里讨论“里个$_2$”的来源。

“X 里个$_2$”来源于“X 里 N”。例如：

鲜滴滴里鱼→鲜滴滴里个 | 矮矮墩墩里很矮个子→矮矮墩墩里个 | 四四方方里田→四四方方里个（X 为状态形容词词根）

土里土气里样子→土里土气里个 | 雪白里米→雪白里个 | 漆马搭黑里手→漆马搭黑里个（X 为状态形容词或四字语）

无论是状态形容词词根还是状态形容词或四字语，“X 里 N”和“X 里个”中 X 所起的作用相同，都具有描述性，为行为方便，下文不加区分地将 X 统一称做状态形容词。

“X 里个$_2$”中的“个”同样由指示代词“那个”变来的。“那个”是复指上文出现的信息 N。其演化路径也可以概括为：

X 里＋ N → X 里＋那个 → X 里个

在“X 里＋ N → X 里＋那个 → X 里个”的演变过程中，“里个”是演变为转指标记还是演变为状态形容词后缀跟 X 的性质有关。朱德熙（1956）将形容词分为简单形式和复杂形式两类。前者称为甲类，表示的是性质，即性质形容词，包括单音节形容词和一般双音节形容词；后者称为乙类，表示的是某种性质的状况或情态，即状态形容词，是在前者的基础上增加更多的成分造成的。在朱先生研究的基础上，张敏（1998：227—258）从距离象似性的角度探讨了性质形容词作修饰语的定中结构和状态形容词作修饰语的定中结构的语义差别，他认为，性质形容词（甲类）表性质，在充任定语修饰名词时，它们表示的都是中心语代表的事物的较稳定、较内在的属性，而稳定内在的属性往往可充当给事物分类的标准，因而具有分类性；状态形容词（乙类）表情状，表示的是事物临时的、非本质的状态，因而，他认为由乙类形容词构成的定中结构具有述谓性。[①] 宿松方言“X 里个”中，当 X 为性质形容词时“X 里个”能够用 X 为分类标准来转指事物。当 X 为状态形容词时，只有在特定的语境中，即“X 里个”作定语中心、主语或宾语时，才能指称事物。例如：

① 述谓性指充任谓语的功能。Givón（1984）为从概念上说明词类而构建了一个感知中的时间稳定性的尺度，其中一端是在时间中相对稳定的经验，在语法范畴上显现为名词；另一端则是快速变化的经验，显现为动词；而居中的是形容词。从时间稳定性的角度看，汉语里的性质形容词编码的是较稳固的属性，状态形容词编码的则是较不稳固的临时状态。显然，前者在 Givón 的时间稳定性尺度上偏向于名词一端，而后者偏向于动词一端。动词的主要功能是作谓语，它是述谓性最强的一个词类。在概念上偏向动词的状态形容词具有较强的述谓性自然是不难理解的（张敏，1998：247）。

（26）这个箍箩你画里得不团圆，我画个球团里个在给你看看这个圆圈画得不圆，我画一个很圆的给你看看。

（27）桃子铁结里个不好吃，化些里个软一些的好吃些。

（28）（手服毛巾）我洗个一个干干净净里个在了，你搞拿去。

例（26）、（27）“X里个”用在表比较意义的句子中，与上文名词性的成分对举，例（28）的“干干净净里个”前有数量词修饰。一旦脱离这些语境，“X里个”就很难用于指称事物了，这样，X作为状态形容词的述谓性就会凸显出来，使得“X里个”经常用作谓语和补语，“个”也随之由指称事物转而指称X描述的状态或情状本身，“个”的语义虚化。由于“里”是一个虚成分，X是有实在意义词或短语，习惯被看作一个整体，这样，“里”就由后附于X转而跟已经虚化的“个”结合在一起，从而形成新的分界，“里个”变成了一个状态形容词后缀。

“X个”中，“个”可以作转指标记，但不能作状态形容词后缀，是因为黏合式“X＋N”中的X只能是性质形容词、区别词和一些名词，不能是状态形容词，由此演化而来的“X个”也就只能表转指。

五 状语标记“里$_3$［·li］”

“里$_3$”附于形容词、副词、四字语和象声词等后，描述动作的情状或时间，大致相当于普通话的结构助词“地”。

（一）用法

1. 形＋里$_3$

（1）你轻轻里搁，不要搭破着轻轻地放，不要摔破了。

（2）你好好里默想下看你好好地想一下看看。

（3）佢飞快里把家里跑他飞快地往家里跑。

（4）我几要痛痛快快里吃一顿我们要痛痛快快地吃一顿。

（5）你今朝在这里舒舒服服里困一觉你今天在这里舒舒服服地睡一觉。

2. 副词＋里$_3$

（6）我足足里等脱你两个钟头我足足等了你两个小时。

（7）佢一麻里跑他一个劲地跑。

（8）天陡然里落起雨起来着天突然下起雨来了。

3. 四字语＋里$_3$

（9）佢三天两日里把你家跑，去做么事他三天两头地往你家跑，去干什么？

（10）你把那些话一五一十里讲在给佢听。

（11）佢是起早歇晚里做事她起早歇晚地干活。

4. 象声词＋里$_3$

（12）楼上呵呵啦啦里响楼上哗哗啦啦地响。

（13）佢几在叽叽咕咕里讲话他们在叽叽咕咕地讲话。

5. 动＋里$_3$

（14）佢拼命里把外往外跑。

上述形容词、副词、四字语等后的“里”也可以不用，带“里”和不带“里”表义基本相同，但用“里”有强调状况的作用。四字象声词一般要后附“里”才能作状语，双音节的象声词作状语一般不后附“里”而直接修饰中心语，如“楼上咚咚响”。

（二）来源

状语标记“里$_3$”也来源于定语标记“里”。宿松方言中，双音节性质形容词和状态形容词修饰名词时一般要带定语标记“里”。不少“形＋里”既可以修饰名词，又可以修饰动词，如：“好生里一本书把在你害脱着好端端的一本书被你弄坏了”、“火好生里□ ko^{42} 脱着火好端端地熄了”；“老老实实里人”、“你老老实实里讲”；“满满里一车人”、“满满里盛一碗”等。“形＋里$_1$＋名”用来描写人或事物的状态；“形＋里$_3$＋动”用来描写动作的状态。这两个结构中，如果着眼于“里”前面的成分，则“里”似乎没有什么不同；如果着眼于“里”后面的成分，则“形＋里”修饰名词时“里”为定语标记，修饰动词时为状语标记。“里$_1$”和“里$_3$”所出现的句法环境虽然不同，但这两个成分却有不少共同的语法性质：a. 都是后附成分；b. 连接的两个成分都是修饰与被修饰的关系；c. 它们前面的修饰语都是对被修饰成分的状态进行描写的。我们认为，“里”大概正是在附于状态形容词后开始由定语标记向状语标记转化的，“里”有了作状语标记的用法后，它前面的成分不再限于状态形容词，表动作情状的副词、数词、拟声词等也都可以放在“里”的前面。

状语标记跟定语标记关系密切还可以得到其他方言材料和历史材料的佐证。

上海话中，跟宿松方言的状语标记“里$_3$”大致相当的是“个”，例（15）—（18）转引自钱乃荣（2003：275—276）：

（15）机器侬要好好叫个用，勿要瞎来来！

（16）侬末，慢点个讲，我末，静心个听。

（17）只听见笃笃笃个敲门。

（18）伊拿掰桩事体一五一十个讲拨我听。

“个”在上海话中同时用作定语标记，例（19）—（22）引自钱乃荣（2003：273）：

（19）侬先生个闲话也勿听，听啥人个？

（20）一个黑不溜秋个人倒生个白白胖胖个儿子

（21）侬湿塔塔个衣裳勿要轧过来！

（22）好好叫个地方勿坐，坐辣烂泥地里！

笔者调查，吴方言区如宁波、湖州、绍兴、丽水、嘉兴、义乌、金华、台州、东阳等地的定语标记和状语标记也都用“个”；诸暨、舟山等地方言中，有的方言点不用状语标记，有的则用与定语标记同形的“个”；衢州则不常用状语标记，如果用也用与定语标记同形的“个”。“个”既用作定语标记，又用作状语标记的方言，还有广东梅县话（林立芳，1999）、江西永修话（刘纶鑫，1999：734）。

汉语史上助词“个”也有作定语标记和状态标记的两种用法。“个”在唐五代时期出现了作助词的用法。《祖堂集》中，“形＋个”可以作定语和状语。例（23）、（24）转引自曹广顺（1995）：

（23）老翁真个似童儿，汲水埋盆作小池。（韩愈：《盆池之一》，《全唐诗》卷343）

（24）有一老宿隔窗闻，乃云：“好个一镬羹，不净物污著作什摩？”（《祖堂集》卷6）

例（23）的“形＋个”作状语，例（24）的“形＋个”作定语。据曹广顺（1995），《祖堂集》中，“个”还没有用于副词之后的例子，助词“个”用于副词之后作状语在《张协状元》中有一例：

（25）纵饶挑贩客家，独自个担来做己有。（《张协状元》八出）

六　补语标记“得［·tæ］”和“里［·li］”

联系补语的语法成分有两个：“得”和“里”。“得”和“里”联系补语的用法详见第十章。

“得”不限于作补语标记。下面例子的“得”不表任何意义。例如：

（1）今朝冇有没有上街买得菜。

（2）衣裳上昼冇没有洗得。

（3）你昨日冇没有去得。

（4）我不好寻佢要得钱我不好找她要钱。

（5）你今朝冇有没有叫得佢一声。

（6）佢里钱你今朝冇送去得他的钱你今天没有送去。

（7）昨日落下大雨，今朝沟里有鱼捉得。

（8）家里有肉吃得。

（9）我懒得问得佢里的事。

（10）我今朝懒得回去得。

（11）我懒得骂得佢。

这些句子去掉“得”，意思不变，“得”仅带有一点强调动作的语气。“V得”较多用于否定词“冇”或“冇有”的否定句中，如例（1）—（6），如果用于肯定句，通常只限于用于“有”字句中和“懒得”后，如例（7）—（11）。例（7）、（8）中，“有”的宾语在意念上是“V得”的受事。例（9）—（11）“懒得”中的“得”可看作一个词内成分，是“不想”的意思，所以，从意义看“V得”仍然是用于表否定意义的词后。

第二节　动态助词

动态助词的用法往往跟动词的性质有关。为讨论方便计，我们根据陈平（1988）、郭锐（1993，1997）、马庆株（1992）和袁毓林（1993）把动词分为以下几类。

A. 状态动词，这类动词一般不表动作，没有起始点和终止点，不能后附完成体助词。如“是、等于、在、像、归属于、能、敢、该、默倒以为、觉得、显得”等。

B. 弱状态动词，这类动词较A类动词动作性强一些，表动作本身的持续，是静态的内部同质性的过程，有起始点，没有自然的终止点，但可以后附完成体助词表示终止点。如“等、企站、坐、困睡、□［$k^{‘}u^{35}$］蹲、靠、仰、□［$p^{‘}u^{24}$］趴、跪、扶、拉、抱、捏、躲、牵、招呼照看、园藏、留、存”。

C. 弱动作动词，这类动词既可以表示可持续的动作，又可以表动作造成的状态的持续。如“挂、停、摆、搁、插、粘、贴、盛、锁、包、垫、系、扣、捆、掦绑、晒、晾、堆、埋、关、开、盖、舵盖、戴、装”等。

D. 动作动词，这类动词表示可持续动作，即动作在时间上有起点、续段和自然的终止点，动作内部可看作由多个类似的动作连续重复的过程，如“看、听、笑、写、吃、讲、打、动、吹、转、洗、打织、踢、舔、追、跑、寻找、搬、抓、砍、烧、撕、买、卖、移、抬、摘、修”等。

E. 变化动词，这类动词表示的动作不能持续，动作一开始就结束，即动作起始点和终止点相重合，如“毕业、到、丢抛弃、结婚、出来、死、懂、忘煞忘记”等。

动态助词与动词的“体”关系密切，所以这一节除了讨论动态助词以外，还连带讨论几个不是助词而有体标记之用的成分。

一 着［·tʃo］

宿松方言表动作完成或实现的成分不止一个，最常用的是“着”，如“佢洗着衣裳在她洗了衣服了”。还可以用“里”，如“衣裳洗里在衣服洗了”，也可以用“脱”（如“佢家插脱田在他家插完田了”）或“倒”（如“我买倒菜在我买好菜了”），还可以在动词前加“一”来表示，如“把碗一摔就走着了”。

宿松方言的助词“着”有两种用法：一是表动作完成或实现，是动态助词，如“我吃着饭在我吃了饭了”；二是用在句末，是事态助词，如“天晴着天晴了”。我们把助词“着”的这两种用法分别记作“着$_1$”、“着$_2$”。两种用法关系密切，一并讨论。

（一）着$_1$

1. 用法

表动作完成或实现是“着”的主要用法，大致相当于普通话的“了$_1$”。“着$_1$”可出现在以下几种句法结构中。

甲、“V 着（+宾）”

（1）我看着一会书在我看了一会书了。

（2）猪卖着几多钱猪卖了多少钱？

（3）家里来着几个客人家里来了几个客人。

（4）我到着家在我到了家了。

“着$_1$”可以后附于 D 类动作动词［如例（1）、（2）］和 E 类变化动词［如例（3）、（4）］；还可以后附于 B 类弱状态动词［例（5）、（6）］和 C 类弱动作动词［例（7）、（8）］：

（5）佢将方端着一碗饭去吃在她刚才端了一碗饭去吃了。

（6）门口坐着一个人在门口坐了一个人了。

（7）墙上挂着一张画在墙上挂了一张画了。

（8）房里亮着灯在房里亮了灯了。

例（5）—（8）的“着”并不是表示持续，而是表示动作的完成或实现。一个动作完成之后能留下某种可以持续的动作或状态的动词，当它带“着”的时候，是着眼于动作本身的完成或实现。

乙、“动＋补／动相补语＋着（＋宾）”

（9）我听懂着你里的话在了。|王伢领倒着钱在小王领到了钱。

（10）衣裳落掉下来着在衣服掉下来了。|鸡跑脱着在鸡跑掉了。|菜洗倒着在菜洗好了。|饭吃脱着在饭吃完了。

（11）佢把电视机修好着在他把电视机修好了。| 我把碗洗脱着在我把碗洗了。

（12）伢把在佢带回去着在孩子被他带回去了。|钥匙把在佢落脱着在钥匙被他弄丢了。

这类格式表动作有了结果的意义由补语或动相补语承担，“着”在语义上是羡余成分，因而，它在句法上完全可以去掉不用。

带完成体标记“着”的句子的否定形式是在动词前加否定副词“冇没有”或“冇有没有”，并去掉体标记“着”及句末表事态出现变化的助词“在”，如例（9）的否定形式是“我冇（有）没有听懂你里的话”。

普通话的“了$_1$”跟宿松方言的“着$_1$”表示的语法意义虽然大体相当，但二者存在一些细微差别，主要有以下三点不同：（一）普通话中，“了$_1$”和“了$_2$”可以配合使用，如“吃了饭了”，但两个“了”不能连在一起[①]；“着”不但可以跟表事态出现某种变化、相当于“了$_2$”的句末助词“在”配合使用，如例（9），而且还可以连在一起，如例（10）—（12）。（二）“V了$_1$”可以用于处置式和被动句，但“着”用于处置式和被动句时，不能直接附于动词后，只能附着在“脱”或其他动相补语、补语后，如不能说“我把衣裳洗着在我把衣服洗了”和“钱把在佢用着在钱被他用了”，但可以说“我把衣裳洗干净着在我把衣服洗干净了”、“钱把在佢用脱着在钱被他用掉了”。可见，“着$_1$”的意义比“了$_1$”要虚。（三）“V着$_1$”后一般不能有后续的动词短语或分句，如不能说“我今朝吃着饭就走”，“V了$_1$”没有这种限制。另外，“着$_1$”还有两种变异的用法：一是用于“一V着”格式（详见本章第二节“五”），

① 按朱德熙（1982：209—210）的说法，普通话的两个“了”由于语音形式相同，连在一起时融合成一个了。

二是用于句末表祈使语气。“着$_1$”用于祈使句举例如下：

（13）你听着！二回下次再骂佢，我就不饶你。

（14）你莫把在人家哄倒着你别被别人骗了。

（15）你把碗里饭吃干净着。

（16）我叫你头脑放清醒着我警告你：头脑要清醒！

（17）你一还是这样调皮，就莫想念书着你如果还是这样调皮，就别想读书了！

（18）你今朝就莫别去挖红芋红薯着。

这些句子都带有威胁、提醒、劝告的语气意义。“着”一般附于单个动词或动结式后，较少用于动词宾语后。当“着”所附的动宾结构为体词性宾语时，句子须是表警告、禁止或劝阻的否定句，否则，就一般不用“着”，如例（18）改成“你今朝去挖红芋红薯着”则不说。“着”在宿松方言中虽然可以用于祈使句句末，但使用很受限制，它还没有完全虚化为表祈使的语气词。

2. 来源

宿松方言的“着$_1$”应是近代汉语表动作实现的“着”在方言中的遗留。一般认为，动态助词“着”来源于附着义动词。“着”在唐代就出现了表示状态持续和动作实现的两种用法。以下“着”表状态持续的例子引自曹广顺（1995）：

（19）时径山有盛名，常倦应接，诉于三姑。姑曰：皆自作也。试取鱼子来咬着，宁有许闹事。（李肇：《国史补》）

（20）诸寺亦同此式，各拣择好恶，皆返纳官里。得二色来，好者进奉天子，以充御，恶者留着，纳于官里。（圆仁：《入唐求法巡礼记》卷 1）

“着”表动作实现的例子：

（21）师云：“若作一头水牯牛，则屈着古人也。”（《祖堂集》卷九）

（22）佛向经中说着里。（《敦煌变文集·父母恩重经讲经文》）

（23）莫为此女损着府君性命，累及天曹。（《敦煌变文集·叶静能诗》）

位于动词后的“着”在魏晋南北朝时期有两种意思：一是表空间位置的持续，这个“着”等于“在”；二是表位移的完成，这个“着”等于“到”。唐代“着”表状态持续和表完成是表空间的“着”向时间的投射，相当于“在”的“着”由空间的持续变为时间的延续，逐渐演变为表持续的助词，相当于“到”的“着”由空间位移的完成变为动作在时间中的完成，逐渐演变为表完成的助词（蒋绍愚，2005b）。

近代汉语动态助词“着”表动作实现和表持续的两种用法在汉语方言中呈现出不同的走向：有的方言，如北京话，继承了表持续的用法，表动作实现用助词“了”；而另一些方言，如宿松话，则继承了表动作实现的用法；还有一些方言，如上海话、长沙话、青田话、安庆话，“着”既表持续又表实现（梅祖麟，1988）。

（二）着$_2$

1. 用法

“着$_2$”用在句末，有成句的作用，表示动作或变化实现兼表事态出现了某种变化，或者只表示事态出现了某种变化，大致相当于普通话的“了$_2$”或“了$_{1+2}$”。“着$_2$”可以出现在以下几种句法结构中。

甲、“S＋动/形＋着”（S表示主语）

（24）佢在床上困睡着。

（25）老师走着。

（26）人老着，身体也差着。

（27）佢里头毛一下白着他的头发全白了。

上举例句的“着”表示动作实现兼表事态出现了某种变化，相当于“了$_{1+2}$”。例（26）、（27）如果只着眼于当前情况，“着”只表示事态有了变化。

乙、“S＋动＋补/动相补语＋着”

（28）你又把佢缠惹哭着。

（29）我把你里的车修起来着。

（30）衣裳上昼把在佢洗脱着衣服上午被她洗了。

（31）谷晒倒着谷晒好了。

上举例句中，表动作有了结果的意义可看作由补语或动相补语来承担，“着”只表示事态有了变化，不表示动作实现，相当于“了$_2$”。

丙、“S＋动（＋补）＋宾＋着”

（32）我将现在喜欢这个衣裳着。

例（32）的“着”跟谓语动词的联系被宾语隔开，“着”表事态出现了某种变化并带有确认、申明语气。

丁、“S＋太＋动/形（＋宾语）＋着”

（33）你太急性着。

（34）你就是太姑息着。

（35）你就是太留佢里面子着你就是太给他面子了。

（36）这个人太冇得没有骨气着。

（37）佢太不会做人着。

上举例句的句末助词“着”表示认定、申明的语气。我们把这类“着”看作“着$_2$”的特殊一类。除例（34）、（35）外，余例“着”必须与表确认语气的程度副词“太”共现，如果去掉“太”，句末就不能用助词“着”。可见，这类“着”是受副词“太”的影响而产生的变体。

2. 来源

“着$_2$”当由“着$_1$”演变而来。当后附“V着$_1$”的宾语提前或“V着$_1$”后面不出现宾语时，“着”便位于句末了。例如：

（38）衣裳洗脱完着。

（39）猪跑着。

这种位于句末的“着”容易带上对事态出现的变化加以确认的意义。“着”可以后附于“S＋动＋宾”表明：“着”已经虚化为一个事态助词了。而“着”通常后附于“S＋动／动结式”则又表明：“着”还滞留了动态助词“着”黏附于动词或动结式的特点。“着$_2$”通常还保留有动作实现的语法意义，这是语法化的保持原则在起作用。

表动作实现的动态助词和确认事态出现某种变化的事态助词关系密切，这在其他方言中也有所反映，如星子方言的“着”、吉水话的“里”、南昌话的“了”都兼有动态助词和事态助词的两种用法。

二　倒［·tau］

“倒”在宿松方言中有上声［tau^{42}］和轻声［·tau］两种读音。其用法主要有以下几种：

（一）作动词谓语，读［tau^{42}］。如：

那个树倒下来着了。｜那个窑厂倒脱着那个窑厂倒闭了。

（二）作结果补语，表示动作有了某种结果，有“倒下”或“败倒”的词汇意义，“倒”读上声。如：

风把树吹倒着。｜我把在佢考倒着我被他考倒了。

（三）作可能补语。“倒”既可以读上声，又可以读轻声，读上声时有强调动作可能性的作用。例如：

佢插得倒田他会插田。｜我煮得饭倒我会做饭。

你哄我不倒你骗不着我。｜这个床困得倒三个人这张床能够睡三个人。

（四）作动相补语（phase complement），表动作达成或有了结果。例如：

毛线衣打倒着毛衣织好了。

（五）作持续体标记，如：

关倒门讲话关着门讲话。| 坐倒吃坐着吃。

"倒"作动相补语和持续体标记都读轻声。这里讨论"倒"作动相补语和持续体标记的用法及来源。

（一）"倒"作动相补语

"倒"作动相补语主要表动作达到了某种结果。"倒"前面的动词通常是自主动词。非自主动词，如"落［lo24］丢"、"死"、"病"、"忘煞忘记"等，不能置于"倒"前。但不是所有的自主动词都能置于"倒"前。能置于"倒"前动词有以下三类：B 类弱状态动词、C 类弱动作动词和 D 类动作动词。用于 D 类动词后的例子：

（1）佢捉倒着那个贼在他捉住了那个贼了。

（2）信写倒着信写好了。

（3）那个话把在佢听倒在那个话被他听到了。

（4）佢把自行车修倒着在他把自行车修好了。

（5）我买倒床就去买衣裳。

（6）嫁妆办倒着嫁妆办好了。

（7）肉切倒半个钟头在肉切好有半个小时了。

用于 C 类动词后的例子：

（8）画把在佢挂倒在画被他挂上了。

（9）佢晾倒衣裳就走着她晾好衣服就走了。

（10）饭盛倒半天在饭盛了半天了。

（11）佢把门关倒在他把门关上了。

C 类动词后的"倒"表动作实现或有了某种结果，同时兼表动作完成后状态的持续。用于 B 类动词后的例子：

（12）椅子把在佢坐倒着在椅子被他坐了。

（13）这家店里生意好，一会工夫门口就围倒好多人在了。

（14）钥匙我捏倒在钥匙我拿好了。

（15）那些钱一下搁在银行里存倒在那些钱放在银行存好了。

（16）我扶倒奶奶在我扶住奶奶了。

用于 B 类动作动词后的"倒"表动作实现或有了结果，兼表动作的持续。

“倒”后还可以接表动作实现的动态助词“着”,如例(1)、(12),这说明“倒”还没有完全虚化。

后附“倒”的D类和C类动词可以带时间补语，如例(7)、(10)；B类动词带“倒”后不能带时间补语,如果有时间补语,动词后一般不出现“倒”,如“佢在房里坐一上昼在他在房里坐了一上午”中，“坐”后不能用“倒”。

动相补语“倒”语义上相当于北京话作补语的“好、着、上、住”等。“V倒”表示某种有目的的动作行为的达成，因此，这种结果对动作的施事或动作涉及的某一方来说往往是积极的,如果是消极的,则不用“倒”。如“这个事把在佢吵倒着这个事被他闹成了”，说话者主观上认为动作“吵”的结果对“佢”来说是如意的、积极的。

动相补语“倒”在不同的语用环境中还有“(事情)准备好”的意思。这是因为，“倒”表示动作有了某种结果，这种结果又可能会导致另一事件的发生，因此，如果把这类句子表示的事件看作处在由若干事件组成的“事件程序”[①]之中的一个事件，如例(6)就可以看作在“结婚”这个“事件程序”中的一个事件,“倒”在这种语境下就带上了“(事情)准备好”的意思，这也跟“倒”表示积极性的结果有关。

用“倒”表完结的肯定形式的叙述句，必须满足以下两个条件之一才能成句：(一)句末有事态助词“在”或“着”，如例(1)、(2)；(二)有后续动词短语或分句，如例(5)、(9)。

动相补语“倒”与“着$_1$”相比，有三点不同：(一)“V着$_1$”后一般不能有后续的动词短语或分句,如例(5)、(9)中的“倒”就不能换成“着$_1$”。(二)“倒”和“着$_1$”虽然都表动作的完成，但“倒”有强调动作结果达成的意思，并带有“好、着、上、住”等意义，因此，例(1)中，“倒”后的“着”可以去掉不用,因为“倒”已经涵盖了“着”表完成的意义,但“倒”则不能去掉，因为它在句子的语义表达上是不可少的。(三)“倒”可用于处置式和被动句，“着$_1$”用于处置式和被动句时，不能直接附着在动词后，只能用于补语、“倒”或其他动相补语后，如例(4)、(12)，这两例的“倒”不能去掉，“着”则完全可以去掉不用。(四)“V倒”否定形式是在动词前加“冇(有)没有”，如“床冇(有)牵倒床没铺好”，而“V着”的否定形

① 事件程序也叫“理想认知模型”或者叫“认知框架”等，是人根据经验建立的概念与概念之间的各种相对固定的关联模式。详见沈家煊(2005)。

式在动词前加“有（有）没有”的同时，还需要去掉“着”。

由于“倒”前的动词是自主动词，“倒”很容易进入祈使句。例如：

祈使句

B类：你坐倒。/扶倒佢。/你把钱捏倒。

C类：挂倒画。/你关倒鸡。/把饭盛倒。

D类：书你买倒。/你切倒菜。/把洞挖倒。

C、D两类动词后的“倒”进入祈使句后仍然表动作有了某种结果，但由于是在祈使句中，“倒”表动作有某种结果不是现实的，而是需要通过听话人作出响应来实现，因此，“倒”表动作有了结果的意义已经减弱。B类动词后的“倒”进入祈使句后，“倒”的意义发生了变化，详下。

（二）持续体标记“倒”

宿松方言表持续的“倒”不同于普通话的“着”。普通话中，“着”可以用于存现句，如“墙上挂着画”、“门口站着一个人”、“台上唱着戏”，宿松方言的“倒”不能用于存现句，这些用“着”的存现句，宿松方言要分别说成“墙上挂里有画墙上挂着的有画”、“门口有（一）个人站在那里”、“台上在唱戏”。“倒”表持续有较多限制，一般只用于以下两类句子中。

甲、用于祈使句，这类“倒”限用于B类动词后。例如：

（17）你抱倒伢，我去晒衣裳你抱着孩子，我去晒衣服。

（18）你在这里企倒你在这里站着。

（19）你看［k‘o^{213}］倒包你看着包，我去买票。

（20）你在床上困倒你在床上睡着。

（21）你记倒佢里话你记住他的话。

这些句子中的动词表示的动作一旦发生，便形成一种持续的动作或状态。很显然，“倒”所以能够表示持续，实际上取决于前面动词的性质。也就是说，当祈使句中的谓语动词是B类动词时，这类动词后附的“倒”是持续体标记。而由C、D两类动词后附“倒”构成的祈使句，“倒”只能看作动相补语。这是因为，“倒”本身主要表动作有了结果，C、D两类动词表示的动作在时间上都有一个终止点，动作在时间上的终止点跟“倒”的语法作用兼容，因而不会改变或者削弱它的语法意义。B类动词后的“倒”之所以转化成持续体标记，一方面是因为这类动词表示的动作或状态本身就有持续性，没有一个终止点；另一方面是因为祈使句谓语动词表示的动作是尚未发生的，不可能产生现实的结果，“倒”表动作有了结果的意义被削弱。可见，“倒”能否转化成持续体标记，跟“倒”前面的动词和语用环境有关。

乙、用于“V1 +倒（+宾）+ V2”的连动结构，“V1 +倒”表示动作的持续或动作造成的状态的持续，V1 语义上可看作 V2 的伴随状态或方式。例如：

（22）困倒看书睡着看书。

（23）你是捏倒鼻子哄［huʔ⁵］嘴你是捏着鼻子哄嘴巴（意为“自欺欺人”）。

（24）关倒门讲话吧？

（25）夺倒锅炆盖着锅煮。

“V1 +倒（+宾）+ V2”可以是祈使句，也可以是叙述句，还可以是疑问句；V1 既可以是已发生的动作，又可以是未发生的动作。“V1 +倒（+宾）”和 V2 之间通常可插进表动作状态、方式或手段的结构助词“里”，如例（22）可以说成“困倒里看书睡着看书”。V1 表示的状态或方式如果跟 V2 的动作不是相伴而行的，则前一动词不能后附“倒”，而要用助词“里”。例如：

（26）煮里吃煮着吃。

（27）那些人挤里买票挤着买票。

（28）你里钱我借里用下你的钱我借来用一下。

（29）佢卖屋里把伢念书他买屋子给孩子读书。

例（26）—（29）中，V2 表示的动作在 V1 完成后才有可能发生，V1 语义上不具有“伴随”义。

“倒”进入连动结构当是“倒”有了表持续的用法后，使用范围的进一步扩大。

总之，宿松方言的“倒”是在用于可持续动词后、受特定句法环境的影响而有表持续的作用的。

三 脱［·t'o］

（一）用法

“脱”用在动词后，表动作的完结或完成，大致相当于一个完成体标记，但还带有表示动作对象、数量、时间或任务随动作的完结而消失的意义。例如：

（1）衣裳洗脱着衣服洗完了。

（2）我割脱谷在我割完谷了。

（3）佢几一早晨插脱一亩田他们一早上插了一亩田。

（4）我一上昼写脱两封信我一上午写了两封信。

（5）我等脱你一个钟头我等了你一个小时。

（6）佢在女家住脱一个月只回来她在女儿家住了一个月才回来。

（7）佢一毕脱业就找倒事在他一毕业就找到事情做了。

（8）佢还冇吃脱饭就走着他还没有吃完饭就走了。

（9）买脱菜再洗衣裳买完菜再洗衣服。

（10）等插脱田就出门等插完田就外出谋生。

“V脱”否定形式是在动词前加“冇（有）没有”，如例（1）的否定形式是“衣裳冇（有）没有洗脱”。用“脱”的肯定形式的叙述句，必须满足以下三个条件中的至少一个才能成句：（一）句末有事态助词“在”或“着”，如例（1）、（2）；（二）宾语或补语中有数量成分，如例（3）—（5）；（三）有后续动词短语或分句，如例（6）—（10）。上举例句的“脱”都可以用普通话的“了”来对译。但与地道的完成体标记相比，“脱”还未彻底虚化。有的“脱”有动作完成后动作对象消失或不复存在的意味，如例（1）—（4）；有的“脱”跟时间的消逝有关，如例（5）、（6），有的表事情完结或任务完成，如例（7）—（10）。例（1）—（6）的“脱”的意义可以概括为表消极完成，例（7）—（10）的“脱”意义较表消极完成的“脱”要虚，是表消极完成的“脱”进一步泛化的结果，但仍然含有事情或任务因动作的完结而消失的意味。

“脱”、“倒”和“着$_1$”都有表动作完成的意义。但三者意义和用法有差异。

“脱”与“倒”相比，有两点不同：（一）“脱”主要强调动作对象、数量、时间或任务随动作的完结而消失，偏重于表消极完成；“倒”主要强调某种有目的的动作行为的达成，不表动作对象、数量、时间的消失，偏重于表积极完成。如“饭盛倒半天在饭盛了半天了”中的“倒”就不能用“脱”替换，例（5）、（6）中的“脱”也不能用“倒”替换。当“脱”表示任务的完结时，有时似乎可以用“倒”替换，但仍有差别，如“菜切脱着在完了”是强调“切菜”的任务随动作的完结而消失，而“菜切倒着在”则强调动作“切”的完成或有了结果，有时有准备好的意思。（二）“倒”前面的动词不能是E类变化动词，只能是B类弱状态动词、C类弱动作动词和D类动作动词，“脱”没有这个限制。

“脱”与“着$_1$”也有不同：（一）“V着$_1$”后一般不能有后续的动词短语或分句，如例（7）—（10）中的“脱”就不能换成“着$_1$”。（二）“脱”和“着$_1$”虽然都表动作的完成，但“着$_1$”只一般地表示动作完成或实现，而“脱”还没有完全虚化，往往有表示动作完成后动作对象、数量、任务或时间随之消失的意思，因此，例（2）—（4）的“脱”虽可用“着”替换，但表示的意思有细微差别。（三）“脱”可用于处置式和被动句，“着$_1$”用于处置式和被动句时，不能直接附着在动词后，只能附着在“脱”或其他动相补语、补语后，如“我把衣裳洗脱在我把衣服洗了”和“钱把在佢用脱在钱被他用掉了”中，“脱”均不能换成“着”，但可以说“我把衣裳洗脱着在我把衣服洗了”、“钱把在佢用脱着在钱被他用掉了”。

“脱”虽然还没有虚化为纯粹的体标记，但它的用法已经覆盖了完成体用法的很大一部分，在宿松方言的完成体表达中是一个较为活跃的成分。

（二）来源

“脱”本为损坏、毁坏义的动词，可以单独作谓语，也可以作补语。例如：

（11）伞脱着伞坏了。

（12）我里手表脱脱着我的手表坏了。

（13）衣裳破脱着。

（14）烂脱一个苹果在烂掉一个苹果了。

（15）饭馊脱在饭馊掉了。

（16）佢里眼珠瞎脱在他的眼睛瞎了。

（17）园里菜干脱在园子里菜干掉了。

例（11）的“脱”是谓语动词，音［t‘oʔ^5］；例（12）的前一个“脱”是谓语动词，后一个“脱”是结果补语，余例的“脱”是结果补语。补语“脱”一般只读轻声［·t‘o］，它在表示损坏、毁坏义同时，还表示动作有了结果。例（12）—（17）中，“脱”前的动词本身已有损坏的意义，“脱”只是标明它们的范畴义。补语的句法位置为“脱”向体标记虚化提供了句法上的可能，损坏、毁坏义容易向消失、减少、偏离正常等意义引申，与“脱”结合的动词扩大到不限于表示损坏、毁坏义的，例如：

（18）佢里头毛落脱在他的头发掉了。

（19）死脱一只鸡在死掉一只鸡了。

（20）佢一个人喝脱一瓶酒他一个人喝了一瓶酒。

（21）贼跑脱在贼跑掉在。

（22）灯息脱着灯息了。

（23）佢瘦脱一个轮子在他瘦掉一圈了。

例（18）—（23）中，“V脱”的V均表消失、减少、偏离正常等意义，“脱”的意义也随之进一步泛化。无论“V脱”中的V是表示损坏、毁坏的意义，还是表示消失、减少、偏离正常的意义，“脱”都是动作的结果。当“脱”前的动词是不具有损坏、毁坏、消失、减少等消极义的词语时，“脱”的意义更虚，而接近于一个完成体标记了。

四 里［·li］

动态助词“里”表动作的完成，有强调动作的作用。例如：

（1）衣裳将方刚才洗里在衣服刚才洗了。

（2）肉我买里在，你将不要买肉我买了，你现在不要买。

（3）我将听懂里在我现在听懂了。

（4）那个题目把在佢做出来里在那个题目被他做出来了。| 佢把那个题目做出来里在了。

“V 里”后通常不出现宾语，动作的受事要放在句首作主语，而且句末要用表事态出现变化的助词“在”才能结句。例（1）的“里”可以用“脱”来替换，但用“脱”有强调任务随动作的完成而消失的意义，而用“里”则仅强调动作的完成。例（2）—（4）的“里”可以用完成体标记“着”替换，但用“里”有强调动作已实现或完成的意味，“着”只是一般地表完成或实现。不过，在这种非连动结构的句法环境中，“脱”和“着”的使用比“里”要普遍得多。

“里”与表完成的体标记“着”都是高度语法化了的体标记，跟“着”一样，“里”用于被动句和处置式时也不能直接用于动词后，只能用于别的表结果的成分后，如例（4）。“里”和“着”的不同主要表现在出现的句法环境上，有两个方面的差异：第一，“着”不用于连动结构中，“里”可以，而且是最常见的用法。例如：

（5）桌子搬里搁在房里在。

（6）伢儿送里走着孩子送走了。

（7）鞋我洗里晒倒在鞋洗了晒好了。

（8）钱寻里把在佢用脱着挣的钱被他用光了。

（9）肉炒里吃脱着在肉炒了吃了。

（10）废纸（我）要捆里卖脱佢[①]废纸（我）要捆了卖掉。

（11）把那只鸡杀里吃脱佢把那只鸡杀了吃了。

① “佢”回指话语中已经提到的名词，但负载的信息量较小。

"V1 里＋ V2"中，动作的受事（V1 或 V2 的受事，或 V1、V2 共同的受事）通常要放在句首作主语或用"把"字提前。受事主语一般要出现。施事主语（V1 或 V2 的施事，或 V1、V2 共同的施事）有时可以出现，如例（7），也可以不出现，但可以补出，如例（10）。V1 和 V2 两个动作的发生有时间先后，V1 发生在前，V2 在后；V2 的动作要以 V1 动作的发生为条件。

第二，"V 里"后通常不出现宾语，"着"没有这个限制。

我们认为，动态助词"里"由定语标记"里"转化而来。

定语标记"里"用来联系定语和中心语，如"我里的书"，当主谓短语充任定语时，其主语一般是动作的施事，中心语虽跟动词不是直接成分，但在语义上可看作动作的受事、处所或对象等，如"我洗里菜"、"哥哥寄来里信"，"菜"和"信"在语义上分别可看作"洗"和"寄"的受事。"（主谓短语＋里）＋ N"既可以当一个短语用，如例（12）—（15），又可以独立成句，如例（16）：

（12）哥哥寄来里信收倒在哥哥寄来的信收到了。

（13）佢种里菜死脱在他种的菜死了。

（14）我喜欢吃你舞做里菜我喜欢吃你做的菜。

（15）这是我昨日晒里被卧被子。

（16）今朝是哪个洗里衣裳？

——我洗里衣裳。

例（12）—（15）里的"里"只能看作联系定语和中心语的结构助词。可是像例（16）这样的句子很容易被重新分析为主谓结构，即"（主谓词组＋里）＋ N"重新分析为"主语＋（V ＋里）＋ N"。当主谓短语的主语上升为句子的主语时，N 由主谓词组的直接成分变为动词的直接成分，"里"的性质便随之发生变化。例如：

（17）姆妈妈妈舞做里饭，我有有没有舞。

（18）我昨日上里街。

（19）今朝挂里画。

（20）佢早晨挑里水。

（21）我在北京念里书。

动词的主要功能是作谓语，当 V 被理解为句子的谓语动词时，"里"就有可能被重新分析为后附于谓语动词的动态助词。当"V 里"后的 N 被当作谈论的对象放在句首或者被省略时，"里"的性质就发生了根本变化。例如：

（22）饭（姆妈妈妈）舞煮里在饭（妈妈）做了。

（23）画（哥哥）昨日挂里在了。

（24）水（佢）早上挑里在了。

（25）——你落后后来念书冇？——我在北京念里在了。

这些句子的“动＋里”都变成了对N进行陈述的成分，“里”理解为联系定语和中心语的结构助词的语境已然消失，只能看作动态助词了。

普通话的定语标记“的”也用于“（主谓短语＋的）＋N”的定中结构，如：

（26）这是我用的毛巾。

（27）他买的那个包送给别人了。

“的”同时也可用于下列句子：

（28）我前天进的城。

（29）老王发的言，我没发言。

（30）你在哪儿念的中学？

（31）我们按规定作的处理。

例（28）—（31）的“的”，黄伯荣、廖序东主编的《现代汉语》教材第三版和第四版里面都把它归入动态助词，认为这个“的”表示过去发生的事情，强调动作的时间、处所、方式、施事等。

普通话这类用法的“的”跟宿松方言的“里”类似，但宿松方言的动态助词“里”比普通话的“的”走得更远：“里”还可以用于“V1里＋V2”的连动结构中。

别的方言也存在定语标记和表完成的体助词相通的情况，如崇明话的“个”、益阳话的“帝”、嘉禾话的“各”（王培光、张惠英，2003）。安徽岳西话的定语标记和表完成的体助词都用“底”，并且用“底”表完成时，后附“底”的动词后面也一般不能出现受事宾语，如不能说“我洗底衣裳着”，而要说“衣裳我洗底着衣服我洗了”。①

可见，定语标记演变成完成体助词是汉语中较为普遍的一个现象。“（主谓短语＋定语标记）＋N”的定中结构中，定语标记容易向动态助词转化跟两个因素有关：一是这种结构中，定语标记在线性排列上附于动词后，这跟动态助词出现的句法环境相同；二是受汉语“主＋动＋宾”的基本句型

① 这个情况是暨南大学2006级语言学硕士生黄拾全同志提供的。句末助词“着”是表事态出现了某种变化，大致相当于普通话的“了$_2$”。

的影响，“（主谓短语＋定语标记）＋ N”定中结构的句子容易被重新分析为“主语＋动词＋宾”型的句子。至于定语标记为什么能转化为完成体助词，则是因为定语标记和完成体助词功能相通，即使无界变为有界。据沈家煊（1995），普通话的“的”具有将无界概念变为有界概念的作用，如要使“干干净净衣服”和“干净一件（衣服）”变为实际能说的有界名词，都可以加“的”，使它变成“干干净净的衣服”和“干净的一件”。沈先生指出，“的”的这种作用跟动词后的“了”将无界动作变为有界动作十分相似，如：买票（无界）、买了票（有界）。定语标记演变为完成体助词实际是从事物的有界到动作的有界的转化。“事物的有界和动作的有界是相通的，……有界事物和有界动作可以采用相同的语言形式来表示。”①（沈家煊，1995）。

宿松方言中，“里”还可用作联系方式状语和中心语的结构助词，表动作的方式或目的、原因。②例如：

（32）这个菜炒里吃。

（33）佢家儿子是买里念重点高中里个他儿子是花钱上重点高中的。

（34）佢巴里当上校长在他通过巴结当上了校长。

（35）老李赌里抓起来着老李因赌博被抓起来了。

（36）企倒里吃站着吃。

（37）佢几关倒门里讲话他们关着门讲话。

（38）那个伢借钱里念书那个孩子借钱读书。

（39）佢用死心里考上大学里个他用死功考上大学的。

（40）妹困在床上里看书妹妹躺在床上看书。

表动作凭借方式的如例（32），表动作产生的原因的如例（33），表动作的目的的如例（34）。动作凭借的方式很容易转化为动作产生的目的、原因，二者关系密切，有时难于分清，我们统称为方式状语。“里”前的方式

---

① 沈先生以数词“一”为例来说明这种相通关系，如：“‘苹果’、‘水’作为类名是无界的，加上数词‘一’，‘一个苹果’、‘一桶水’变为有界的。同样，‘烧’、‘坐’表示的动作是无界的，加上‘一’也变为有界的。如‘把他那份儿神像一烧！’‘这位老道进到屋里，往那这么一坐。’”（沈家煊，1995）

② 表方式的结构助词“里”跟表情状的结构助词“里$_3$”不同（“里$_3$”的用法和来源详见本章第一节“五”，“里$_3$”（如慢慢里地走）前面的成分多为形容词、副词、四字语和象声词，很少为动词，其作用是修饰中心语，表情状，即便是动词，也是表一种伴随情状，动作的发生在时间上跟中心语表示的动作没有先后之分，如“拼命里跑”；表方式的“里”前面的成分为动词或动词词组（动宾或动补结构），表动作的方式、原因或目的，动作的发生在时间上要先于中心语动作。

状语表示的动作发生的时间要先于中心语动作发生的时间。“里”前的动词一般为动作性强的D类动词“里”通常不直接用于B类弱状态动词和C类弱动作动词后，这两类动词后往往要先用表持续的“倒”才能后附“里”，如例（36）、（37）。例（32）—（35）中，“里”前的成分是单个动词，“里”紧附于V1，不能去掉。例（36）—（40）中，“里”前面是动词短语，“里”可以去掉，但用“里”带有强调动作的方式或目的、原因的意味。

表方式的结构助词“里”由用于连动结构“V1里＋V2”（V1为单个动词）中的动态助词“里”演变而来。连动结构“V1里＋V2”中，当V1表次要动作，V2表主要动作时，“里”就会随着V1和V2的语义关联而发生变化。如果多个动作的实现引发同一个动作跟着发生，亦即当与V2进行搭配的V1不止一个时，V1就会被看作V2的方式。如例（32）“这个菜炒里吃”，与“吃”的动作进行搭配的V1可以是“炒”，也可以是“煮”，还可以是“蒸”等，这其中的一项就很容易被看成V2的方式。当然，V1能否看作V2的方式还跟注意焦点有关，例（9）“肉炒里吃脱着在肉炒了吃了”，如果我们认为“炒”和“吃”两个动作没有主次之分，“V1里＋V2”就是连动结构；如果我们将注意焦点放在“吃”上，“V1里＋V2”就是状中结构，“炒”为动作“吃”的方式，“里”的意义也随之发生变化。V1和V2都有可能成为注意焦点。当V2为注意焦点时，“V1里＋V2”演变为状中结构，“里”成为联系状语和中心语的结构助词；当V1为注意焦点时，“V1里＋V2”演变为述补结构，“里”成为补语标记（详见第十章）。由于注意焦点不同，“V1里＋V2”有时是一个歧义结构，如例（34）“佢巴里当上校长在”中，如果注意焦点在V2上，那么“V1里＋V2”为状中结构，“巴”为方式状语；如果注意焦点在V1上，那么“V1里＋V2”为述补结构，“当上校长”为结果。例（32）—（35）中，“里”还滞留有动态助词紧附于动词的特点，而例（36）—（40）中的“里”已经脱离了紧附于动词的句法环境，真正演变为一个表动作方式的结构助词了。

五 一［·iʔ］

（一）体标记“一”

体标记“一 ”表示动作发生或实现，可看作发生体标记。用于以下两种格式。

甲、一VP1就VP2

“一VP1就VP2”表示某个动作或情况一经发生就会出现某种情况或

结果。普通话的“一 VP1 就 VP2”可以分为两类：一类是“前后两个动词相同，共一主语，表示动作一经发生就达到某种程度，或有了某种结果。后一动词常为动结式、动趋式，或带数量短语”。另一类是“前后两个动词不同，表示一种动作或情况出现后紧接着发生另一种动作或情况。可以共一主语，也可以分属两个主语”。(《现代汉语八百词》，1999：599）宿松方言的“一 VP1 就 VP2”，也有这样两类。前一类举例如下：

（1）佢一困就困三个钟头他一睡就是三个小时。

（2）佢买东西，一买就买一上昼她买东西，一买就是一上午。

（3）佢家一看就看十只猪他家养猪一养就是十只。

（4）佢在女家一住就住到明年她在女儿家一住就住到明年。

（5）我在那里一站就站到十二点我在那里一站就站到十二点。

“一”表示动作或情况的发生或实现。如例（1）“一困”表示“困”的动作发生了，“三个钟头”是动作“困”发生后的结果。上举例句中，VP2 前面的“就”也可以不用，形成“一 V ＋ VP2”格式，如例（1）可以说成“佢一困困三个钟头他一睡就是三个小时”，余例类推。用“就”有强调结果的意味。例（1）—（5）还可说成“一 V 就是 P”，如“佢一困睡就是三个钟头”。如果不指明具体时间，“一 VP1 就 VP2”一般表示一种惯常性的行为或情况，即“只要一出现某种动作或情况就会出现一种什么样的结果”。

后一类的例：

（6）我明朝一吃脱完饭就走。

（7）王伢小王昨日一到家，佢家堂客他老婆就骂佢。

（8）我一看倒佢就烦人家我一看见她就心烦。

（9）佢把碗一摔就走着了。

这类例句中，前一动作过程 VP1 的发生引发了另一动作过程 VP2 的出现，换句话说，第二个动作过程是第一个动作过程产生的结果。所以，我们认为上述“一 VP1（就）VP2”中，VP2 都是 VP1 的结果。

乙、把 / 把在＋ N ＋一 V

（10）佢把脸一□ [lo²⁴]，不与我她把脸一沉，不理我。

（12）我不晓得么事得罪佢在，佢今朝看倒我还把头一车我不知道什么事得罪了她，她今天看见我还把头扭了过去。

（13）你只把心一横。(“只”为表建议、希望、祈请的语气副词）

上举例句“一 V”均表示动作发生或实现，去掉“一”则不成立，有时在动词后加表示有结果的成分，句子也能成立，如例（12）、（13）可以说成：

（14）我不晓得么事得罪佢在，佢今朝看倒我还把头车在一边去我不知道什么事得罪了她，她今天看见我还把头扭到一边去。

（15）你只把心横下来。

例（14）、（15）侧重于强调动作的结果，而例（12）、（13）则侧重于强调动作的发生。如果要表动作完成或有了结果，通常要在“一V”后用表完成或有了结果的成分如动相补语、趋向补语等，记作“一V＋R”（R为表动作完成或结果的成分），例如：

（16）我先方刚才把个饭一吃脱掉，将现在还冇得没有饭在给妹吃。

（17）把个手表一落脱把个手表弄丢了。

（18）把个金奶奶一死脱掉。

（19）我里的凳把在被佢一坐去。| 佢把我里的个伞一搞拿去。

（20）我把个树丫一撇着下来。| 佢把个邋遢衣裳一晾着起来。| 佢家伢把在人家一拐着去他孩子被别人拐骗去了。| 佢把我家牛一牵着去他把我家牛牵去了。

（21）我昨天算将恰好在街上一碰倒碰见佢。

（22）天在落雨，我今朝还把谷一割倒天在下雨，我今天还割了谷。| 把个菜一切倒又不舞，一会烂脱着把菜切好了又不做，等一会烂掉了。

这类句子通常是处置句或被动句，处置式中的介词“把”和它的宾语之间还通常用量词“个”。例（16）—（18）的“脱”是表动作完成或有了结果的动相补语，例（19）“一V”后的“去”是趋向补语，例（20）的“着”是表动作完成或实现的助词，“着”也可以不用，因其后的补语“下来”、“起来”、“去”表趋向的同时，也表动作的结果，它们包含了完成体标记“着”表示的意义，是句子语义上不可少的成分，不能去掉。例（21）、（22）中，“一V”后的“倒”为表动作有了结果的动相补语。当“一”用在表动作的起始点和终止点重合的E类动词前时，“一V”也只表示动作的发生或实现，如要表动作的完结或有了结果，仍然要在其后用表完结或有了结果的成分，如例（18）。例（16）—（22）的“一”如果去掉，要在句末用事态助词“在”或“着”才能完句，例（20）还要去掉动词后的“着”才能在句末加事态助词“在”或“着”，如“我把个树丫撇下来在/着”。

体标记“一”跟完成体助词“着$_1$”不同，除出现的位置不同外（一个用于动词前，一个用于动词后），还表现在：第一，句法环境不一样。上述

“一 V”出现的几种句法格式，“V 着”一般不出现。如上所述，“一 V”后可直接接表动作完成或有了结果的成分，但一般不直接带宾语和数量补语，否则就必须有后续小句；而“V 着”可带宾语和数量补语，不再接表动作完成或有了结果的成分。例如：

（23）佢今朝哭红着眼珠眼睛。

（24）那个书我看着一遍。

（25）我借着佢一万块钱。

（26）那个事我问着老李。

（27）哥哥将方刚才吃着一碗饭。

（28）佢在北京住着三天。

（29）我去着一趟上海。

第二，“一”和“着”表示的意义也有差别。“着”的作用是“使无自然终止点的动作变为有自然终止点或使动作的自然终止点变为实际终止点”（参看沈家煊，1995），因此，“V 着”后通常不再接表完结或有了结果的成分，而是接动作涉及的对象等；“一”主要表示动作的发生，不表完成，所以，“一 V”其后经常要接表动作完结或有了结果的成分。如“一 VP1（就）VP2”结构中，VP2 在意义上也是 VP1 引发的结果。比较下面句子：

（30）那个事我一问佢，佢就发脾气。

（31）那个事我问着佢。

（32）哥哥一吃吃三碗。

（33）哥哥吃着三碗饭。

（34）佢在房里一坐就坐一上昼上午。

（35）佢在房里坐着一上昼上午。

例（30）表示“问”的动作一发生就会出现后续小句所言的情况；而例（31）则表示“问”的动作的完成。

（二）固定格式中的“一”

“一”还可用于以下两种固定格式中，是体标记“一”进一步语法化的结果。

甲、一 V 着［·tʃo］、一 V 倒［·tau］

“一 V 着”和“一 V 倒”是两种固定格式，意义和用法相近，二者的整体意义都表动作或变化发生后正在持续，即都具备［＋实现］［＋持续］的语义特征，普通话没有与之对应的语法形式。“一 V 着”和“一 V 倒”

一般只用作谓语，其后以不出现宾语为常。“一V着”举例如下：

（36）你眼珠一肿着她眼睛肿了。| 佢头毛一鬈卷着。

（37）那个猪里耳朵一耷着那头猪耷拉着耳朵。

（38）佢回来就在床上那一□ t‘ai[42] 着他回来后就在床上那样躺着，也不出去。（□ t‘ai[42]：躺，有贬义）

（39）佢手一靠着背他的手交叉着放在背后。

（40）屋里灯一亮着屋里亮着灯。

（41）我将方到佢家去，佢家门一锁着我刚才到他家去，他家门锁着。

（42）佢电视一看着，快活得很他看着电视，快活得很。

（43）佢在那里鱼一钓着，歌一听着他在那里一边钓着鱼，一边听歌。

（44）佢在那里慢慢一走着。

这类句子描写人或事物的情状或状态，是表态句。例（36）“一V着”表状态的持续，V为表变化的形容词。例（37）—（39）中，“着”附于B类动词，“一V着”表静态的持续。例（40）、（41）“着”附于C类动词，C类动词既可以表动作本身的持续，又可以表动作完成后状态的持续，“一V着”表示动作完成后状态的持续。例（42）—（44）“着”附于D类动词，“一V着”表动作的进行。例（42）—（44）也可不用“一V着”，而在动词前用“在”表动作进行，如例（42）“佢电视一看着”可说成“佢在看电视”，但用“在”的句子是叙事句，而非表态句。①

能进入“一V着”中的V通常具有可持续的语义特征，V通常是表变化的形容词，B类和C类动词，但也可以是D类动词。当V为形容词、B类或C类动词时，“一V着”是表示静态的内部同质性的过程；当V为D类动词，“一V着”是表示动态的内部同质性的过程，即动作V可看作由多个类似的动作连续重复的过程，如例（44）“一走着”可以看作“走”的动作不断重复。

“一V倒”的用例如下：

（45）佢把伢在背上一驮倒他把孩子驮在背上。

（46）佢手一靠倒背他手靠着背，走来走去。

（47）屋里灯一亮倒，冇得人屋里亮着灯，没有人。

（48）我到佢家去着，佢家门一锁倒我到他家去了，他家锁着门。

① 关于表态句和叙事句参见吕叔湘（1982：29—68）。

（49）佢把邋遢衣裳一堆倒她把脏衣服堆着，也不洗。

（50）奶奶把钱把（紧紧）一园藏倒，生怕我用脱着生怕我用掉了。

例（45）、（46）“倒”后附的是B类动词，“一V倒”表示动作本身的持续。例（47）—（50）“倒”后附的是C类动词，“一V倒”表示动作造成的状态的持续。与“一V着”相似，“一V倒”一般也不能拆开来进行理解和分析，中间不能插入别的成分。

“一V倒”与“一V着”表示的意义相近，句法表现相同，但也存在差异：第一，如果表示一种无目的的、非自主的动作变化，往往只用“一V着”，不用“一V倒”，例（36）、（37）中的“着”不能用“倒”替换。第二，“一V倒”常用于表某一有目的的动作行为（或说话人主观上认为是有目的的动作行为）所达到的状态，这种意义跟处置式表示的对某人或某物作某种处置、使之处于一种什么样的状态的意义相宜，因此，处置式一般只用“一V倒”，不用“一V着”例（49）、（50）的“倒”不能换成“着”。第三，“一V倒”与“一V着”的V都可以是B、C类动词，但“一V着”的V还可以是D类动词和形容词。

孙宜志（1999）讨论的宿松县二郎话的“一VV到”和“一VV着”跟这里的“一V倒”和“一V着”又同又不同。“一VV到”跟“一V倒”表示的意义大体相同，进入V的动词的类型也基本一样。但孙文认为“一VV着”表示动作的反复进行，这跟“一V着”有所不同，“一V着”主要表状态的持续，但也可以表动作进行，“一VV着”不表状态的持续。“一VV着”可用于处置式（如“佢把花生一炒炒着”），“一V着”不能用于处置式。

“一V着”和“一V倒”是宿松方言两个常用的表动作持续的形式，不同于普通话及其他方言用单个助词附于动词后来表持续的方式。如本章第二节“二”所述，宿松方言也有表持续的助词“倒”，但其用法很受限制，一般只能用于祈使句和“V1＋倒（＋宾）＋V2”的连动结构中，它出现的句法环境跟“一V着”和“一V倒”完全不同。

“一V”最大的特点是后面经常出现表示动作完成或有了结果的成分，这些成分除结果补语、趋向补语、动相补语“脱”、完成体标记“着”外，还可以是词组或小句，这就是“一VP1（就）VP2”格式。“一V＋表动作完成或有了结果的成分”隐含着这样一个共同的语义特征，即一个动作的发生或实现就达到了某种在程度或数量上意想不到的情况或结果。我们认为，凝固结构“一V倒”和“一V着”也是因为“一V”后经常出现表动作完成或有了结果的动相补语“倒”和体标记“着”而逐渐形成的，动作发生或实现后，留下可持续的动作或状态，从而形成这两个格式的意义。在某些情况下，如例（20）—（22）所示，“一V倒”和“一V着”还没有凝固成固定格式，需要拆开来进行理解，“倒”和“着”只能分开来理解为表动作的完成或有了结果。“一V倒”和“一V着”是经常组合在一起的句法形式，但如果仅从形式看，跟表持续的固定格式“一V倒”和“一V着”没有两样，由此可见，固定格式“一V倒”和“一V着”与其句法形式关系密切。

乙、一VV

（51）佢一碗肉一吃吃他轻而易举地吃了一碗肉。

（52）一桶衣裳一洗洗一下子就洗了一桶衣服。

（53）一亩田里谷一割割一亩田的谷一下子就割完了。

VV表动作的轻松、随意。一VV表示很轻松、很随意地就完成了某动作或任务，如例（51）意为“他轻而易举地就吃完了一碗肉”，余例类推。

（三）假设连词“一”的用法及其来源

“一”用于假设关系复句的条件分句中，表示假设，相当于普通话的“如果”。例如：

（54）我家姆妈妈妈一在家里，我就跟你一路一起去。

（55）你一不打佢，佢也不骂你你如果不打他，他也不会骂你。

（56）你那乎子一用滴心也考上大学在你那时候如果用点功也考上大学了。

（57）一你不把佢念书如果你不给他读书，佢二回以后肯定要怪责怪、怪罪你。

（58）你一撒谎撒谎，我就打死你。

（59）那个衣裳将将刚刚卖脱完，你一早滴点来就好着了。

（60）一我打你不赢打不赢你，我就不信着。（“着”在这里是表肯定、确定的语气）

“一”可以位于句中，如例（54）—（56），也可以位于句首，如例（57）（60）。

假设连词“一”由实现体标记“一”语法化而来。有承接关系的“一VP1就VP2”是最适宜的句法环境。相承关系与条件关系存在联系：“两件事情的同时或先后出现，可能是偶然的，也可能是非偶然的；前者是纯粹的时间关系，后者就往往含有条件关系。”（吕叔湘，1982：409）沈家煊（2003）运用“概念隐喻”来说明汉语里各种复句表达的语义关系，将复句分为“行域、知域、言域”三个概念域。行域是基本的，知域和言域都是在行域的基础上通过概念的隐喻引申出来的。例（54）是事理上的条件—结果关系，属行域；例（55）—（57）是推理上的条件—结果关系，属知域；例（58）—（60）结果分句表示申明或评议，属言域。“一 VP1 就 VP2”往往隐含着条件—结果关系，例如：

（61）我明朝早晨一起来就到学堂学校里去。

（62）姐姐昨日一到家就洗被卧被子。

例（61）、（62）跟属行域的条件关系复句有相通之处，只不过这里的条件—结果关系还是构式义，“一”本身还不表假设，不能看作假设连词，但“一”正是在这种句法环境下逐渐发展为假设连词的。

“一”还可以跟“是［ʃʅ²⁴］”组合构成假设连词，但假设连词“一是”中的“是”只读轻声。假设连词“一”都可以用“一是 [iʔ · ʃʅ]”替换，用“一是”表假设语气要强一些。例如：

（63）我家姆妈一是在家里，我就跟你一路去如果我妈妈在家里，我就跟你一起去。

（64）一是你撒谎撒谎，我就打死你。

假设连词“一是”显然就是由假设连词“一”加“是”形成的。宿松方言里面除了“一是”以外，还有“硬是 [ŋən·ʃʅ]”、“就是 [tɕʻieu·ʃʅ]”等，“是”有认定作用，“一是”的语气比单用“一”强。

当假设连词为“一”而非“一是”时，条件分句句末也可用一“是”字，例如：

（65）王伢小王一在你这里做事是，你打算把给几多钱一个月在给佢。

（66）佢一做得起屋是，你把我里名字倒挂他如果能做起屋来，你把我的名字倒着挂。（“把我的名字倒挂”赌咒的话）

（67）你一走是，家里哪个招呼你要是走，家里谁来照看？

“一”也可以移至假设分句句首，但用于句中较常见。这类条件分句当是假设连词“一是”中的“是”移至分句末尾形成的，“是”都可以放到“一”后面，如例（65）可说成“王伢小王一是如果在你这里做事，你打算把给几多钱一个月在给佢”。不过，“一……是”同“一是”形式不一样，表示的意思还是有细微差别的。用“一……是”有强调假设成真的意思，主观性较强，如例（65）意思为“小王果真在你这里做事”，而“一是”连用则仅仅是提出假设。“一”也可去掉，只单用“是”表假设。例如：

（68）王伢小王在你这里做事是，你打算把给几多钱一个月在给佢。

（69）佢做得起屋是，你把我里名字倒挂他如果能做起屋来，你把我的名字倒着挂。

（70）你走是，家里哪个招呼你要是走，家里谁来照看？

这些分句句末的“是”也表假设，同时带有强调假设成真的意思。

“一……是”形式的条件分句，后续的结果分句可以省去不说：

（71）人家说你家男子汉一年寻得十几万倒人家说你老公一年能挣十几万元。

——佢一有那个本事是他要有那个本事（就好了）。

（72）你不喜欢奶奶，我大着一喜欢你是我长大了要是喜欢你，我就……。

（73）你讲话不兑现算数，我二回一相信你是下次我要是相信你，我就……。

（74）你一吃得这一碗饭脱是你要是吃得完这一碗饭，我就……。

（75）你把碗搭脱着，你家姆妈一不打你是你把碗摔破了，你妈妈要是不打你，我就……。

（76）你莫小瞧着佢，佢大着一有得你样个本事是你别小看他，他长大了要是没有你那样的本事，我就……。

例（72）—（76）这几个句子有点像赌咒，可以去掉“是”从而后续“我就不信着我就不相信”、“我就不是人”之类的话。说话人是要表示假定的情况肯定会发生。

当句末用一个表希望得到听话人的认同、回应的语气词“哦”时，句子表达的意思则发生变化。例如：

（77）我家妹今年一考上着大学在是哦[①]我女儿今年要是考上了大学该多好。

（78）今朝家里有肉有鱼，一姐姐回来吃中饭是哦今天家里有肉和鱼，如果姐姐回来吃午饭该多好。

（79）这里屋将值好多钱，你家这里屋一有有没有卖脱是哦这里房子现在值很多钱，你家这里房子要是没有卖掉该多好。

（80）今朝一不热是哦今天要是不热该多好。

由于语气词“哦”的使用，例（77）—（80）成了表意志和愿望的句子。如例（77）表示说话人希望“我家妹今年考上大学”。例（77）—（80）的处于句尾的“是”可以省去不说，只用“一”即可；也可以只用“是”不用“一”，因为“一”和“是”在这里的作用一样，都表假设，“哦”的使用使得用于句末的“是”强调假设成真的意义隐去。

假设连词“一是”中，“是”本已融合成了一个词内成分，可能由于“一”

---

① 这类句子句末的“哦”是表希望得到听话人的认同、回应的语气词，详见第七章第一节“六”。

单用就能表假设，这样“是”就有可能也被当作一个独立的成分来使用。至于“是”为什么会从句中移至句末，可能是受语气词“是”的影响所致。（语气词“是”详见第七章第一节“八”）

六 过［·ko］

动态助词“过”在普通话中有两种含义，一种表示动作结束、完成，一般称为“过$_1$”；另一种表示“过去曾经有过这样的事情”或“已有的经验”，称为“过$_2$”。但在宿松方言中，“过”只有相当于普通话“过$_2$”的用法，我们把这个“过”看作经历体标记。例如：

（1）那个电影我看过。

（2）佢原先做过中学老师。

（3）北京我冇没有去过。

（4）佢饿过一天。

（5）我打过一件毛线衣。

与普通话不同的是，当动词带宾语或补语时，句末还可以用一个经历体助词“过”，构成“V＋过＋宾/补＋过”的格式，例如：

（6）奶奶看倒过野猪过奶奶看见过野猪。

（7）佢从来冇有没有害过人过。

（8）那个老师去过日本过。

（9）我饿过一天过。

句末再用“过”有强调“曾经经历”的意思。去掉附于动词后的“过”，只在句末用“过”，构成“V＋宾/补＋过”的句子也能成立，只是用得不是很普遍，如：

（10）奶奶看倒野猪过奶奶看见过野猪。

（11）佢从来冇有没有害人过。

（12）那个老师去日本过。

（13）我饿一天过。

七 起来［·tɕʻi·lei］、起［·tɕʻi］

“起来”和“起”是动词，用在别的动词后，可以表示动作或变化的开始，并有持续下去的意思。我们把这样的“起来”和“起”叫做“起始体标记”。

起始体“起来”、“起”常用于以下三类结构中。

甲、V（NP）起来

（1）佢又哭起来着了。

（2）佢几打起来在他们打起来了。

（3）佢吃脱饭就看电视起来着她吃完饭就看电视起来了。

（4）叫佢快滴去舞饭，佢还在那里坐起来着叫他快点去做饭，他却在那里坐起来了。

（5）我叫佢洗衣裳，佢还在这里困睡起来着了。

（6）佢身上又痛起来着了。

（7）天又热起来在了。

“起来”前面的动词均为可持续的动作动词，也可以是一些表示变化的形容词，如例（7）。“起来”位于动词后，如果动词带宾语则位于动宾结构后，这跟普通话不一样，如例（3）。这类句子句末一般要用表事态出现某种变化的事态助词“在”或“着”才能足句。

“起来”也可以表动作达成，这时句子表示的是已然事件，V不能是形容词，但可以为B类、C类和D类动词。例如：

（8）桌子做起来着了。

（9）我把衣裳晾起来着了。

（10）佢家屋把在人家围起来着了。

（11）贼躲起来着贼藏起来了。

（12）佢写一封信起来着了。

（13）我存一万块钱起来着了。

“起来”作起始体和表动作达成时，其前的动词都可以是可持续的动作动词，但句法表现不同：起始体“起来”所在的句子动作的受事要放在动词后作宾语，宾语前面不能出现数量词，如例（3）。“起来”表示动作达成的时候动作的受事往往要放在动词前，如例（8）—（10）；如果要放在动词后作宾语，宾语前要出现数量词，如例（12）、（13）。“起来”表示动作达成的时候，“V起来”是一个有界的成分，它要求与有界的成分如数量词进行搭配。“起来”为起始体时，“V起来”是一个无界的成分，所以宾语前不能出现数量词。

乙、一＋V着＋起来

（14）佢把手一拍着起来他突然拍起手来。

（15）佢一笑着起来他突然笑了起来。

（16）楼上一响着起来楼上突然响了起来。

这类句子中，“一”是表动作突然发生的副词，“着”表动作的实现，V是动作性强的D类动词，“起来”只能表动作起始，不表动作的达成。

丙、V起NP起来

（17）叫佢去割谷，佢还打起麻将起来着让他去割谷，他却打起麻将来了。

（18）你还哄起我起来着在你还骗起我来了。

（19）姐姐开起饭店起来在了。

（20）我将方刚才还做起梦起来着了。

（21）佢在那里贴起画起来着他在那里粘贴起画来了。｜佢在这里困起醒起来着睡起觉来了。

上述“VNP起来”都可以转换成“V起NP起来”，如例（3）可以说成“佢吃脱饭就看起电视起来着”。

“V起NP起来”里的“起来”有时可以表示动作的达成。下面一例有歧义：

（22）佢修起车起来着。

如果“修车”为已然事件，“V起NP起来”表动作达成；如果为未然事件，“V起NP起来”表动作开始。“V起NP起来”表动作达成时，可以转换成“NP＋V起来”，例如：

（23）车修起来着。

表动作起始时，不能转换成“NP＋V起来”。在实际言语活动中，“V起NP起来”的两种意义可以通过语音形式来加以区分，“V起NP起来”表动作起始时，V读得比NP要轻；表动作达成时，V读得不比NP轻。

丁、“V（NP）起”。“V起”所在的句子中，动词前一般要有表过去时间的词语，表动作自过去某个时间点开始持续到说话时间，往往带有时间长的意味。例如：

（24）佢将方就吃起，还有吃脱他刚才就开始吃，还没吃完。

（25）佢昨日就写信起，还有写起来他昨天就开始写信，现在还没写好。

（26）我旧年去年就想去家回家起。

（27）你从早晨就忙起，还在忙你从早上就开始忙，还在忙。

上举例句中，动词前面一般要出现副词“就”，时间词语前面都可以加介词“从”，加上“从”后，副词“就”可以去掉，但如果不用“从”，“就”不能去掉。“V（NP）起”可以有后续成分，如例（24），也可以无后续成分，如例（26）。动词如果带宾语，“起”要放在宾语后，如例（25）。

八 进行体标记“在[·tʻei]”

宿松方言的进行体是在动词前用副词“在”。

“在”一般用于B类、C类和D类动词前。例如：

（1）我在看书。

（2）伢儿在困醒孩子在睡觉。

（3）那些人在笑。

（4）姐姐在晾衣裳。

第三节 事态助词

在[·tʻei]

（一）用法

宿松方言中，助词“在”用于句末，对事态出现某种变化加以确认，大致相当于普通话的“了$_2$”[①]。例如：

（1）我买一件衣裳在我买了一件衣服。

（2）我把你里话记在心下在我把你的话记在心里了。

（3）这本书我看脱一个星期在这本书我看了一个星期了。

（4）衣裳洗脱两遍在衣服洗了两遍。

（5）哥哥答应同意、应允回来在了。

（6）佢要我去在他同意我去了。

（7）这个题目我会做在这个题目我会做了。

（8）车把在佢骑去在车被他骑去了。

（9）苹果削里吃脱在苹果削了吃了。

（10）树叶红着在树叶红了。

动词如果有宾语，“在”用在宾语后，宾语可以是名词，如例（1）—（4），可以是动词，如例（5），可以是动词短语，如例（6）；可直接位于动词后，如例（7）；用在动补结构后，如例（8）；用在动相补语如“脱”后，如例（9）；还可用在表动作完成或实现的动态助词“着”后，如例（10）。

上举例句去掉句末的“在”大多能成立，但用“在”有对事态出现的

① 据我们所知，“在”用为确认事态变化的助词的还有安徽太湖。太湖与宿松邻近，同属赣方言。

变化加以确认的作用，不用“在”则表示吩咐、提议或申明的意思。

事态助词“在”只肯定事态出现了变化或即将出现变化，不表动作完成，如果要表示完成，就要在动词后加表完成或实现的动态助词“着”或动相补语“脱”等，如例（9）、（10）。

（二）来源

我们认为事态助词“在”由位于动词后、句子末尾的“在L”（L表示处所词）语法化而来。有的方言，例如湖北宜都方言，“在”位于句末表示状态持续。据李崇兴（1986），宜都话表状态持续的“在”也是由位于句末的“在L”语法化而来。为什么同样是句末的“在L”，在宜都方言语法化为表示状态持续的助词，而宿松方言则语法化为表示确认事态变化的助词呢？这要从“V＋在L”结构表示的意义说起。

俞光中（1987）指出，普通话的“V＋在L”结构往往有歧义，既可以表动态的位移事件，即人或物体随动作的实施有一个空间位置的转移，又可以表状态的持续，如“坐在椅子上”，既可以理解为“坐到椅子上（动态）”，又可以理解为“在椅子上坐（静态）”。其实，“V＋在L”结构在古汉语中就可以表示几种不同的意义：既可以表动作的进行或状态的持续；又可以表动作行为实施后参与者（施事或受事）到达的处所，即动态的位移事件。“V＋在L”表动作进行或状态持续的如：

（11）对越在天，骏奔走在庙。（《诗·周颂·清庙》）

（12）凝光悠悠寒露坠，此时立在最高山。（《刘禹锡集·八月十五日夜桃花源玩月》）

表动态位移事件的如：

（13）臣若获戾，放在他国，没世然后已，不忍谋赵之徒隶。（《三国志·魏书·武帝纪》注引《魏武故事》）

大约在唐代，处所指示代词“这里（这底/这的）、那里（那底/那的）开始出现”（吕叔湘，1984）。当处所名词在上文已经出现或语境中明显隐含时，往往用“这里/那里”回指，“V＋在＋这里/那里”在《水浒传》中有表动态位移和表状态持续两种用法。表状态持续的如[①]：

（14）智深猛闻得一阵肉香，走出空地上看时，只见墙边砂锅里煮着一

① 《水浒传》中“动＋在L”表动作进行的例子很少见，表进行时，“在L”一般都位于动词前面。例（14）、（15）虽然可理解为动作进行，但理解为静态持续更合适。

只狗在那里。（第 4 回）

（15）宋江唤入中军，那番官来与宋江厮见，说道："俺奉元帅将令，今日拿得你的一个头目，到俺总兵面前，不肯杀害，好生与他酒肉，管待在那里。"（第 88 回）

（16））石勇叫道："兀那松树背后一个人立在那里！"（第 42 回）

（17）杜兴气定了，方才道："……却好遇见祝龙，祝虎，祝彪弟兄三个坐在那里。"（第 47 回）

（18）离了宜春圃，须臾出了州城，猛可想起："阿也！忘带了板斧！"把手向腰间摸时，原来插在这里。（第 93 回）

（19）……只听得娘子叫道:"清平世界,如何把我良人妻子关在这里！"（第 7 回）

表动态的位移的如：

（20）鲁智深便道："……原定的金子缎匹，将在这里。你心下如何？"（第 5 回）

（21）"……因此，我们听的，乘他醉了，把他绑缚在这里，献与大王。"（第 17 回）

（22）酒至数碗，武松开话道："……我武松自从阳谷县杀了人，配在这里……"（第 30 回）

（23）武行者道:"只想哥哥在柴大官人庄上,却如何来在这里……"（第 32 回）

这表明,"动＋在＋处所词"自古至今就有歧义。"动＋在＋这里 / 那里"在《水浒传》中是表动态的位移事件还是表状态持续要依语境而定。

在宿松方言中,"动＋在 L"不是一个歧义结构,它只表动态的位移事件,不表状态持续。[①]"在"通常出现在动词后引进处所,这些动词既可以是 B 类和 C 类动词，如"困"、"住"、"坐"、"站"、"抗藏"、"埋"、"放"、"挂"、"贴"、"搁"等;又可以是 D 类动词，如"把"、"送"、"搦拿"、"撂"、"摔"、"还"、"丢扔"、"写"、"寄"等。例如：

（24）你坐在椅子上你坐到椅子上。

① "V + XL"（X 是引进处所的介词）表动态的位移事件不独宿松方言，Christine LAMARRE(柯理思)（2000）指出：河北冀州话、山西河津话和定襄话、陕西永寿话、河南林县话、山东平邑话等，"V + XL"都只表动态的位移事件。

（25）我搁一本书在桌上我放一本书到桌上。

（26）画挂在壁上去画挂到壁上。

（27）苹果放在这里来。

（28）佢写字在墙上。

（29）我搁放一个东西在那里。

（30）我送一本书在那里去。

例（24）—（27）的“坐”、“搁”、“挂”、“放”都可以看作表静态的动作或状态，但“V＋在L”中，它们并不表静态的持续而是表动作的位移；例（28）—（30）是D类动作动词，只能表动作位移。例（24）—（30）中的介词“在”都可以理解成普通话的“到”。并且“V＋在L”后可以加趋向动词“去”。这说明，不管动词是动态的，还是静态的，“V＋在L”不表状态持续而是表动态的位移事件，“在L”是动作到达的终点。如果要表示状态持续或动作进行，宿松方言是将“在L”放在动词前面。例如：

（31）我在床上困着我在床上睡了。

（32）你莫在门口一站倒你别在门口站着。

（33）我在椅子上坐一眨我在椅子上坐一会。

（34）姐姐在饭店里吃饭。

（35）你不要在车上看书。

（36）鸭在河里划游。

（37）佢在侧边旁边笑。

宿松方言“在L”位于动词前和动词后的语序可以用戴浩一（1985）提出的“时间顺序原则”来作解释：“两个句法单位的相对次序决定于它们所表示的概念领域里的状态的时间顺序。”位于动词前的“在L”都是动作发生的位置，位置状态先于动作状态，所以排在动词前面；位于动词后的“在L”表示在动作作用下参与者所到达的终点，移动动作总是在抵达终点前先发生，所以“在L”位于动词之后。“V＋在L”主要表示动态的位移事件，“在L＋V”主要表示动作进行或状态持续，二者排列次序不同，表示的意义也不同，各有分工。

如上所述，宿松方言的“V＋在L”结构只表示动态的位移事件，因此，当说话人要对方注意“在L”时，听话人以过去某一时间为参照，就会发现动作的参与者（人或物体）已不在原处，而是达到了一个新的位置，整个事件出现了某种新的变化。换言之，宿松方言的“V＋在L”结构在指示人或物体因动作的实施达到了一个新的位置的同时，还表示事态出现某种新的变化。

当“在L”在话语中已经出现或语境中明显隐含时，往往用“在那里”来回指，如前举例句（29），显然，“在那里”所负载的空间位置信息要比“在＋处所名词”小，“在那里”就有可能专门用来表示事态出现某种新的变化的语法意义。

“在那里”指示位置的意义消失后，“在”后的“那里”随之脱落，“在”就成了一个肯定事态出现某种变化的事态助词了。“在那里”由表处所到用作语法词是结构的语法化，经历了一个由实而虚，由空间概念到时体概念的演化过程。“那里”脱落之后，“在”负载了整个结构虚化后的意义。

宿松方言中，句末的“V＋在L”只能表动态的位移事件，这就决定了宿松方言位于动词后的“在那里”有虚化为确定事态出现某种变化的助词的可能；宜都话等方言的“V＋在L”结构则表示事态从过去的某个时间延伸到说话时一直是一个均质、静止的状态，它没有一个动态的变化过程，所以，这些方言句末的“在那里”虚化为表持续的助词。

宿松话用于句末的“在那里”现在都还有实在意义，没有纯粹虚化的用法，这是因为虚化的用法已经由“在”单独承担的缘故，所以宿松人选择“在那里”用于句末，就只能着眼于它的实在意义，虽然这个“在那里”所负载的空间位置信息要比“在＋处所名词”小。

（三）“在”与“着$_2$”的比较

宿松方言中，“着”也可用作事态助词，详细讨论见本章第二节“一”。句末助词“着”和“在”有以下三点差别。第一，“着”既可以相当于“了$_2$”，又可以相当于“了$_{1+2}$”，而“在”只相当于“了$_2$”，只表示事态出现或将要出现某种变化。当动词后有表结果的补语或动相补语时，句末助词“着”只表事态出现了变化，不表完成，这时“着”和“在”可以互相替换，例（38）—（41）句末既可以用“着”，又可以用“在”：

（38）你又把佢缠惹哭着/在。

（39）佢把你里的车修起来着/在。

（40）衣裳把在佢洗脱着/在衣服被她洗了。

（41）谷晒倒着/在谷晒好了。

而例（42）—（45）相当于“了$_{1+2}$”的“着”则不能用“在”替换：

（42）佢在床上困睡着。

（43）佢走着。

（44）人老着，身体也差着。

（45）佢里头毛一下白着他的头发全白了。

第二，“着”用于已然语境，不能用于未然语境，如果事情还未发生，只是说话人预料将会出现某种情况时就不用“着”，可以说“哥哥要回来在”，但不说“哥哥要回来着”。第三，“着”主要后附于“S＋动／动结式”，极少后附于“S＋动＋宾”；而“在”既可后附于“S＋动／动结式”，也可后附于“S＋动＋宾”。

第四节 其他助词

一 下［·haʔ］

宿松方言位于句末的“下［·haʔ］”有两种意义：（一）表动作的短时少量；（二）表祈使或意愿，同时带有表“暂且先”的意义。这两种“下”位于句末或小句句末时，其后都可以加“子”，加“子”后表示的意义基本相同，但单用“下”较常见。我们这里主要讨论“下”，分别记作“下$_1$”、“下$_2$”。

（一）下$_1$

“下$_1$”表动作的短时少量，一般只用于自主动词后，不能用于非自主动词后。表短时少量的“下”常用于祈使句和意志句。意志句申明说话者的意志，对人无所要求，如例（1）；祈使句是要求别人按自己的意愿行动，如例（2）：

（1）我去洗下手。

（2）替我买下菜。| 你舞做下饭。| 招呼照看下伢孩子。| 把衣裳衣服洗下。

“下”是表短时少量的动量词“一下［iʔ^{5}ha^{24}］”的简省形式，例（1）、（2）的“下”都可以用“一下”替换。单用“下”时读轻声，并且发生促化，带上一个喉塞音韵尾，读为［·haʔ］。

表短时少量的“一下”由表动作次数的动量词“一下”引申而来。动量词“一下”常用于动词后表动作的次数，例如：

（3）把猪打一下。| 在本子上画一下。| 我磕敲一下门。

例（3）的“一下”都可以重新分析为表短时少量的意义。由于“一”

是最小的整数，这就很容易使动作带上时间短、动量小的意义。

宿松方言表动量小、时量短时不用动词重叠式，而是在动词后用“下”或“下子”。有些动词可以重叠，但限于表示跟人的感官有关的动词，重叠之后表动作轻松、随意。如“买个电视看看”，“舞滴肉吃吃做一点肉吃”等。

（二）下$_2$

“下$_2$”用在祈使句和意志句句尾（包括小句），表祈使或意愿，同时带有暂且先做某事，或改变或保持某种状态的意义，即表“暂且先”的意义，语气委婉、缓和。例如：

（4）你把佢他学个手艺下你先给他学个手艺再说。

（5）我到街上去戏玩一眨一会下。

（6）管佢几多钱管他多少钱，买个电视看看下。（“看看”是 VV 式的动词重叠，表动作的轻松、随意）

（7）你慢滴慢一点下，莫别着急。

（8）你莫别走下，我有东西要把在你你先别走，我有东西要给你。

（9）我等一眨下，你先回去。

（10）你莫急着出去你别着急出去，替我把碗洗脱了下。

（11）等我问下佢他下，明朝再回你里的信。

（12）我和佢讲一下下，马上就走。（“下”前面是表短时少量的“一下”）

（13）等客人走着下，你再走等客人离开后你再离开。

（14）你把病诊好下，□ uei[21] 些事其他的事都不要管。

（15）你一会再吃饭，先替我把桌子搬过来下。

这些句子有的去掉句末的“下”也能成立，但不用“下”表暂且先的意义消失，如例（4）—（8）；有的句子如例（14）虽仍有表先做某事的意思，但这个意思是由小句之间的意义来表示的，有的则是由句中某些词语如“再”、“先”等来表示的，如例（13）、（15），但用“下”有“暂且先”的意义。“VP 下”表示的事件都是尚未发生的。例（4）—（9）表“暂且先 VP”的同时隐含着“别的 VP 暂缓考虑”；例（10）—（15）中，“下”前有一个 VP（记作 VP_1），句子在表层结构上还有一个与 VP_1 配套的、后发生的动作行为（记作 VP_2），“下”表“暂且先 VP，然后再 VP”，如例（10）意为“你先替我把碗洗了，然后再出去”，“VP_1 下”可位于 VP_2 前，如例（14），也可位于 VP_2 后，如例（15）。

“VP_1 下”用于对话中的答语，VP_2 在问语中出现。例如：

（16）姆妈妈妈，我要看电视。

——你做脱完作业下。

（17）姆妈，你几乎子买新衣裳在我妈妈，你什么时候买新衣服给我？

——等下个月发着了工资下。

（18）你几乎子什么时候到街上去？

——明朝下。

答语也可以是表时间的名词性成分，但这个名词性成分前可以加动词“等”构成“VP_1下”，如例（18）可以说成“等明朝明天下”。根据问句表示的内容，“下”后可以补出相应的“再VP_2”。因此，可以说例（16）—（18）类句子是例（10）—（15）类句子在不同语境下的变体。

表暂且先的“下$_2$”由表短时少量的“下$_1$”演变而来。由于表短时少量的“下”通常用于祈使句和意志句，当动词后不出现宾语或宾语放在动词前面时，“下”就自然位于祈使句或意志句句末了，表短时少量的意义在这种句法环境下很容易发展出表暂且先的意义。

二　起［tɕʻi^{42}］

“起”多用于祈使句和意志句句尾（包括小句），但也可用于叙述句句尾，表示相对先时义。例如：

（1）管佢几多钱管他多少钱，买个电视看看起。

（2）我把这个钱交脱学费起。

（3）你把佢学个手艺起。

（4）天要落雨，先收谷起。

（5）你莫讲起，等人家先讲。

（6）你洗碗起，衣裳过一眨一会再洗。

（7）你先把病症好起，□ uei^{42} 些事其他的事不要管。

（8）饭一会就熟，你吃菜起。

（9）你卖屋也不先跟我讲一声起你卖房子也不事先跟我说一声。

（10）姆妈妈妈，我要看电视。

——你做脱完作业起。

这些句子“起”表先做某事。例（1）—（3）去掉句末的“起”也能成立，但不用“起”表先时的意义消失；有的句子如例（4）虽仍有表先做某事的意思，但这个意思是由句中某些词语如“先”等来表示的，有的则是由小句之间的意义来表示的，如例（6），但用“起”表先做某事的意义更为明显。

“起”和“下$_2$”意思相近，但二者意义和用法并不完全相同，有以下几点差异：（一）“下”表“暂且先”时，同时还表祈使或意愿，“起”只表先时，不表祈使或意愿，因此，“起”可以用于叙述句，如例（9），“下”不能用于叙述句。[①]（二）“下”不但表暂且做某事，还表暂且改变或保持某种状态，“起”只表先做某事，因此，第四节“一”中，例（7）—（9）以及例（17）、（18）的“下”均不能用“起”替换。（三）“VP起”侧重于VP发生的先时性，偏重于客观事实，“VP下”侧重于先VP的暂且性，偏重于主观意愿。例（1）—（3）的“起”虽可以用“下”替换，但替换后意思有细微差别，如例（3）是从客观事理的角度建议“先给他学个手艺”，如把“起”换成“下”则表说话人主观建议“暂且先给他学个手艺”。（四）“起”用于否定句时表示动作或事件不要在某个动作或事件之前先发生；“下”前如果有否定性成分，“VP1下”则表示暂且先别做某事，等一下再考虑是否做某事，因此，例（5）的“起”如果用“下”替换则表示“暂且先别讲”。（五）在肯定句中，“下”不直接用于动词后，要用在结果补语或表结果的动相补语“脱”、“倒”，表轻松、随意的VV式动词重叠，数量宾语或定指宾语等有界成分后，“起”没有这个限制，例（6）、（8）中的“起”不能用“下”替换。[②]

表先时义的“起”由起始体“起”演变而来。客观世界是由事件组成的网络系统，某一事件的实施或安排往往跟其他事件存在时间上的先后顺序。当带起始体“起”的句子被放到客观世界的事件网络中时，很容易被认为这个事件先开始了，“起”也就开始由起始体向表先时义转化。试比较以下两例：

（11）但将方刚才就吃起，还有吃脱。

（12）你吃起，我过一贬过一会再吃。

例（11）和例（12）中，“起”都有“开始做某事”的意思，但例（11）的“起”用于单个事件，说话人没有涉及其他事件，这里的“起”只能理解为起始体；而例（12）的“起”用于两个在时间上有关联的事件，这种语境使“起”容易带上表先时的意义。

---

① “你卖屋也不先跟我讲一声下”这句话也能说，但这时“下”是表短时少量的“下1”。

② 按沈家煊（1995），例（6）、（8）的“洗碗”和“吃菜”等都是无界的动作和活动。

三　看、看看

宿松方言中，表尝试貌用“看”或“看看”。“看”和“看看”都用于句末，一般可以自由替换，但“看看”语气较“看”舒缓。

用尝试貌“看（看）”的常见格式有以下几类：甲、“V看（看）”；乙、“VC看（看）”（C为补语）；丙、“VO看（看）”（O指宾语）；丁、“VV看（看）”。甲类，“看”单用读［·k‘ən ʔ］；用“看看”时，前一个读［·k‘ən ʔ］，后一个读［·k‘ən］。后三种格式中，“看”单用读［·k‘ən］，用“看看”时，前一个读［k‘ən˙］，后一个读［·k‘ən ʔ］或［·ən ʔ］。

甲、V看（看）

（1）你尝看（看）。

（2）你来试看（看）。

（3）我叫佢过来听看（看）。

（4）你唱看（看），看唱得好听不（看看唱得好不好听）。

能进入“V看（看）”的动词一般是动作性较强的D类动词，即动作在时间上有起点、续段和终点的有界动词，如“看”、“听”、“笑”、“写”、“吃”、“打”、“动”、“吹”等；也可以是C类动词，但C类动词是作表可持续的动作的意义来用的，而不是作表可持续的状态的意义来用的，如“你挂看看”是指“挂”的动作。

乙、VC看（看）

（5）我过去问下看（看）。

（6）你替我望一下看（看）。

（7）你还再默想一会看（看）。

（8）你还再唱一遍看（看）。

例（5）、（6），“看”用在表时量短的补语“下”或“一下”后面。或是因为表时量短和表尝试在语义上有相通之处，即尝试做某种动作或事情往往是短时少量的，因此，表时量短的“（一）下”经常跟表尝试的“看”配合使用。

丙、“VO看（看）”

（9）你去问下老张看（看）。

（10）你去学下裁缝看（看）。

（11）你尝下这个菜看（看）

（12）你吃这个医生开里的药看（看）

（13）你喊佢一声看（看）。

丁、VV看

（14）买一双皮鞋穿穿看（看）。

（15）舞做滴一点肉吃吃看（看）。

“看”还可以用于是非问、反诘问。例如：

（16）你去问下佢看呗你去问问他试试吗？（“呗”是表是非问的语气词，详见第七章第二节“一”）

（17）你尝下看不你尝尝吗？（“不”在这里也是表是非问的语气词，详见第十三章第一节“一”）

（18）你若何怎么不问下我看（看）？

但例（16）、（17）中，一般只单用“看”，不用“看看”，这种个别不能用“看看”的情况大概是因为句末还有一个表疑问的语气词“呗”和“不”，如果在“呗”和“不”前用“看看”会造成韵律上的不协调。

第七章

语　气　词

本章分两个部分讨论宿松话的语气词：（一）单纯语气词；（二）合成语气词和合音语气词。[①]“不”、“有”、“不是”有语气词用法，但不占主要，这几个语词在第十三章详细讨论。“不”和“有”还可用于祈使句，表威胁、警告、命令语气，详见第十四章。此外，表祈使语气的“下”，详见第六章第四节“一”。

第一节　单纯语气词

宿松话的单纯语气词有“哝”、“吧$_1$”、“呢”、“也”、“哦”、“哒”、“啊”、“是”等。“哝”、“吧$_1$”、“呢”主要表疑问语气，“也”、“哦”、“哒”主要表陈述语气，“啊”主要表祈使和感叹语气。

一　哝［·noŋ］

“哝”主要用于疑问句，也可以用于反问句和祈使句。

（一）“哝”用于疑问句主要表追问语气，多用于对对方态度不太明白或不太确信的时候，或者是对方没有给出明确回答的时候，其语用目的是为了获得明确的、确定无疑的回答。

A. 用于是非问。例如：

（1）你去哝你的确是要去吧？

（2）佢不答应哝他的确是不同意吧？

（3）你把门关好着哝你确信把门关好了吧？

（4）你替我问一声哝你的确是要替我问一声吧？

上举例句去掉“哝”，为非疑问形式（用 W 来表示），“哝”负载疑问信息。

---

① 两个类别的划分存在困难。来源不明的单音节语气词到底是单纯语气词还是合音语气词无从判断，只好归单纯语气词处理。

用“咴”构成的是非问句，问话人在发问之前对所问情况已经有所了解，如“你去咴？”通常说话人知道对方“要去”，但还需要通过再次询问来核实一下，这类问句都是预期听话人作出肯定的回答。

“W＋咴”是非问句，谓语动词前通常用表“核实、确认”的语气的副词“总”（“总”表“核实、确认”的语气，详见第三章第十节“一”），这时“咴”追问的语气更明显。例如：

（5）你总吃着了药咴？

（6）佢总冇没有骂你咴？

B. 用于正反问句“VP 不”和“VP 冇”之后，表“深究、追问”的语气。例如：

（7）你去不咴？

（8）你去冇咴？

（9）你懂不咴？

（10）你懂冇咴？

（11）你会煮饭不咴？

（12）你煮饭冇咴？

（13）你去困睡觉不咴？

（14）伢孩子去困睡觉冇咴？

这些句子去掉句末的“咴”仍能成立，但“VP 不”和“VP 冇”一般用于初次询问，用“咴”通常是再次询问，在原来的疑问语气的基础上增加了追问语气。如例（7）去掉“咴”是询问听话人“是否愿意去”，加上“咴”后则通常是再次询问听话人“是否愿意去”，以期获得明确的、确定无疑的回答。例（7）是询问未然的动作，例（8）是询问已然的动作，二者的差别实际是“VP 不”和“VP 冇”的差别（“VP 不”和“VP 冇”的差别详见第十三章第一节“一”）。

例（7）、（8）的谓语动词是动作性强的自主动词，句子的主语为第二人称代词，这样的句子既可以询问，又可以敦促、命令听话人做某事。到底是询问还是祈使，要依语境而定。如例（7），当说话人不太确定听话人“是否愿意去”时，句子为是非问句；当说话人认为听话人“还没有去”时，则为敦促、命令的祈使句。再如例（8），当说话人不太确定听话人“是否去了”时，句子为是非问句；当说话人认为听话人“还没有去”时，则为祈使句。①

① 详见第十三章第二节。

C. 用于特指问句后。例如：

（15）你几乎子什么时候去哝？

（16）你有么事什么事哝？

（17）你问哪个谁哝？

（18）你从哪里走哝？

（19）这个事若何做哝？

（20）你有几多多少钱哝？

（21）你家哥哥呢哝？

（22）我里的书呢哝？

这些句子通常也是用于再次询问的语境，以期获得明确、准确的回答。如例（15）的使用语境通常是：此前，问话人已经问过类似的话题，但没有获得明确的回答，或者对对方态度不太明白或不太确信，因而要再次询问，希望听话人明确给出“去的时间”。余例类推。例（15）—（20），“哝”用于一般特指问句后，例（21）、（22），“哝”是用于询问处所的“N＋呢”特指问句后。

D. 用于选择问句后项末尾，通常也是用于再次询问的语境，以期获得明确、准确的回答。例如：

（23）你是要也，还是不要哝？

（24）你吃饭也，还是吃面哝？

E. 用于反问句，加强反问语气。可用于有疑问词的反问句后，如：

（25）我在你那里住，哪里方便哝？

（26）我有么事什么值得你喜欢哝？

（27）哪个谁瞧得佢起看得起他哝？

（28）佢晓得个么事什么哝？

（29）我若何怎么舍得哝？

（30）我哪里对不住你哝？

（31）我几乎子什么时候不喜欢你哝？

例（25）—（29）是用肯定的形式表否定的内容，例（30）、（31）是用否定的形式表肯定的内容。

也可用于“VP 不是”形式的反诘问句后，例如：

（32）你不晓得我忙不是哝？

（33）我还求佢不是哝？

（34）你做个么事什么在不是唻你做了什么事呢？

（35）我哪里做错着了不是唻？

（36）哪个喜欢你不是唻？

F. 用于“VP 不是”的回声问后。“回声问（echoquestion）通常是说话人没听清楚对方的话而就此提出的问句，结构上与前面说话人的句子有明显联系，在很大程度上重复了对方的话。”（刘丹青，2005）这类回声问本来就带有反问语气，“唻”有加强反问语气的作用：

（37）我问着佢在问了她了。

——你问着佢在不是唻你问了她吗？

（38）佢回来着了。

——佢回来着不是唻？

（39）我不走在。

——你不走不是唻？

（40）佢叫我去，我有答应同意、应允。

——你有答应不是唻？

（二）用于感叹句。“唻”的作用是加强赞叹、喜爱等感情。例如：

（41）这个伢儿这个孩子伶醒不唻真聪明！

（42）这个伢儿长得才得人痛不唻这个孩子长得真可爱！

（43）佢对你几多好唻！

（44）佢原先几多齐整唻她原来多漂亮！

（45）我几喜欢你唻！

这些句子谓语部分都包含有表程度的形容词或副词，如上举“伶醒聪明”、“好”、“才”、“几”等。“唻”表感叹的用法不是很普遍，且很受限制，主要用于“VP 不”格式的问句以及含有副词“几多么”的句子后。这些带“唻”的句子还有希望听话人附和、回应的意味，这种意义跟用于疑问句的“唻”相通。

（三）用于祈使句句尾。可分为两类：一类“唻”表示警告、威胁、恫吓的语气。例如：

（46）你二回莫听话唻你下次要听话。

（47）你只莫回来唻你回来。

（48）你去下看你去一下试试唻，我打断你里的腿。

（49）你骂下看你骂一下试试唻。

"莫"是用于祈使句的否定副词，相当于普通话的"别"。但例（46）、（47）是正意反说，即用否定形式表肯定内容，这类句子命令、祈使的语气要比不用"莫"的肯定形式强得多。（"莫"详见第十五章第三节"四"）

另一类"哝"表示敦促、请求、命令的语气，例如：

（50）你去哝。

（51）你答应同意、应允佢哝。

（52）你把衣裳洗脱哝。

例（50）—（52）是用疑问句的形式表示祈使。疑问句在无须作出回答或答案已明确的语境下，听话人能够了解说话人语用意图，从而判断这是说话人发出要他实施动作行为的指令。

综上所述，"哝"的基本作用是用于疑问句句末，表"深究、追问"的语气，表祈使和表感叹的"哝"当是由表疑问的"哝"过来的。

"哝"的来源不明。

二　吧$_1$［·pɐ］

宿松话的"吧"可分为"吧$_1$"和"吧$_2$"。用于祈使句时，"吧$_1$"表示提议和祈求语气，"吧$_2$"表示警告、威胁、命令的语气，二者有不同的来源。这里讨论"吧$_1$"，"吧$_2$"详下。

"吧$_1$"主要用于是非问句、祈使句和意志句，还可用于句中表停顿。

（一）用于是非问句，表测度语气

（1）你去吧？

（2）你是刘医生吧？

（3）佢洗脱衣裳在了吧？

（4）你有三个儿子吧？

（5）我舞里菜做的菜不好吃吧？

（6）你不认得佢吧？

（7）哥哥冇回来吧？

"吧$_1$"用于是非问句表示说话人信中有疑，如"你去吧？"是说话人认为对方"可能要去"，但还不太确定，因而要证实一下。

（二）用于祈使句

"吧$_1$"用于祈使句和意志句，表示提议和祈求语气，例如：

（8）你去吧。

（9）你歇休息一会吧。

（10）你借滴点钱在给我吧。

（11）你吃滴一点吧。

（12）那个事我几我们明朝再讲吧。

（13）我走吧。

（14）我把钱送在给佢吧。

这些句子的“吧”都带有说话人探测、征询听话人意愿的意味，因而隐含表测度语气的意义。

（三）用于句中表停顿

（15）你一如果骂佢吧，佢又哭哭兮兮里；不骂佢吧，佢就戏里忘煞着你要是骂她吧，她又哭得可怜；不骂她吧，她就玩得忘记了一切。（哭哭兮兮：哭得可怜的样子）

（16）我出门吧，家里不好，不出门吧，又冇得钱用得又没有钱用。

（17）讲个不好听里话吧，你自己又不是那里作家说个不好听的话吧，你自己又不是那么乖巧、贤惠。

宿松方言的“吧$_1$”跟普通话的表测度语气的“吧”表示的意义大体相同，二者都可用于疑问句和非疑问句。“‘吧’就是一个处于‘中间状态’的语气词，它介乎疑问语气和非疑问语气之间，是一个表示‘疑信之间语气’的语气词……当带‘吧’的句子受某种语境的制约，作为疑问句出现时，句子的语气‘疑多于信’，这时‘吧’就起着负载疑问信息的作用；当带‘吧’的句子受某种语境的制约，作为非疑问句出现时，句子的语气就‘信多于疑’，这时‘吧’就侧重表示测度或祈使的语气。”（陆俭明，1984）宿松方言的“吧”正是这样一个介于“信疑之间”的语气词，跟普通话的“吧”应有共同的来源。“吧”即历史上的语气词“罢”，清代写作“吧”（孙锡信，1999：163—164）。据向熹（1993：475—476），语气词“罢”起先表示祈求和提议的语气，这种语气再缓和一点，就引申出表疑问语气的用法了。

三 呢［·ni］

（一）用法

宿松方言中，“呢”兼有表叙实和表疑问两种用法。表叙实的记作“呢$_1$”，表疑问的记作“呢$_2$”。

1. 呢$_1$

“呢$_1$”用于叙述句，例如：

（1）佢原先冇得屋住他原来没有房子住，还住过我家屋呢。

（2）你还替佢打过毛线衣呢你还替他织过毛衣呢。

（3）我家伯伯寻找我借钱，我都冇有没有答应同意、应允佢呢。

“呢”用于叙述句并不普遍，句中往往要有语气副词“还”、“都”等，“呢”前面都是表示一种已然的事实或事理，“呢”的作用是唤起对这种事实或事理加以注意。

“呢$_1$”用于句中停顿。可用于假设分句句尾，例如：

（4）那个钱你一是如果要用呢，就跟我讲一声。

（5）你一如果还骂佢呢，我就打你。

（6）你原先一如果不走呢，将也发着财在现在也发财了。

（7）你一讲起这个事呢，我就一肚子气。

也可以用于主语后表停顿：

（8）这个事呢，你还是要跟佢讲下子一下。

（9）佢这个人呢，就是太老实着了。

2. 呢$_2$

A. 用于特指问句

“呢$_2$”用于特指问句有两种用法。

（一）用于不出现疑问词的特殊的特指问，可以直接用在名词性成分后询问处所，如例（10）、（11）；用于承前问，询问怎么样，如例（12）、（13）：

（10）我里的书呢？

（11）姆妈妈妈呢？

（12）你身体还好不？

——还好，你侬你呢？

（13）这一双鞋是哪个里个谁的？

——我里个我的。

——那一双呢？

还可用于假设问句，询问解决问题的方式或途径，一般要与表示假设的“一”或“一是”共现，这些句子后，都可以补出与“怎么样”、“怎么办”意义相当的话。例如：

（14）你家姐姐今朝肯定不回来。

——佢一回来呢她要是回来呢？

（15）你今年肯定考不上大学。

——我一要是考得上呢？

（16）叫你家哥哥跟我一路一起去哒。（“哒”是表祈劝的语气词）

——哦，佢一是要是不答应同意、应允呢？

（二）用于有疑问词的特指问句：

（17）我里的那个衣裳搁在哪里在了呢？

（18）猪跑在哪去着呢？

（19）到车站若何怎么走呢？

（20）哪一个把我家锄头搞拿去着了呢？

例（17）—（20）有自言自语的意味，以便让自己思考，因此，可用在无听话人的场合；如果语境中有听话人，听话人也不必作答。“呢”的这种用法是新派的说法，老派不大用，估计是受共同语影响的结果。

B. 用于反问句

“呢”用于反诘问句，语气很生硬，带有质问的口气。例如：

（21）我有个么事在你讲呢我有什么给你说呢？

（22）我叫你不要去，你若为什么不听呢？

例（21）、（22）去掉“呢”，句子仍为反诘问句，但语气不及用“呢”强烈。

（二）来源

宿松方言的“呢”应该是近代汉语语气词“呢”的继承。“呢”在历史上就是表叙实和表疑问两用。向熹（1993：469—470）将汉语史上传疑的“呢”归为四类。（一）用于特指问句，如例（23）；（二）用于选择问句或反复问句，如例（24）、（25）；（三）用于名词或名词性词组后，询问处所或状况，如例（26）；（四）用于假设问句，如例（27）。

（23）我有甚么呢？（元无名氏：《刘弘嫁婢》第一折）

（24）姑娘到是和我拌嘴，是和二爷拌嘴呢？（《红楼梦》第31回）

（25）到底是要他呢，还是不要他呢？（《儿女英雄传》第23回）

（26）正旦云：“哥哥，那第三个孩儿呢？”（关汉卿：《蝴蝶梦》第三折）

（27）小军云：“元帅，假似不放他过来，他打我呢？”杨景云：“你也打他。”小军云：“假似骂我呢？”杨景云：“你也骂他。”（元无名氏：《昊天塔》第二折）

宿松方言中，表疑问的“呢$_2$”最明显的是跟上述第三、第四种用法相同。

向书将表叙实的“呢”归为三类。（一）用在陈述句末尾，表示强调或夸张，如例（28）;（二）用在陈述句句尾，表示动作或情况的正在继续，如例（29）;（三）用在句中表示停顿，如例（30）：

（28）此计也就毒的狠呢。（《三侠五义》第43回）

（29）凤姐道："我这里陪客呢，晚上再回来。"（《红楼梦》第6回）

（30）要是白来逛逛呢便罢，有什么说的，只管告诉二奶奶。（《红楼梦》第6回）

表叙实的"呢1"与上述第一和第三种用法也大致相当。据江蓝生（1986），元杂剧中，"呢"主要用于"N＋呢"的疑问句和假设问句。"呢"用于选择问句表疑问，以及用于非疑问句表动作或情况正在继续都出现得很晚，清代才见用例。宿松方言的"呢"也没有这两种用法。

四　也［·e］/［·æ］

（一）用法

语气词"也"既可用于疑问句，又可用于非疑问句。"也"用于疑问句读［·æ］;用于陈述句一般读［·e］;用于祈使句、感叹句读［·e］或［·æ］。"也"跟其前音节的尾音连读形成不同的语音形式。具体情况是：在"a、æ"后要在其前增加一个［l］音，在其他非入声音节后增加一个与其尾音同部位的音，在入声字后，则以入声韵尾的前一个音素为基准发生变读（入声韵尾［ʔ］舍弃），变读规律与非入声字相同，如表7-1所示（"也"的两种读音变读规律一样，举［·e］以赅［·æ］）：

表7-1　"也"［·e］与其前音节的尾音形成的变读规律表

音节的尾音	a、æ	ɿ	ʅ	ɭ	i	.ʮ	u、o	n（on韵除外）	ŋ、n（限on韵）
也［·e］	le	ɿe	ʅe	ɭe	ie	ʮe	ue	ne	ŋe

1.“也”用于陈述句，表申明、肯定的语气，口气委婉、客气。例如：

（1）我是宿松人也。

（2）佢他有八十岁也。

（3）你这样做是把气在我受让我受气也。

（4）我没有看倒看见佢也。

（5）这个伢孩子不晓得事不懂事也。

（6）我明朝要到县里去也。

（7）我走也。

（8）要落雨下雨也。

（9）茶倒倒倒好在也。

（10）你吃饭嘿？（“嘿”表是非问的语气词，详见第七章第二节“二”）
——吃脱在吃了也。

（11）我家哥哥回来着了也。

（12）桃子红着了也。

例（1）—（5），“也”是申明某一表静止性事实或状态，例（6）—（8）是申明将要出现一个什么情况或状况，例（9）—（12）是对事态出现的变化加以确认、申明，“也”本身不表事态出现变化的意义，宿松方言中，表事态出现变化的意义是用事态助词“在”或“着”，去掉“在”或“着”，句子表事态出现变化的信息便消失了。

2.“也”用于疑问句。

A. 用于选择问句，一般是前项用，后项可用可不用。用于前项时，“也”表示停顿，用于后项时有舒缓语气，使语气温和的作用，这类用法的“也”通常读［·æ］。例如：

（13）肉是炒里吃也，还是打汤也肉是炒着吃，还是打汤？

（14）你吃饭也，还是吃面也？

（15）你去也，还是不去也？

（16）那个书是你送在佢也，还是我送在佢那个书是你送给他，还是我送给他也？

B. 用于是非问，例如：

（17）你去也？

（18）佢要走也？

（19）衣裳洗脱着衣服洗了也？

（20）你吃脱了饭在了也？

（21）佢还不起来起床也？

（22）你还冇没有洗脱完也？

这类问话的语用目的是要表示礼貌，表示对人的关心，因此，这类问句是期待肯定回答的。听话人的回答同样是出于礼貌。“也”带有舒缓语气，使语气温和的作用。

C.“也”用于特指问，可分为两类，一类是向人发问，如：

（23）这个菜若何怎么舞做也？

（24）我几我们几乎子什么时候走也？

（25）这是哪一个里衣裳谁的衣服也？

（26）你有么事什么事也？

（27）你看倒哪个在也你看见谁了？

（28）你从哪里走也？

（29）姆妈妈妈呢也？

例（23）—（28）都有疑问代词，例（29）“也”用于“N＋呢”疑问句后。这类句子用不用“也”表示的意义基本相同，用“也”带有舒缓语气，使语气温和的作用。

一类“也”是向自己发问，例如：

（30）我里的那个衣裳搁在哪里在了也？

（31）到车站若何怎么走也？

（32）哪一个把我家锄头搞拿去着了也？

（33）这些菜籽如何怎么冇有没有生发芽也？

（34）这是么乎子什么时候里的菜也？

（35）我里的那一双鞋呢也？

说话人自己问自己，以便让自己寻思，可用在无听话人的场合；如果有听话人，也不要求听话人回答，但有引起听话人对所言事件加以关注的意味。这类“也”也可用于“N＋呢”问句后，如例（35）。

D.“也”用于反问句之后，有加强反问语气的作用。可用于有疑问词的反诘问句，如例（36）—（42）；也可用于没有疑问词的反诘问句，如例（43）—（47）。

（36）我在你那里住，哪里方便也？

（37）我有么事什么值得你喜欢也？

（38）哪个谁瞧得佢起看得起他也？

（39）佢晓得个么事什么也？

（40）佢输脱那多钱输掉了那么多钱，我若何怎么舍得也？

（41）我哪里对不住你也？

（42）我几乎子什么时候不喜欢你也？

例（36）—（40）是用肯定的形式表否定的内容，例（41）、（42）是用否定的形式表肯定的内容。

（43）佢成绩那里那么好，老师还骂佢也老师还骂他吗？

（44）你这样做像话也？

（45）你在背后那里那样讲说我，对得住我也？

（46）你这个样子，做得事成也？

（47）你舍得把给钱在给佢也？

3.“也”用于祈使句，既可以读[e]，又可以的[æ]，表意上没有什么差别。例如：

（48）你去也。

（49）把衣裳洗下一下也。

（50）你莫受气别生气也。

（51）你莫把在佢哄倒在你别被他骗了也。

这类句子去掉“也”仍为祈使句，用“也”口气温和。“也”仍是表申明己意的语气，即是通过说话人申明自己的看法来达到祈使的目的，因此，它跟用于陈述句的“也”是一脉相承的。

4. 用于感叹句，既可以读［e］，又可以读［æ］，表意上没有什么差别。例如：

（52）日子过得真快也。

（53）那个老人家才通达通情达理也。

（54）佢家好得不得了好得很也。

这些句子一般都有表程度的成分。或是表程度的副词“真”或“才”，如例（52）、（53）；或是表程度深的述补结构，如例（54）。去掉“也”句子仍表感叹，但用“也”有加强感叹的作用。这种加强感叹的作用是通过“也”表申明、肯定的语气来实现的，用于感叹句的“也”跟用于陈述句的“也”也是相通的。

5. 用于句中表停顿，既可以读［e］，又可以读［æ］。例（55）“也”用在称呼句后，例（56）“也”用于重复的称呼语之间，例（57）为“VP也—neg—VP”格式的正反问句，例（58）“也”用于选择问句的前一个分句句尾：

（55）姆妈也，我家猪跑出来着了。

（56）妹也妹哦，今朝回去我要把你死打一顿。

（57）你去也不去啵？｜你吃也冇吃？

（58）是你去也，还是我去？｜你走也，还是不走？

（二）来源

作为语气词，“也”的用法在历史上发生过很多变化。上古汉语的“也”

字主要用于判断句，“表静止性的事实”；“矣”字用于“表变动性的事实”。[①]随着系词“是”的普遍使用，“也”字帮助判断的用法逐渐萎缩，大约在南北朝时期完全从口语中退出。魏晋以后，“也”的使用范围逐渐扩大到用于表变动性的事实，呈现替代“矣”的趋势（孙锡信，1999：31—32）。我们把这类“也”称为“也$_1$”。

魏晋南北朝时期，“也”还出现了表肯定、强调所陈述事实确实如此的语气，孙锡信（1999）认为，这种用法的“也”由表示判断、论断的“也”发展而来。例如：

（59）君家不宜畜此婢，可于东南二十里卖之，慎勿争价，则此妖可除也。（《搜神记·郭璞》）

（60）我等诸师和上相承已来，未见汉道人来到此也。（《法显传·拘萨罗过舍卫城》）

这种表肯定、强调语气的“也”我们称为“也$_2$”。宿松方言表申明、确定语气的“也”跟“也$_2$”相近，而跟“也$_1$”相距较远。

从文献反映的情况看，“也$_1$”和“也$_2$”消退的时间不尽相同。表事态出现变化的“也$_1$”大约明代便开始消退，逐渐被“了”取而代之了（黄晓雪，2002）。而表申明、肯定语气的“也”还有不少地方继续使用。宿松方言承继的是“也”表申明、肯定语气用法，而表事态出现变化的意义则用“在”或“着”表示。《现代汉语八百词》（1999：351）对“了$_2$”的解释是“用在句末，主要肯定事态出现了变化或即将出现变化，有成句的作用”。宿松方言中，事态助词“在”和“也”合起来表示的意义大致相当于普通话的“了$_2$”，即“肯定”的语气由“也”来承担，表事态出现变化的意义则由事态助词“在”或“着”来承担。因此，从这种意义说，宿松方言的“在也”或“着也”合起来大致相当于普通话的“了$_2$”。当然，事态助词“在”、“着”后并非必用“也”不可，只是用“也”时，肯定、申明的语气要强。

关于“也”在疑问句的用法，孙锡信（1999：30）说：“‘也’从上古起就可用于疑问句和反诘句中，中古时的变化是“也”不只用于询问人、事、物的特指问句中，还广泛用于是非问句，甚至测度问句中。”例如：

（61）汝邻比何人也？（《搜神记·费孝先》）

---

① 吕叔湘：《中国文法要略》，《吕叔湘文集》第1卷，第274页。吕先生的这个话是在解释“也”、“矣”两字的区别时说的。他认为这两个字的本质区别，是“‘矣’字表变动性的事实，‘也’表静止性的事实”。

（62）又曰："君疑我也？"（《搜神记·戴文谋》）

（63）广陵王曰："岂以狮子而罪人也？"（《洛阳伽蓝记·宣阳门》）

（64）主人妻夜产，俄而闻车马之声，相问曰："男也？女也？"（《搜神记·魏舒》）

例（61）"也"用于特指问句，例（62）用于是非问句，例（63）用于反问句，例（64）用于选择问句。

元代，"也"在中古时期出现的这些用法继续沿用。据李崇兴（2008），"也"在元代除了用于叙述句和疑问句外，还有用于祈使句、感叹句、称呼句的。例如：

（65）你休吃酒也，恐酒后疏狂。（《拜月亭》第一折［金盏儿］白）

（66）哥哥，你醒也！（《替杀妻》第二折［滚绣球］白）

（67）马也，你空叫，咱空闹。（《任风子》第四折［雁儿落］）

（68）儿也，咱两个义绝恩断在这垛。（《小张屠》第二折［秃厮儿］）

（69）关某暗想，日月好疾也！（《单刀会》第三折白）

（70）苦也！苦也！（《汗衫记》第二折［耍三台］夹白）

例（65）、（66）用于祈使句；例（67）、（68）用于称呼句；例（69）、（70）用于感叹句。李先生认为，祈使句是申明己意，要求听话人做什么或不做什么，所以，用于祈使句的"也"跟用于叙述句表申明或决定语气的"也"是相通的。我们认为，用于感叹句的"也"也是由用于叙述句表判断或申明己意的"也"引申过来的，其基本意义都是表申明、肯定的语气。

综上所述，宿松方言的"也"跟历史上表申明、肯定语气的"也"在意义和功能上基本对应。从语音看，宿松方言中"也"作副词声韵为［ia］，据钟兆华（1997），"也"在元明时期有［ie］、［ia］两读，由于语音的弱化，作语气词读作［e］或［æ］符合音变的规律。

普通话里面不再用语气词"也"，但它还保留在某些方言中。有的方言，"也"跟别的语气词连用，形成合音形式，刘勋宁（1985）指出，陕西清涧等地方言相当于北京话"了$_2$"的句尾"了"为"了也"的合音。这种合音形式也可以看作"也"在方言中的痕迹。

五 啊［·ɑ］

（一）用法

"啊"可分为四项讨论；（一）用于祈使句、疑问句、陈述句，表命令、吩咐、辩解等语气，记作“啊$_1$”；（二）用于感叹句，表感叹语气，记作“啊$_2$”；（三）用于句中，表示停顿，记作“啊$_3$”；（四）用于祈使句或意志句表商量语气，记作“啊$_4$”。前三类“啊”跟其前音节的尾音连读形成不同的语音形式，其变读规律跟“也”相同，如表 7–2 所示：

表 7–2　　阿［·ɑ］的变读规律表

音节的尾音	a、æ	ɿ	ʅ	ɭ	i	.ɥ	u、o	n（on韵除外）	ŋ、n（限on韵）
啊［·ɑ］	lɑ	ɿɑ	ʅɑ	ɭɑ	iɑ	ɥɑ	uɑ	nɑ	ŋɑ

“啊$_4$”跟其前音节不连读，读音不发生变化。

1.“啊$_1$”的用法

A. 用于祈使句，表示吩咐、命令等语气，口气较生硬。此类句子往往施于长辈对晚辈、上级对下级；或者关系很密切的人之间。例如：

（1）你侬不要把气在姆妈受啊你不要让妈妈受气啊！

（2）你把衣裳洗脱掉啊！

（3）你二回下次要记得啊！

（4）你要用滴用一点心啊！

（5）莫别骂佢啊！

（6）你去啊！

B. 用于疑问句。可用于特指问句、选择问句、反诘问句。例如：

（7）你几乎子什么时候去啊？

（8）你有么事什么事啊？

（9）你问哪个谁啊？

（10）我从哪里走啊？

（11）这个事若何怎么做啊？

（12）你家哥哥呢啊？

例（7）—（11）中，“啊”用于一般的特指问句后，例（12）的“啊”是用于询问处所的“N＋呢”的特指问句后。

（13）你是要也，还是不要啊？

（14）你吃饭也，还是吃面啊？

上面的句子去掉“啊”仍然为问句，但用“啊”口气直切，往往用于长辈对晚辈、上级对下级，或者关系很密切的人之间。

用于反问句之后，这些句子一般有疑问代词，例如：

（15）我么事求着你在我什么事求过你啊？

（16）你那个样子，哪个谁瞧得你起看得起你啊？

（17）佢输脱那多钱输掉了那么多钱，我若何怎么舍得啊？

（18）我哪里对不住你啊？

（19）哪个谁冇有没有对你讲啊？

这些句中去掉“啊”仍为反问句，但用上“啊”后口气变得生硬，甚至带有违逆或顶撞的意味。

另外，“啊$_1$”还可用于“VP 不是”、“VP 不”和“VP 冇”格式的问句后，并与“不是”、“不”、“冇”相融合，分别形成合音形式的语气词“不吵”[·pu·ʃɑ]、“吧$_2$”[·pɑ]、“嘛”[·mɑ]。详见下文。

C.“啊$_1$”用于陈述句，申明意志或事实的存在，口气直切，甚至生硬。例如：

（20）我走啊我要走了。

（21）我把这个钱用脱佢我把这个钱用掉啊。

（22）菜洗着在菜洗好了啊。

（23）我冇打佢我没有打他啊。

（24）是你先骂起来里个是你先骂起来的啊。

（25）你去末？

——去着了啊。

（26）你吃饭嘛？

——吃着了啊。

“啊”都可以用“也”替换，但用“也”语气要舒缓、温和。

2.“啊$_2$”表感叹语气，例如：

（27）我把在佢气得要死我被他气死了啊！

（28）街上好闹热热闹啊！

（29）那个衣裳才好好看啊！

（30）这个伢长得真得人痛这个孩子长得真可爱啊！

例（27）去掉“啊”，句子的主要功能是表陈述，表感叹的语气很弱，但用上“啊”感叹语气就很强了。例（28）—（30）去掉“啊”句子仍为感叹句，但用上“啊”感叹语气大大增强。“啊$_2$”也可以用“也”替换，但用“也”感叹语气要弱很多。

3.“啊$_3$”用以表示停顿，例如：

A. 用在呼语后，例如：

（31）伢啊，你若何这那里命苦你怎么这么命苦哦！

（32）天啊，你也落滴雨你也下点雨唻！

（33）姆妈妈妈啊，我家猪跑出来着了也。

这里的“啊”要读得延宕作势。“也”和“啊”都可用于称呼语后，但“啊”是通过呼唤来抒发言说者较强的情感，而“也”则仅仅用以称呼，因此例（31）、（32）的“啊”通常不能用“也”替换，除非仅仅是用于称呼，如例（32）用于祷告的语境时，则可换成“也”；例（33）可用“也”替换，但用“啊”带有惊讶、激动的感情。

B. 用于句中停顿处，例如：

（34）佢一考得大学起啊，你把我里名字倒挂他如果考得上大学啊，你把我的名字倒着挂。（“名字倒挂”是赌咒的话）

（35）我家女一看伢在啊，我把佢服伺得好好里我女儿要是生了孩子啊，我把她伺候得好好的。

（36）你那乎子一用滴心啊，也考得大学起。

（37）你一讲起这个事啊，我真是一肚子气。

（38）佢这个人啊，好是好，就是个怪脾气。

（39）这个生意啊，赚钱是赚钱，就是要大本钱。

例（34）—（37）的“啊”用于假设分句句尾表停顿，例（38）、（39）的“啊”用于话题主语后。这些句子的“啊”都不能用“也”替换，但可用“呢$_1$”替换。用“啊”语气要重一些，有特意强调其前分句或话题的作用，用“呢”则语气柔和一些。

C. 用于列举，例如：

（40）今朝有好多亲戚来吃饭，娘娘姑姑啊、母母舅舅啊、大姨啊……

4.“啊$_4$”用于祈使句和意志句句末，表商量、征询语气，口气比“啊$_1$”要委婉、客气。例如：

（41）你把碗洗下一下啊。

（42）你招呼下伢你照看一下孩子啊。

（43）我走啊。

“啊$_4$”与“啊$_1$”、“也”表祈使的强度不同。例（41）是以商量的语气请求听话人“洗碗”，祈使强度要弱得多，如果把这个“啊”换成“啊$_1$”，则是以命令的口气指使听话人“洗碗”，祈使强度很强，如果换成“也”，则是通过申明己意的方式来表指令，祈使强度不及“啊$_1$”但较“啊$_4$”强。例（43）是意志句[①]，是说话人用征询、商量的口气申明己意，如果把这个“啊$_4$”换成“啊$_1$”[如例（20）]，则是直接申明己意，口气直切，甚至生硬，如果把“啊$_4$”换成“也”，则是以客气、温和的口气申明己意，因此，用“啊$_4$”就显得很尊重对方。

（二）来源

宿松方言的“啊”应有多个来源，跟近代汉语时期的“呵”有关联。据孙锡信（1999），普通话“啊”的前身是“呵”和“阿”，宋代写作“呵”，元代写作“阿”，写作“啊”是清代的事。宋元时期，“呵”有句末和句中两类用法，句末的“呵”主要表祈使和感叹，例如：

（44）功名事，到头须在，休用忙呵。（杨无咎：《多丽》词）

（45）礼数不周休怪呵！（《董西厢》）

（46）似恁低，人怪憔悴，甘心总为伊呵。（谭意哥：《长相思令》词）

（47）好命薄呵！（《元刊·竹叶舟》第1折）

例（44）、（45）“呵”表祈使，例（46）、（47）表感叹。

“呵”的句中用法主要表示句中间歇［如例（48）、（49）］、表示假设［如例（50）］和表示呼唤［如例（51）、（52）］：

（48）今宵拼醉眠呵，夜香闻早添金凤。（赵长卿：《踏莎行》）

（49）金印将来归去呵，红日看看西下落。（《刘知远诸宫调》）

（50）若是这般呵，功名成就多时了。（《元曲选·谢天香》）

（51）天呵！严霜偏杀无根草。（《元刊·赵氏孤儿》第三折）

（52）男儿呵，如今俺父亲将我去也，你好生的觑当你身起！（《拜月亭》第二折［哭皇天］夹白）

宿松方言“啊”兼有近代汉语语气词“呵”的句末用法和句中用法两种功能。“呵”的句末用法和句中用法各有来源。位于句末的“呵”的前身是“好”，位于句中的“呵”的前身是“后”。“‘好’与‘后’有所不同，‘好’一般用于句末，‘后’一般用于句中；‘好’主要表示感叹或祈使的语气，而‘后’表示语气的停顿、间歇。”（孙锡信，1999：114）宿松方言保留有宋元时期“呵”表感叹的用法，即“啊$_2$”；同时也保留表祈使的“呵”

---

① 我们把例（43）看作意志句，而把例（20）看作陈述句，是因为“啊$_4$”不能用于叙述已然事件的句子中，如不能说“我把衣裳洗脱在啊$_4$”，只能用于申明言说者意志，“啊$_1$”没有这个限制。

的用法，这种用法的“呵”当跟宿松方言表商量、征询语气“啊$_4$”意义用法相近，而跟表吩咐、命令，口气生硬的“啊$_1$”相距较远。[①]表祈使的“啊$_1$”是宿松方言自身发展出来的，但来源不明。宿松方言用于句中的“啊$_3$”跟近代汉语句中的“呵”的用法和意义大致相同，二者应有渊源关系。

六 哦[·o]

根据“哦”是否跟它前面音节的尾音连读以及表意的不同，我们将“哦”分为“哦$_1$”和“哦$_2$”。“哦$_1$”跟其前音节的尾音连读，主要表申明、提醒语气；“哦$_2$”跟其前音节不连读，表希望得到听话人的认同、回应、应允的语气。

（一）哦$_1$

“哦$_1$”跟其前音节的尾音连读，形成不同的语音形式，如表 7–3 所示：

表 7–3 “哦”与其前音节的尾音形成的变读规律表

音节的尾音	a、æ	ɿ	ʅ	ɭ	i	ɥ	u、o	n（on韵除外）	ŋ、n（限on韵）
哦[·o]	lo	ɿo	ʅo	ɭo	io	ɥo	uo	no	ŋo

“哦”既可用于疑问句，又可用于非疑问句。

1.“哦”用于叙述句，主要表示申明、提醒语气。例如：

（1）人老着，耳朵也聋着哦。

（2）张奶奶死脱在了哦。

（3）我心里不好过舒服哦。

（4）天变冷在了哦。

（5）落雨在哦。

（6）我走哦。

（7）妹早晨冇没有吃饭哦。

（8）要把伢儿孩子换衣裳哦。

例（1）—（3）只是一般地申明事实，不表提醒。例（4）—（8）可以既表申明，又表提醒，隐含着要听话人做或不做某事的意思。如例（4）是申明“天变冷了”这样一个事实，还可能有提醒听话人“多穿点衣服”之类的意思。

① 近代汉语用于句末的表祈使和感叹的“呵”也可用于疑问句，孙锡信（1999:123）认为，“呵”本身并不表疑问语气，它只是用于此类句子中。

2. 用于疑问句

A. 用于特指问，例如：

（9）你几乎子什么时候走哦？

（10）你今朝有么事什么事哦？

（11）我叫哪个谁去哦？

（12）你从哪里去搭车哦？

（13）这个菜若何舞里吃怎么做着吃哦？

（14）你要几多多少钱哦？

（15）我里的手表呢哦？

例（9）—（14）中，“哦”用于一般的特指问句后，例（15）“哦”用于询问处所的“N＋呢”的特指问句后。

B. 用于选择问句后项，例如：

（16）你是要也，还是不要哦？

（17）你吃饭也，还是吃面哦？

这些句子去掉“哦”仍为特指问句和选择问句，“哦”并不负载疑问信息，“哦”的作用是吸引听话人对所问情况加以关注，可见，这里的“哦”跟用于叙述句句末的“哦”是相通的。

C. 用于反问句，例如：

（18）你劳个么事你操劳什么哦？

（19）哪个谁瞧得佢起看得起他哦？

（20）佢输脱那多钱输掉了那么多钱，我若何怎么舍得哦？

（21）你哪里寻找、嫁不到那样一个人哦？

（22）佢么事什么事做不出来哦？

（23）哪个不想日子过好滴谁不想日子过好一点哦？

这些句子去掉“哦”仍为反问句，“哦”的作用也是让听话人关注所言情况。

另外，“哦”还可用于“VP不是”、“VP不”和“VP有”问句后，这种情况下“哦”与“不是”、“不”、“有”相融合，分别形成合音形式的“不嗦[·pu·ʃo]”、“啵[·po]”、“末[·mo]”。详下文。

3.“哦”用于祈使句句尾，表提醒、吩咐的语气，例如：

（24）你去哦。

（25）莫把伢冻病着别把孩子冻病了哦。

（26）你把衣裳洗脱了哦。

（27）吃饭哦。

（28）那个事你答应同意、应允佢哦。

（29）你问佢一声哦。

用于祈使句的“哦”跟用于叙述句的“哦”也是相通的，用于叙述句的“哦”隐含有提醒说话人注意所言情况的意思，用于祈使句的“哦”则是直接提醒某人做或别做某事。

4.“哦”用于感叹句，例如：

（30）今朝才热哦。

（31）那个老人家才通达通情达理哦。

（32）日子过得真快哦。

这些句子去掉“哦”仍然表感叹，用“哦”有申明事实或提醒听话人对所言情况加以注意的作用。

“哦”无论是用于叙述句，还是疑问句、祈使句、感叹句，基本作用只有一个，即表申明、提醒的语气。

（二）哦$_2$

“哦$_2$”不跟前一音节的尾音连读，表希望得到听话人的认同、回应、应允的语气。例如：

（33）你昨日到县里去着你昨天到县城去了哦。

（34）你今朝心下心里不舒服高兴哦。

（35）佢还怪你，你又不是冇跟佢讲哦他还怪你，你又不是没跟他说。

（36）姐姐一是来着在哦姐姐要是来了该有多好。

（37）我家一有好多钱是哦我家要是有很多钱该多好。

除用于叙述句外，“哦$_2$”还可用于特指问句、反问句、感叹句后。用于反问句的例：

（38）你哪里寻找、嫁不到那样个人哦？

（39）佢么事什么事做不出来哦？

（40）哪个不想日子过好滴谁不想日子过好一点哦？

（41）我哪哪里冇没有帮过佢不是哦？

用于特指问句末的例：

（42）这个衣裳若何做里个哦这个衣服是怎么做的？

（43）昨夜么乎子落里雨哦昨晚什么时候下的雨？

（44）这些人是哪里人哦？

（45）佢不晓得有几多多少钱哦？

（46）这是哪一个里衣裳这是谁的衣服哦？

例（42）—（46）"哦$_2$"往往是说话人以自言自语的方式发问的。"哦$_1$"也可用于特指问句后，但跟这类用法的"哦$_2$"有差别，前者往往是直接针对听话人发问，询问的语气较强。

用于感叹句后，例如：

（47）今朝才热哦！

（48）那个老人家才通达通情达理哦！

（49）日子过得真快哦！

例（47）—（49）的"哦"同样有希望得到听话人的认同、回应、应允的意思，去掉"哦"，这些句子的感叹语气并没有减弱。

七　哒［·ta］

"哒"主要用于陈述句和祈使句。

（一）用在陈述句句尾，表示申说。例如：

（1）家里冇得人，你到哪去着家里没有人，你去哪儿了？

——我送伢孩子到学堂里去着了哒。

（2）你煮饭冇？

——冇有没有，我也只将到家我也刚刚到家哒。

（3）你若只吃这那滴饭你怎么只吃这么一点饭？

——我将方吃着麵在我刚才吃了麵哒。

（4）昨日夜里里电影昨天晚上的电影不好看。

——我叫你不要去哒。

（5）这里还有一件衣裳冇没有洗哒。

（6）我只有三百块钱，还缺一百哒。

"哒"跟用于叙述句的"哦$_1$"、"也"不同："哒"表示说话人认为听话人应该了解所言情况，但并没有考虑到或没有注意到，因而加以申说提醒；用"哦$_1$"的语用目的也是提醒，但说话人根本不考虑听话人是否了解所言情况；"也"用以表肯定、申明。

（二）用于祈使句，表示命令、祈劝、敦促、请求，往往带有不耐烦的口气。例如：

（7）你让滴佢退让一点哒。

（8）莫哭别哭哒。

（9）你把碗洗脱掉哒。

（10）快滴点走哒。

（11）吃饭哒。

“哒”用于祈使句表示在说话人发出指令之前，听话人就该知道去实施指令，可见，这里的“哒”跟用于陈述句的“哒”是相通的，即都有说话人认为听话人应该知道的意思。

例（7）—（11）的“哒”都能用“也”或“哦$_1$”替换，但替换后语气意义有细微差别。用“也”的祈使句主要是申明己意，是说话人将自己的想法、观点通过指令要求听话人去执行；用“哦$_1$”的祈使句主要表提醒，是说话人提醒听话人要做某事或不做某事；用“哒”的祈使句是说话人认为听话人应该知道做某事或不做某事，本无须提醒，所以往往带有不耐烦的口气。

（三）“哒”还可以表列举，例如：

（12）姆妈妈妈，我家今朝有哪些亲戚来也？

——有母母舅舅哒、娘娘姑姑哒、表哥哒、表叔哒。

（13）你买些么事在你买了些什么？

——买着了鱼哒、肉哒、萝卜哒、白菜哒。

这类“哒”都能用“啊$_4$”替换，但用“哒”仍有说话人认为听话人应该知道的意思，用“啊”则只是一般性的列举。可见，这里的“哒”跟用于叙述句和祈使句的“哒”意义是相通的。

“哒”的来源不清楚，只能存疑。

八　是［·ʃʅ］

（一）用法

语气词“是”用于叙述句，表肯定的语气，带有对已然的事实或现行状况惋惜或不满的主观意义。这类叙述句只用作是非问句的答语。例如：

（1）这个椅子脱脱坏掉着了不噻？（“不噻”解见下文）

——脱脱着坏掉了是。

（2）妹又出去戏玩在了不噻？

——又出去戏玩在了是。

（3）姐姐还冇没有回来也？

——还冇没有回来是。

例（1）去掉“是”为客观叙述，用“是”在肯定“椅子坏掉了”这一事实时，还带有说话人惋惜或不满的主观意义。余例类推。

（二）来源

用于句末表肯定的语气词“是”应由用于谓语动词前表肯定的“是”（“是”要重读）移位而来。诱发“是”由句中位移至句末的机制当是受“VP 不是？”的影响。“不是”跟“是”句中的句法位置一致：

不是	是
这不是我里的书。	这是我里的书。
我不是去。[①]	我是去。
佢不是在看电视。	佢是在看电视。

这些用“不是”和“是”的例句都是申辩性的判断句。[②]“不是”既有句中用法，又有句末用法，而“是”只有句中用法，受“不是”句末用法的影响，“是”也可以进入句末位置，形成跟句末的“不是”对应的形式。语气词“不是”本由“是……不是”形式的正反问句末的否定词“不是”虚化而来的，句末的“不是”在宿松方言中有的是否定词，有的是语气词，“不是”处于句末是因为省掉了后面的成分（详见第十三章第二节）。

第二节 合成语气词和合音语气词

合成语气词和合音语气词有“吧 2”、“呗”、“啵”、“嘛”、“嘿”、“末”、“不吵”、“不噻”、“不嗦”、“吵”、“不哨”、“里个”等。以下分六组讨论：（一）“吧 2”、“呗”、“啵”，（二）“嘛”、“嘿”、“末”，（三）“不吵”、“不噻”、“不嗦”，（四）“吵”，（五）“不哨”，（六）“里个”。

一 吧$_2$ [·pa]、呗 [·pæ]、啵 [·po]

（一）吧$_2$

“吧$_2$”是“不”和“啊$_1$”的合音，用于是非问句和祈使句。

A. 用于是非问句，例如：

（1）你去吧？

（2）你把饭吃脱掉吧？

---

① 普通话没有“我不是去”的说法，宿松话有。

② 申辩性的判断句是申辩事物的是非。详见吕叔湘（1982:60—62）。

（3）我几我们到街上去吧？

（4）佢还勤快吧？

（5）那里冬下天冬天冷吧？

（6）今朝是星期四吧？

（7）佢在哭，你是骂着了佢在吧？

（8）你到这里来是有么事什么事吧？

（9）哪个晓得到那里若何如何去吧？

因“吧”是“VP 不”格式的疑问句中“不”和“啊 $_1$”的合音形式①，这类带“吧”的是非问跟“VP 不”格式的问句基本作用相同，即是全疑的、不带肯定倾向的询问，“吧”和“不”出现的句法环境也基本相同，所不同的是，“吧 $_2$”在“VP 不”格式意义的基础上叠加了“啊 $_1$”的语气意义，“吧 $_2$”跟“啊 $_1$”语气意义相同，即口气直切，往往用于长辈对于晚辈、上级对下级，或者关系很密切的人之间。

B.“吧”用于祈使句。表示警告、威胁、命令的语气，多用于训斥、教训人的场合。例如：

（10）你走吧！

（11）你二回下次还偷人家东西吧！

（12）你还撒谎撒谎吧！

（13）你二回下次听话吧！

例（11）、（12）中，“吧”前面是表消极意义的、贬义的成分。例（11）意思是：你下次如还偷人家东西，我对你就如何如何，这是警告、威胁听话人“下次不要偷人家的东西”。例（12）类推。“吧 $_2$”跟“VP 不”式祈使句中的“不”基本相同②，不同的是，“吧 $_2$”较“不”的祈使强度强，声音要响亮。“吧 $_2$”的这种不同也是由构成合音的“啊 $_1$”带来的。

“吧 $_1$”和“吧 $_2$”读音不同，“吧 $_1$”读［·pə］，“吧 $_2$”读［·pɑ］，且语法功能和语气意义有别，一个最简单的判别标准是：由于“吧 $_2$”是“不”和“啊 $_1$”的合音，“吧 $_2$”可以用表疑问和祈使的“VP 不”中的“不”替换，“吧 $_1$”则不能。具体表现在以下两方面。

（一）用于疑问句时，“吧 $_1$”的语气介于“信疑之间”，有肯定性倾向，“吧 $_2$”表纯粹疑问，且口气比“吧 $_1$”直切、生硬。例如：

---

① 句末用“不”、“冇”构成的“VP 不”、“VP 冇”格式的疑问句详见第十三章第一节。

② 句末用“不”、“冇”构成的祈使句详见第十四章第二节。

（14）你坐一会吧？

（15）你吃烟抽烟吧？

这两例的“吧”既可以读“吧$_1$”，又可以读“吧$_2$”。用“吧$_1$”时，是表测度语气，如例（14）是表说话人推测“你大概会坐一会儿”，但还不确定，因而用“吧$_1$”来询问，所以用“吧$_1$”是带有肯定倾向的询问。用“吧$_2$”时，例（14）是表说话人完全不知道“你是否坐一会儿”，所以“吧$_2$”的询问是全疑的，即不带肯定倾向。例（15）类推。例（9）“哪个晓得到那里若何如何去吧”中的“吧”只能是“吧$_2$”，不能是“吧$_1$”，因为说话人完全不知道“谁知道到那里怎么走”。

（二）用于祈使句时，“吧$_1$”表示提议和祈求语气，口气较为柔和委婉，“吧$_2$”表示警告、威胁、命令的语气，口气直切，显得生硬。例（10）既可以用“吧$_1$”，又可以用“吧$_2$”。用“吧$_1$”时，是提议和请求听话人“走”，用“吧$_2$”时则是命令、威胁听话人“走”。例（11）、（12）中的“吧”只能是“吧$_2$”，不能是“吧$_1$”，因为“吧”前面是表消极意义的、贬义的成分，说话人不可能提议和请求听话人去做不好的事情。例（13）的“吧”也只能是“吧$_2$”，不能是“吧$_1$”，大概是语气太重的原因，但如果在“话”前面加一表量少的量词“滴一点”，说成“你二回下次听滴话吧”，则“吧”可以是“吧$_1$”，这是因为，用“滴”后语气要缓和一些。可见，“吧$_1$”对其前面的成分在语义上的要求是非贬义的，而语气上也要求与“吧$_1$”的柔和、委婉相宜。另外，“吧$_2$”不用于否定祈使句；“吧$_1$”没有这个限制，如“你今朝就不回去吧”。

（二）呗

“呗”是“不”和“也”的合音，用于是非问句和感叹句。

A. 用于是非问句时，例（1）—（9）的“吧$_2$”都能用“呗”替换，但用“呗”比用“吧$_2$”口气要委婉、客气得多。与“VP不”格式的疑问句中的“不”相比，用“呗”也要委婉、客气，“呗”这种委婉、客气的语气意义是由构成合音的语气词“也”带过来的。

B.“呗”用于感叹句，例如：

（16）写得好呗。

（17）这个伢长得得人痛这孩子长得可爱呗。

（18）这个伢孩子真灵性聪明呗。

（19）佢才不晓得事他真不懂事呗。

这类句子感叹的语气并不强。“呗”带有希望得到听话人回应的意思，同时又含有申明己意的意义。“呗”的这种意义分别是由“不”和“也”带来的。

（三）啵

“啵”是“不”和“哦$_1$”的合音，用于是非问和反诘问。用于是非问句时，例（1）—（9）的“吧”都能用“啵”替换，但语气意义有所不同。用“啵”少了警告、威胁、命令的语气，而多了提醒的语气。

“啵”用于反问句，例如：

（20）佢成绩那里那么好，老师还骂佢啵老师还骂他吗？

（21）你这样做像话啵？

（22）你在背后讲我里的坏话，对得住我啵？

（23）你这个样子，做得事成啵？

“啵”跟用于反问句的“不”意义比较接近，但用“啵”多了提醒听话人注意的意味，而比用“不”少了质问的语气。

“吧$_2$”、“呗”和“啵”都能用于是非问句，“吧$_2$”还可以用于祈使句，“呗”还可用于感叹句，“啵”还可以用于反诘问句。这三个语气词出现的句类恰好是“VP不”构成的句类的全部，如表7–4所示：

表7–4　“VP不”与语气词“吧$_2$”、“呗”、“啵”所在句类的分布情况表

语气词 例句 句式	（VP）不	吧$_2$	呗	啵
正反问或是非问句	你去不？	你去吧？	你去呗？	你去啵？
祈使句	你去不！	你去吧！		
感叹句	这个伢这个孩子才灵性聪明不！		这个伢这个孩子才灵性聪明呗！	
反诘问句	你这样做像话不？			你这样做像话啵？

“吧$_2$”、“呗”和“啵”虽然都用于是非问句，但表示的意义存在细微的差别。“吧$_2$”口气最为直切，而“呗”显得客气、礼貌、柔和，“啵”则带有表示提醒的语气。由于“吧$_2$”、“呗”和“啵”分别是“VP不”的问句中“不”跟语气词“啊$_1$”、“也”、“哦$_1$”的合音形式，所以，跟“VP不”问句中的“不”相比，“吧$_2$”、“呗”和“啵”是在用于句尾的“不”的基础上分别叠加了语气词“啊$_1$”、“也”、“哦$_1$”的意义。“啊$_1$”的基本意义是表祈使、命令，口气直切，“也”的基本意义是表申明、确定的语气，口

气柔和、客气，“哦$_1$”的基本意义是表申明、提醒，因此，“吧”、“呗”、“啵”语气意义的差异正是由“啊”、“也”、“哦$_1$”带来的。

二 嘛[·mɑ]、嘿[·mæ]、末[·mo]

（一）嘛

“嘛”是“VP冇”格式的句子中“冇”和“啊$_1$”的合音，用于是非问句和祈使句句末。“嘛”构成的是非问与“VP冇”格式的正反问基本相同，“嘛”和“冇”出现的句法环境也基本相同，不同的是，用“嘛”构成的是非问口气直切，往往用于长辈对于晚辈、上级对下级，或者关系很密切的人之间，这种不同于“不”的语气意义是“啊$_1$”带过来的。例如：

（1）你去嘛？

（2）衣裳洗干净嘛？

（3）你替我问一声嘛？

（4）你煮饭嘛？

（5）佢里的病好滴点嘛？

用于祈使句，表示威胁、警告的语气。例如：

（6）你听倒见嘛！

（7）回来嘛！

（8）你快滴把饭吃脱快点把饭吃掉嘛！

“嘛”出现的句法环境跟“VP冇”格式的祈使句中的“冇”基本相同，不同的是，“嘛”的祈使强度较“冇”强，声音要响亮。“嘛”的这种不同于“冇”的意义也是由“啊$_1$”带来的。

（二）嘿、末

“嘿”和“末”分别是“VP冇”格式的正反问中“冇”和“也”、“哦”的合音，都只用于是非问句。上举例（1）—（5）中的“嘛”都可用“嘿”和“末”替换，但替换后语气意义有所不同：“嘿”的语气要比“嘛”柔和、客气，而“末”有提醒听话人注意的意思。三者在语气上的差异实际也是“啊$_1$”、“也”、“哦$_1$”带来的。

用于句末的“不”和“冇”分别跟语气词“啊$_1$”、“也”、“哦$_1$”组合形成的两组语气词“吧$_2$”、“呗”、“啵”与“嘛”、“嘿”、“末”之间在意义和用法上的区别大致等于用于正反问句句末的“不”和“冇”的区别。这两组语气词之间的差异是由“不”和“冇”造成的，而两组内部的差异则是由语气词“啊$_1$”、“也”、“哦”造成的。

三 不吵[·pu·ʃɑ]、不噻[·pu·ʃæ]、不嗦[·pu·ʃo]

“不吵”、“不噻”、“不嗦”是用于句末表疑问的“不是”分别跟“啊$_1$”、“也”、“哦”的合音①，都用于构成是非问句和反诘问句。

（一）“不吵”用于是非问句，例如：

（1）你是佢家哥哥不吵？

（2）你是去不吵？

（3）佢骂你在了不吵？

（4）衣裳洗脱着衣服洗了不吵？

（5）佢有得没有钱不吵？

（6）佢不答应同意、应允不吵？

（7）你将方刚才到哪里去着不吵？

（8）你到这里来做么事什么不吵？

例（7）、（8）中的“哪里”和“么事”都是表虚指的，不是表确指，所以，都不是特指问。

“不吵”用于反诘问，可以用肯定的形式表否定的意思，例如：

（9）佢把你里的东西搞拿去着，你还赖诬赖我，眼珠眼睛瞎着了不吵？

（10）你又问过老人家里的事不吵？

（11）你问我，我哪难道是神仙不吵？

（12）我还求佢不吵？

也可以用否定的形式表肯定的意思，例如：

（13）你哪不晓得我忙不吵？

（14）你哪个事不要我操心不吵？

（15）我在这里做事，你有没有看倒看见不吵？

（16）我哪里对你不住不吵？

无论是用于是非问还是用于反诘问，“不吵”的意义和用法分别与构成是非问和反诘问的“不是”大致相当，但“不吵”口气要直切，往往用于长辈对晚辈、上级对下级，或者关系很密切的人之间，这种不同于“不是”的语气显然也是“啊$_1$”带来的。

① “不是”用于句末表疑问详见第十三章第二节。

（二）“不噻”、“不嗉”与“不哕”用法相同，例（1）—（16）的“不哕”都可用“不噻”和“不嗉”替换，但替换后表示的意义存在细微差别，即“不噻”的语气要比“不哕”柔和、客气，而“不嗉”有提醒听话人注意的意思，这种差异也是语气词“啊$_1$”、“也”、“哦$_1$”带来的。

综上所述，“吧$_2$”、“呗”、“啵”，“嘛”、“嘿”、“末”，“不哕”、“不噻”、“不嗉”三组语气词是由构成疑问句的“不”、“冇”、“不是”分别跟“啊”、“也”、“哦”的合音形式，如表 7–5 所示：

表 7–5　“不”、“冇”、“不是”跟“啊”、“也”、“哦”形成的合音语气词表

语气词 / 用于句末的否定词	啊$_1$	也	哦$_1$
不	吧$_2$	呗	啵
冇	嘛	嘿	末
不是	不哕	不噻	不嗉

这三组语气词之间的区别大致等同于用“不”、“冇”、“不是”构成的疑问句之间的区别（详见第十三章），三组内部的区别则是由“啊$_1$”、“也”、“哦$_1$”带来的。

四　哕［·ʃɑ］

“哕”应是表的确、肯定语气的语气词“是”跟“啊$_1$”的合音，表敦促、命令的语气，口气直切，往往用于长辈对晚辈、上级对下级，或者关系很密切的人之间。例如：

（1）走哕。

（2）你就莫不要回去哕。

（3）你把钱搞拿去哕。

（4）你替我问一声哕。

“吧$_2$”、“嘛”、“哕”都用于祈使句，但“吧$_2$”、“嘛”不用于否定祈使句，只有“哕”能用于否定祈使句。“哕”表祈使与“哒”的用法接近，但“哕”的祈使强度更强。

五　不哨［·puʔ·sau］

“不哨”的用法比较单一，只用于叙述句，表示“大概”、“可能”的推测语气。例如：

（1）明朝要落雨不哨。

（2）鸡跑出去着了不哨。

（3）佢冇得没有钱还你不哨。

（4）到八点在不哨。

（5）哥哥今年要结婚不哨。

（6）——姆妈妈妈不晓得回来冇？

——回来在不哨。

（7）——你叫佢莫别去哒。

——我怕佢不答应同意、应允不哨。

“不哨”的来源不清楚。

六　里个［·li·ko］

宿松方言中，语气词“里个”用于陈述句和特指疑问句句末表已然，同时兼表肯定的语气，大致相当于普通话表已然的“的”。例如：

（1）哥哥骑车去里个。

（2）我昨日回来里个。

（3）我本来就不想答应同意、应允佢里个。

（4）佢几他们几乎子什么时候走里个？

“是”与“里个”虽然都可以用于陈述句句末，表对已然事实加以“肯定”的语气，但二者有两点区别：（一）“是”用于所言事件对说话人来说是不如意的、不愉快的意义的句子，“里个”不用于表不好的、不如意的意义的句子。（二）“里个”本身就表已然，“是”没有这种意义。因此，在肯定的陈述句中，“是”前面要用表事态出现变化的助词“着”或“在”表已然，例（1）的“里个”如果换成“是”，则要说成“哥哥骑车去着了是”，而且句子表示的主观意义也变了，即表示在说话人看来“哥哥骑车去了”是件“不好的、不如意”的事，且只能用作是非问句的答语。

语气词“里个”的来源详见第六章第一节“四”，此不赘言。

第三节　小结

一　用于疑问句的语气词

宿松方言用于疑问句的语气词主要有“啵”、“呢$_2$”、“吧$_1$”、“吧$_2$”、“呗”、

“啵”、“嘛”、“嘿”、“末”、“不吵”、“不噻”、“不嗦”等。“哝”表“深究、追问”的语气，用得很普遍。“呢$_2$”的使用范围较小，主要用于“N＋呢”的特指问句。“吧$_1$”用于构成是非问句，表测度语气。“吧$_2$”、“呗”、“啵”、“嘛”、“嘿”、“末”用于构成是非问句，其为询问是全疑的，不带任何倾向性；“不吵”、“不噻”、“不嗦”也用于构成是非问，但不是全疑的，都带有肯定倾向。此外，“啊$_1$”、“也”、“哦$_1$”也可用于疑问句句末，但这些语气词本身不表疑问，“啊$_1$”用于疑问句句末使句子语气显得直切、不客气，“也”用于疑问句句末句子显得客气、柔和，“哦”用于疑问句句末使句子叠加了提醒的语气。

二　用于叙述句的语气词

用于叙述句的语气词主要有“也”、“哦$_1$”、“哒”、“呢$_1$”、“哦$_2$”、“是”、“里个”、“不哨”。这些语气词意义不同，使用范围也有广狭之别。“也”保留了历史上表肯定、申明语气的用法，口气柔和、客气。“哒”和“哦$_1$”用于叙述句表申明语气，但说话人的语用心理不同。“哒”表示说话人认为听话人应该了解所言情况，但并没有考虑到或没有注意到，因而加以申说提醒；用“哦$_1$”的语用目的也是提醒，但说话人根本不考虑听话人是否了解所言情况。“呢$_1$”主要是对事实或事理的固然性质加以强调。“哦$_2$”用于叙述句表说话人希望得到听话人的认同、回应、应允的意思。“是”和“里个”都表“肯定”语气，但“是”用于所言事件对言说者来说是不好的、不如意的，“里个”则不用于不好的、不如意的事情。“不哨”表推测的语气。

三　表祈使的语气词

表祈使的语气词主要有“啊$_1$”、“啊$_4$”、“吵”、“吧$_2$”、“嘛”、“吧$_1$”。“啊$_1$”表命令，“啊$_4$”表商量、征询，“吵”表命令、敦促，“吧$_2$”、“嘛”表警告、威胁、命令，祈使强度最强，“吧$_1$”表建议、商量。“哝”、“也”、“哒”、“哦$_1$”等也能用于祈使句句末：“哝”表祈劝、敦促语气；“也”表祈劝、提醒的同时有申明己意的意思；“哒”表命令、祈劝、敦促；“哦$_1$”表提醒、吩咐。这些用于祈使句句末的语气词表示的语气意义不同，祈使的强度也不同。按照祈使的强度由大到小，可将这些语气词大致排列成如下的等级：

“吧$_2$”、“嘛” ＞ “啊$_1$”、“吵” ＞ “哝”、“也”、“哒” ＞ “哦$_1$”、“吧$_1$”、“啊$_4$”

“吧$_2$”、“嘛”、“哝”用于祈使句句末当是从表疑问的用法引申过来的，具体来说是由用于是非问句而来的。汉语是非问句（包括正反问句）和祈使句存在着内在的语用联系，疑问的形式通常可用来表祈使的内容。是非问句是极性询问，即是在“正与反”或“是与不是”之间让听话人选择回答，在无须听话人作出回答或答案已明确的语境下，听话人能够了解说话人的语用意图，断定这是说话人发出要他实施动作行为的指令，这样，是非问句就有可能变成祈使句，而用于这类问句句末的语气词也就相应地用于祈使句句末了。“也”、“哦$_1$”、“哒”用于祈使句是从表叙述的用法引申过来的，它们本身并不表祈使语气。

四 用于感叹句的语气词

表感叹的语气词是“啊$_2$”。“啊$_2$”表感叹的语气很强，直接抒发了说话人的爱憎感情。“哝”、“呗”、“也”、“哦$_1$”也用于感叹句句末，但它们的基本功能并不表感叹。“哝”和“呗”显然是由表疑问的用法引申过来的，当句中包含有表程度深的词语、在无须听话人作出回答或答案已明确的语境下时，带“哝”和“呗”的疑问句就变成了感叹句。“也”、“哦$_1$”和“哦$_2$”用于感叹句句末时，其基本的语气意义并没有变，即“也”表申明、肯定语气，“哦$_1$”表申明、提醒语气，“哦$_2$”则有希望得到听话人的认同、回应、应允的意思，三者并不是真正表感叹的语气词。

第八章

语　　缀

宿松话的语缀有：第、初、老、者、几、几个、伙子、伙里、侬、人（家）、儿、子、头、巴、佬、着、里等。“第、初、老”是前缀，其余是后缀。“里”是状态形容词后缀，见第六章。

第一节　第［tʻi^{24}］

加在整数前，表示次序。常用来表示名次，如“第一”、“第二”等。名次在最后的说“第末底［moʔ^{5}toŋʔ^{5}］”。

第二节　初［tsʻeu^{213}］

加在“一”至“十”的前面，表示农历一个月前十日的次序，如“正月初一”、“腊月初十”。

第三节　老［lau^{42}］

a. 加在“二”至“十”前，表示兄弟的排行。加在“大”前表示排行第一；加在“小”前表示排行最末。如：老二、老三、老十、老大、老小。

b. 加在指人或动物的名词前，构成名词：老弟、老表、老虎、老鸹、老鼠。

c. 加在单音姓氏前用作称呼：老王、老李。

第四节　者［·tʃæ］、几［·tɕi］、几个［·tɕi·ko］、伙子［·hu·tsɿ］、伙里［·hu·li］

“者”和“几”都可用在人称代词（“人家、别人、自己、各人”除外）

之后，表示多数，但用“几”要比用“者”普遍得多，“者”的使用已趋萎缩。例如：

我者 | 你者 | 佢者

我几 | 你几 | 佢几

用于指人的普通名词后，通常只用“几”，不用“者”。例如：

哥哥几 | 伢几 | 先生几

用于专有名词后，表示“一伙人”或“某类人”，通常只用“几”，不用“者”：

王老师几 | 李书记几 | 余厂长几 | 团头人名几 | 王伢人名几

“几个”用于指人的代词和名词后表多数，上述用“几”的地方都能用“几个”，“几”是“几个”的简省形式。如：

我几个 | 你几个 | 佢几个

伯伯几个 | 伢几个 | 先生几个

王老师几个 | 李书记几个 | 团头人名几个 | 王伢人名几个

汪化云（2012）认为，复数标记“几”来源于表多数的“几个”，宿松话的材料可以为汪先生的观点提供支持。“者”的来源不明。

另外，“几个”还能用于亲属称谓名词的合称后，如：

婆媳几个 | 叔侄几个 | 娘儿几个

姊妹几个 | 妯娌几个 | 兄弟几个

“伙子”和“伙里”都只用于亲属称谓名词的合称后，二者一般可以自由替换。例如：

婆媳伙子 / 伙里 | 奶孙伙子 / 伙里 | 娘儿伙子 / 伙里 | 爷儿父子伙子 / 伙里

姊妹伙子 / 伙里 | 妯娌伙子 / 伙里 | 兄弟伙子 / 伙里

“几个”同“伙子 / 伙里”相比，“几个”侧重于表示数量，“伙子 / 伙里”侧重于表示相互之间的关系。

第五节 侬［·noŋ］

“侬”用于人称代词“我”、“你”、“佢”后，意义很虚，“我侬、你侬、佢侬”意思大致同于“我、你、佢”。例如：

（1）你侬把钱送在佢。

（2）我看不上佢侬。

（3）佢打我侬。

（4）人家说我侬越来越年轻着了。

这些句子的“侬”都可去掉不用，用“侬”带有强调人称代词的意味。“我侬、你侬、佢侬”一般用作主语和宾语，较少用作定语。

宿松方言的“侬”当是吴语的底层。安徽安庆市图书馆藏谱、地方志和移民材料等记载，明初，江西大量人口迁移至安庆各县市。洪武二十四年，安庆府人口有42万，有28万多名江西移民。因此，安徽境内的赣语是移民的产物。据班固《汉书·地理志》，今江西之地在远古时期属扬州。春秋时期，江西没有独立的封国，先后分属吴、楚、越三国。因此，赣语中至今依旧保存着一些古吴语的成分。现在的吴方言中也有“我侬、你侬、佢侬”等类似的形式。据袁毓林（2004），“吾侬”这种形式在文献上早有记载。例（5）—（7）转引自袁毓林（2004）：

（5）夫诗者，皆吾侬平日，愁叹之声。（南宋黄岩籍词人戴复古：《沁园春》）

（6）嘉定近海处，乡人自称曰吾侬、我侬；称他人曰佢侬、你侬；问人曰谁侬。（冯梦龙：《古今谭概·杂志》第36卷）

（7）俗呼我为吾侬，呼人曰你侬，对人呼他人曰佢侬，故号三侬之地。［乾隆十五年（1750）《宝山县志·卷一方音》］

上述例子用于人称代词后的“侬”跟宿松方言的“侬”用法相同。

第六节　人［·nin］、人家［·nin·ka］

“X人”和“X人家”都表示使人产生X所表示的生理感觉或心理感觉，词缀“人”和“人家”可以互相替换，下文统一记作“X人（家）”。如：“我吃多着，肚子胀人（家）。”“佢做事太慢着，急人（家）。”“胀人（家）”是生理感觉，“急人（家）”是心理感觉。

“X人（家）”的X一般是动词，常见的有：

笑、秋熏、吵、闷、压、挤、晒、炕烤、哽、烫、吹、胀、累、气、怄、烦、急、吓恐吓、怕、痒、辣、麻让人失去知觉、刺［tsʻɿʔ^{5}］刺眼、腾［tʻən^{24}］颠簸、净水冷使人感觉不舒服、霍细毛或细刺［tsʻɿ^{21}］刺人

“X人（家）”表示X作用于人，使人产生某种感觉。X有些是表示心理活动的词，如：气、怄、烦、急、怕；有些是能引起某种感觉的词，如：痒、辣、麻让人失去知觉、刺刺眼、腾［tʻən^{24}］颠簸等。所以，“X人（家）”对X的选择是，

X 必须能导致人产生某种感觉，X 都用为致使义。

“X 人（家）”通常能受程度副词“才”、“好”修饰，可作谓语和补语，例如：

（1）这个菜才辣人（家）。

（2）屋里不透风，好闷人（家）。

（3）这个伢孩子才纯纠缠人（家）。

（4）你企在那个大日头里头你站在那个大太阳底下，不晒人（家）也吗？

（5）隔壁放炮放鞭炮，吵人（家）！

（6）这个事我越默想越烦人（家）。

（7）不晓得哪里来里烟，好秋熏人（家）！

（8）这个水净人（家）水冷使人感觉不舒服。

（9）拖拉机坐里得腾（$t^{h}ən^{24}$）颠簸人（家）。

（10）饭煮硬着了，吃得哽人（家）。

（11）你讲得吓人（家）。

（12）这个毛线衣着穿里得霍细毛或细刺刺人人（家）。

从功能来看，“X 人（家）”都可以看作形容词。这些形容词一般是消极意义的，中性的只有个别的［如“笑人（家）”］，没有积极意义的。

第七节　儿［$ɭ^{35}$］/［·ɭ］

“儿”的本义是孩子，如“乖儿乖孩子”。宿松方言只有儿尾词，没有儿化词。根据“儿”的读音的不同，可以把“儿”分为两类：一类读［$ɭ^{35}$］，记作儿$_1$；另一类读［·ɭ］，记作儿$_2$。

儿$_1$

a.“儿”用在表生理或道德缺陷意义的名词后面构成的詈称，多用于青少年男性。例如：

缺嘴儿兔子嘴巴的人｜跛子儿瘸子｜婊子儿婊子养的｜癞痢儿癞痢头的人｜告花子儿叫花子｜贼儿贼｜肉头儿夯、不明智的人｜孬子儿傻子｜王八儿依靠妓女为生的男人｜驼子儿驼子｜瞎子儿瞎子

“儿”前面的名词都是指人的某个特征，“X 儿”意为“具有 X 特征的人”。有些词后面的“儿”还是实词，如“灵性聪明儿”、“作家乖巧、贤惠儿”中的“儿”是“孩子”的意思，不是词缀。

下面 b—d 组的“儿”是用在名词或名词语素后面，构成小称，这些小称都有与之相配的泛称，不用“儿”则为泛称。

b. 动物的幼崽

猪—猪儿小猪 | 鸡—鸡儿 | 牛—牛儿 | 狗—狗儿 | 鸭—鸭儿 | 鹅—鹅儿 | 老鼠—老鼠儿 | 麻雀—麻雀儿 | 燕子—燕子儿 | 蛤蟆—蛤蟆儿

c. 小的瓜果

辣胡椒—辣胡椒儿 | 茄子—茄子儿 | 枣子—枣子儿 | 桃子—桃子儿 | 梨子—梨子儿 | 黄瓜—黄瓜儿 | 冬瓜—冬瓜儿 | 西瓜—西瓜儿

d. 小的物品

桌子—桌子儿 | 椅子—椅子儿 | 面盆洗脸盆—面盆儿 | 窝—窝儿小窝 | 鞋—鞋儿

b 组“猪儿、鸡儿、牛儿、狗儿、鸭儿、鹅儿”这些常用词中的“儿”读轻声［·ɭ］，其余的通常读本调。d 组的说法不是很多。

儿 $_2$

“儿 $_2$”跟北京话的后缀“儿”作用相当，可表细小、亲切、喜爱等色彩意义，但构词能力很弱。例如：

蛇儿不务正业、游手好闲的青年男子 | 狗儿（用来称“孩子”）| 老儿 | 闷头驴儿 | 馋儿围嘴儿 | 马儿小板凳

第八节 子［·tsɿ］

“子”主要用为名词后缀。加“子”的名词可以大致分为以下几类。

a. 指人名词

告化子乞丐 | 贩子 | 骗子 | 败子败家子 | 探子

哑子 | 麻子 | 聋子 | 瞎子 | 瘫子 | 抓子手瘸的人 | 跛子、拐子脚瘫的人 | 疯子 | 结子结巴 | 左撇子 | 胖子 | 瘦子 | 矮子 | 长子 | 驼子 | 孬子傻子 | 痞子

b. 肢体器官

鼻子 | 膀子胳膊 | 肚子

c. 动物

驴子 | 骡子 | 兔子

狮子 | 豹子 | 猴子

燕子 | 鸽子

虾子 | 鲢子

蜂子蜂类昆虫总名

d. 植物

桃子 | 杏子 | 李子 | 梨子 | 枣子 | 柿子 | 柚子 | 橘子

茄子 | 瓠子 | 稗子

e. 食品

粽子 | 饼子 | 包子 | 饺子 | 圆子丸子

f. 用品

轮子 | 盖子 | 罩子 | 筛子 | 凿子 | 起子 | 拖子拖鞋 | 笼子 | 甑子 筷子 | 桌子 | 椅子 | 席子 | 垫子 | 镜子 | 盒子 | 裤子 | 褂子 | 帽子 | 袜子 | 柱子 | 板子

g. 时间名词

日子 | 月子（坐）月子

h. 其他

脚子油、水、酒等靠近容器底部的部分 | 里子 | 面子 | 口子 | 印子印痕 | 样子

第九节 头［t'əu³⁵］/［·t'əu］

“头”用以构成名词。

a. 名（或名词性语素）＋头

锄头 | 榔头 | 斧头

木头 | 砖头 | 石头 | 骨头 | 舌头 | 拳头 | 榫头 | 日头 | 由头

前头 | 后头 | 高头 | 上头 | 下头 | 里头 | 外头 | 跟头 | 东头 | 西头 | 脚头睡在床上伸脚的那一头

零头

b. 形＋头

甜头 | 苦头

a 和 b 两类“头”读轻声［·t'əu］。

c. 动＋头

吃头 | 看头 | 想头 | 搞头 | 去头 | 讲头 | 教头 | 商量头 | 来头

“动＋头”表示做某动作的价值，一般用在“有”和“冇得没有”这两

个词后头，如“有看头”表示有看的价值，“冇得吃头”表示没有吃的价值。用在“有”后面时，“头”通常读轻声；用在“冇得没有”后面时，“头”通常读本调［tʻəu³⁵］。但也有例外情况，有些词“头”轻读和重读表示的意思不同，如“教头”的“头”轻读时为教养之意，重读时为有教育的价值之意，“来头”的“头”轻读时为“较好的来历（多指人的经历或背景）”之意，重读时为有“来的价值”之意。

第十节 巴［·pa］

“巴”主要用以构成名词，例如：

下巴

节巴疙瘩 | 泥巴

还可以构成少量形容词，例如：

紧巴经济拮据，吝啬

第十一节 佬［lau⁴²］/［·lau］

词缀“佬”在宿松方言中有两个。一个用在名词或谓词性成分后面，构成指人名词，多用以背称，很少用以面称，多含有轻视义，记作佬₁，通常读［lau⁴²］；一个用于人名或指人的名词后作称呼语，多用以面称，记作佬₂，读［·lau］。

佬₁

赌博佬 | 乡巴佬 | 寡汉佬光棍 | 财主佬有很多财产的人 | 阔佬有钱的人 | 和事佬 | 扒灰佬乱搞男女关系的男人 | 喜哭佬爱哭的人 | 黑巴佬黑皮肤的人 | 灰巴佬满身是灰的人

太湖佬 | 湖北佬 | 上海佬 | 下江佬

剃头佬 | 㓾猪佬 | 屠户佬 | 看禁佬看守山林、河塘等的人 | 算命佬 | 烧火佬 | 庄稼佬

佬₂

成九佬 | 更生佬 | 来弟佬 | 学华佬 | 娣佬 | 妹佬称呼带有女性性格特征的青少年男性

第十二节 着［·tʃo］

（一）“着”的用法

后缀“着”（记作“着$_{缀}$”）附着在一部分形容词或形容词词根后，构成“AB着”式状态形容词。

根据所附成分是否成词，可以将“AB着$_{缀}$”分为甲、乙、丙三类。甲类AB成词，前面可以加程度副词“才$_{很}$”修饰。这类形容词第二字B原读轻声，加“着$_{缀}$”之后重读，而且读得比A重，记作“AˈB着$_{缀}$”。根据AB的重叠方式，又可以将甲类分为甲$_1$和甲$_2$两小类：甲$_1$的AB大多能按AABB式重叠，甲$_2$的AB一般能按ABB式重叠。

甲$_1$：白净着｜大方着｜干净着｜规矩着｜光滑着｜活泛灵活着｜和气着｜阔气着｜快活着｜宽敞着｜凉快着｜冷清着｜亮敞着｜齐整漂亮着｜清气秀气着｜热闹着｜舒服着｜神气着｜四方着｜斯文着｜体面着｜稳当沉稳着｜新鲜着｜作□·ka乖巧、贤惠着

AABB式重叠：

白白净净｜大大方方｜干干净净｜规规矩矩｜和和气气｜阔阔气气｜宽宽敞敞｜冷冷清清｜亮亮敞敞｜清清气气秀气｜热热闹闹｜舒舒服服｜四四方方｜斯斯文文｜稳稳当当沉稳

有些甲$_1$的AB不能按照AABB式重叠，如不能说“齐齐整整漂亮、活活泛泛灵活、快快活活、凉凉快快、新新鲜鲜、作作□·ka□·ka”等。

甲$_2$：肉巴软而松着｜热和暖，热情着｜软和软而松着｜暖和暖而舒服着｜紧巴经济拮据着

ABB式重叠：

肉巴巴软而松｜热和和暖，热情｜软和和软而松｜暖和和暖而舒服｜紧巴巴经济拮据

乙类中，AB不是独立的词，加“着$_{缀}$”之后成词。“着$_{缀}$”前面的音节B也要重读，也记作“AˈB着$_{缀}$”。例如：

白□tan^{35}着很白而干净｜紧巴着很紧｜干巴着很干涩｜结绷着很结实｜酸溜着｜干□pau^{21}着干而松软｜乖伤着很乖｜黄爽着黄而且鲜艳｜活央着很活泼｜红通着很红｜黑马着很黑｜黑乌着｜冷□sæ着很冷｜毛霍着毛茸茸的｜胖巴着｜泡和着松软｜热哄着热乎乎｜软显着很柔软｜软□tʻia着软而没有劲｜神斗着很机灵｜瘦巴着｜酸溜着｜□soŋ^{35}□tɕi^{213}着精神不振｜甜干kən^{21}着很清甜｜稀淌着｜细蒙着很纤细

| 鲜滴着味道很鲜美 | 香喷 p‘oŋ²¹ 着很香 | 喜摸着很高兴 | 尖耸着很尖 | 翘卧着直挺挺的 | 臭□ ŋaŋ²¹³ 着 | 黄爽着 | 冷□ sæ²¹³ 着 | 淡□ piæ²¹³ 着

这类形容词词根多数能按 ABB 式重叠，如：

干巴巴 | 结绷绷很结实 | 酸溜溜 | 干□ pau²¹ □ pau²¹ 干而松软 | 活央央很活泼 | 红通通很红 | 黑马马很黑 | 冷□ sæ²¹³ □ sæ²¹³ 很冷 | 毛霍霍毛茸茸的 | 暖和和 | 胖巴巴 | 泡和和松软 | 热哄哄热乎乎 | 软□ t‘ia⁴² □ t‘ia⁴² 软而没有劲 | 神斗斗很机灵 | 瘦巴巴 |. 酸溜溜 | □ soŋ³⁵ □ tɕi²¹³ □ tɕi²¹³ 精神不振 | 稀淌淌 | 细蒙蒙很纤细 | 鲜滴滴味道很鲜美 | 香喷 p‘oŋ²¹ 喷 p‘oŋ²¹ 很香 | 喜摸摸很高兴 | 尖耸耸很尖 | 翘卧卧直挺挺的 | 臭□ ŋaŋ²¹³ □ ŋaŋ²¹³ | 黄爽爽 | 淡□ piæ²¹³ □ piæ²¹³

但也有少数不能按 ABB 式重叠，如不能说“白□ tan³⁵ □ tan³⁵”。

“A'B 着缀”比相应的 AABB、ABB 感情色彩更浓，主观性更强。（重叠后的 AABB、ABB 一般不能独立单说，详见第六章第一节“四”）

丙类的数量不多，AB 不是独立的词，加“着缀”之后 B 重读，A 为双音节形容词，B 主要由“巴”或“伤”充当，“巴”和“伤”都表程度深的意思，但不能单独使用。如：

厚实巴着 | 客气巴着 | 老实巴着 | 亲热巴着 | 神气巴着 | 作孽巴着很可怜 | 作□ · ka 乖巧、贤惠巴着 | 齐整漂亮伤着 | 作孽伤着很可怜

“A'B 着缀”可以作谓语、状态补语，不能作状语；加上结构助词“里的”可以作定语。作定语的例：

暖和着里被卧被子 | 鲜滴着味道很鲜美里麵 | 黄爽着黄而且鲜艳里谷 | 粗□ ræ²¹³ 着很粗糙里布 | 甜□ kən²¹ 着很清甜里菜 | 干□ pao²¹ 着干而松软里柴 | 香喷着很香里饭 | 白净着里脸 | 干净着里衣裳 | 齐整着里伢儿漂漂亮亮的小孩子 | 作孽巴着很可怜里样子

双音节性质形容词 AB 加上“里”后可以修饰名词，但是“AB 里＋名词”与“A'B 着缀＋里＋名词”表示的意思不同。“AB 里”表性质，在于分类；“A'B 着缀＋里”表状态，在于描写。比较：

（1）新鲜里菜。

（2）新鲜着里菜。

例（1）是指“菜”属于“新鲜的”这一类，例（2）的“新鲜着”是对“菜”的性状进行描写。

作谓语的例：

（3）这个麵甜□ kən^{21} 着很清甜。

（4）床上软显着很柔软。

（5）佢里手黑马着他的手很黑。

（6）佢两人和气着很和气。

（7）奶奶喜摸着奶奶很高兴。

单节音形容词后附的“着”只能是动态助词。当 AB 是双音节性质形容词时，“AB 着”的意义随 B 的读音不同而异。B 读重音时，“着”是状态形容词后缀，“A'B 着$_{缀}$”在于强调状态；B 读轻音时，“着”是表完成或实现的动态助词，“AB 着$_{1}$”表示一种变化的完成。例如：

（8）衣裳干净着在了。

当“干净着”的“净”读轻声时，例（8）回答的是“衣裳干净没有？”的问题；当“净”读重音时，它回答的是“衣裳怎么样？”的问题，并且带有说话者赞赏的感情色彩。

作补语的例：

（9）被卧晒得泡和着被子晒得很松软。

（10）佢长得胖乎着。

（11）布染得红通着。

（12）妹长得齐整伤着妹妹长得很漂亮。

（二）“着$_{缀}$”的来源

1. 甲类“A'B 着$_{缀}$”的来源

我们认为，状态形容词后缀“着$_{缀}$”来源于完成体助词“着$_{1}$”。

由于宿松方言中双音节动词很少，“着$_{1}$”常是附着在单个动词和述补结构之后。我们这里先着重讨论述补式带“着”的情况，记作“VC 着$_{1}$”（C 是表示结果或状态的动词或形容词，一般为单音节，但也可以是双单音节）。“VC 着$_{1}$”的例：

煮化着 | 舞煮、炒熟着 | 洗干净着 | 吃饱着 | 讲清楚着 | 听懂着 | 写好着 | 学熟着 | 走慢着 | 移出来着 | 马进着放进去了

热死着 | 烫死着

我们认为，“着$_{缀}$”的产生跟“VC 着$_{1}$”有关。从分布上看，“VC 着$_{1}$”与“A'B 着$_{缀}$”都可以作谓语，加“里”后都可以作定语修饰名词，但都不能作状语。例如：

（13）衣裳晒干着在衣服晒干了。

（14）衣裳干□ pau[21] 着干而松软。

（15）你把洗干净着里菜搁在一边。| 讲好着里事就不要反悔。

（16）香喷着很香里饭你还不吃，是不饿。

例（13）、（14）分别为“VC 着$_1$”和“A'B 着$_缀$”作谓语，例（15）、（16）分别为“VC 着$_1$”和“A'B 着$_缀$”作定语。

“VC 着$_1$”表示动作结果的实现，“着”表示动作或变化的结果的实现，与 C 在语义上有重合之处。但是，有时为了强调或突出动作的结果或状态，说话人往往要把 C 读得很重，因此，“V'C 着$_1$”带有说话者较强的主观感情，用以强调结果或状态的程度深或过分的意思，如“吃 ' 饱着”指“吃得足够饱或过饱”的意思，如“煮 ' 化着”意思是“煮得太化”。可以说，重读 C 正是为了赋予“VC 着$_1$”以较强的主观性。

如上所述，宿松方言中已经存在“AB 着$_1$”。“AB 着$_1$”和“VC 着$_1$”都包含一个“着$_1$”，有相似的表层结构；“AB 着$_1$”表示一种变化已经完成或实现，“VC 着$_1$”表动作或变化的结果的实现，两种结构表意上有相通之处。由于“AB 着$_1$”和“VC 着$_1$”形式相近，意义相通，“VC 着”有在 C 上加重音而形成的对应形式“V'C 着”，而“AB 着”没有对应“A'B 着”形式。由于类推作用，当要强调结果或状态时，“AB 着$_1$”的 B 也往往重读（虽然 B 不能单独使用，但通过语音的屈折变化来强调程度深或过分则与“V'C 着”是一致的）。其类推模式可拟为（“→”在这里表示类推）：

VC 着$_1$ → V'C 着$_1$

AB 着$_1$ → A'B 着$_缀$

2. 乙类和丙类“A'B 着$_缀$”的来源

“着”有了状态形容词后缀的用法之后，原来由双音节形容词构成的“A'B 着”便成为一种能产的格式，人们无须关注“AB”是否能从“A'B 着”中分离出来，只是直接套用“A'B 着”的格式来造词，结果，按照“A'B 着”格式造出来的状态形容词中，许多“AB”不能再从“A'B 着”中分离出来，这就形成了乙类和丙类“A'B 着”。其实，不管 AB 是甲类还是乙类，只要 B 重读，“A'B”都只能是构词语素，不可能是一个词，因为它后面必须出现“着$_缀$”，“着”已经由一个句法成分语法化为一个词内成分了。

别的方言也存在状态形容词后缀来源于体助词的情况，如宜都话的［·ta］（参看李崇兴，1986）。

下　篇

第九章

“把”字句（包括处置式和被动句）

第一节　“把”的各种用法

宿松方言中，处置式和被动句的构成都跟“把”字有关。“把”字有三种读音：第一，读［pa^{42}］/［·pa］，如“把［pa^{42}］握”，“一把［·pa］菜”；第二，读［pa^{21}］，如“伞把”、“刀把”；第三，读［ma^{42}］/［·ma］，作表示给予意义的动词、介词和连词。①这里只讨论读［ma^{42}］/［·ma］的几项用法。大体来说，“把”的功能有以下几种：

（一）构成处置式：我把衣裳洗脱着我把衣服洗了。

（二）引进工具语：佢把饭碗喝茶他用饭碗喝茶。

（三）引进处所：鸡把外头飞鸡往外飞。

（四）引进动作的受益者：我把你梳头我给你梳头。

（五）作给予义动词：我把一本书在佢在我给了他一本书。

（六）作被动标记：佢把在狗咬倒着他被狗咬了。

（七）作原因连词：把在佢讲那个话因为他说那个话，我气得饭都吃不下去。

前四种“把”读轻声［·ma］，后三种“把”读［ma^{42}］。

一　“把”构成处置式

宿松方言的处置式按动词的性质可以分为三类，分别记作甲$_1$、甲$_2$、甲$_3$。甲$_1$的谓词为三价动词，即吴福祥（2003c）所说的广义处置式；甲$_2$的谓词为二价动词，即狭义处置式；甲$_3$的谓词一般为一价动词，是致使义处置式。

甲$_1$的例：

（1）王伢把钥匙搁在房里在小王把钥匙放在房里了。

（2）上海佬上海人把麦苗当韭菜。

（3）我把钱送在佢我把钱送给他。

---

① 在与宿松毗邻的黄梅话中，这种用法的“把”既可以读［ᶜma］/［·ma］，又可以读［ᶜpa］/［·pa］；与宿松相邻的太湖县则读［ᶜpa］/［·pa］。因此，我们认为，宿松话中，“把”就是本字。

甲$_2$的例：

（4）我把房里捡下在我把房间收拾了一下。

（5）佢把谷割脱着他把谷割了。

（6）老张把屋做起来着老张把屋做起来了。

（7）老师把那个书把在佢看老师把那本书给他看。

例（7）中第一个“把”是表处置的介词，第二个“把”是给予义动词，“在”是引进与事的介词。上举例句动词一般是动作性强的及物动词，介词“把”的宾语一般是定指的，动词不能为光杆动词，这些与普通话相同。与普通话不同的是，宿松方言处置式的否定副词可以位于“把”字后谓语动词前，这样用时通常有后续小句，如：

（8）今朝早晨把猪冇关倒今天没关好猪，跑到地里吃脱掉人家东西在了。

（9）佢把鸡一下冇杀死，鸡从盆里跑出来着他没把鸡一下杀死，鸡从盆里跑出来了。

（10）我把门冇栓紧，把在风吹开着我没把门栓紧，被风吹开了。

甲$_3$类的谓语都由不及物动词或形容词充当，谓语后常有表示结果、状态、趋向的补语，构成“S＋把＋N＋VC”或“把＋N＋V得C”（C为补语）的格式。例如：

（11）佢把脸都气白着他把脸都气白了。

（12）把眼珠哭红着把眼睛哭红了。

（13）你把佢他急死着了。

（14）不要把鸡飞脱着不要让鸡飞跑了。

（15）这几天把老王忙死着了。

（16）你把佢他气走着了。

（17）把个王家老人家喜欢得不得了。

甲$_3$类处置式的特点是具有致使义，“把”后的名词性成分N是谓语动词的施事或当事，同时又可以是VC的受事，如“哭红眼珠”。

二 “把”引进工具语

“把”是引进工具语的介词，表示动作凭借的工具、方式，相当于普通话的“用、拿”。例如：

（18）把报纸包书。

（19）把竹棍晾衣裳。

（20）把棉花做枕头。

（21）把桶打水。

（22）把切菜刀削笔用菜刀削笔。

三 “把”引进处所

“把”后面带的是处所名词，“把”相当于介词“向、从、朝”。例如：

（23）血把外流血往外流。

（24）那些人把操场上走那些人往操场上走。

（25）好多人把屋里挤很多人往屋里挤。

（26）燕子把南飞燕子往南飞。

（27）水把田里淌水往田里淌。

四 “把”引进动作的受益者

这类“把”相当于普通话里的介词“为、替、给”。例如：

（28）那个医生在把佢诊病那个医生在替他诊病。

（29）你叫佢把伢儿穿下衣裳你叫他给小孩子穿一下衣服。

（30）你把我开开灯你给我打开灯。

（31）你把我把门开下你给我把门开一下。

（32）佢到街上去把儿子买鞋他到街上去给儿子买鞋。

例（31）中，第一个“把”是引进动作受益者的介词，第二个“把”是表处置的介词。与普通话的“给”不同：宿松方言的“把”不能引进动作的受损者，如可以说“你把我多寻挣些钱”，但不能说“你把我多败些钱”。

五 作给予义动词

“把”用作给予义动词，相当于普通话的动词“给”。给予义的“把”通常用在“把（＋O_1）＋在＋O_2”格式中，O_1为指物的直接宾语，O_2为指人的间接宾语，“把”后一般要用介词“在”[·t‘ei]引进与事，这种格式不是真正的双宾式，而是介宾补语式（与格结构）。例如：

（33）我把书在佢我给他书。

（34）我把书把在一个伢儿在我把书给一个孩子了。

（35）书把在佢书给他。

例（33）的“把”为给予义动词，“在”是引进与事的介词。“在”引进与事大致相当于普通话的“给”。但“在”不同于普通话的“给”。普通话中，“给”同时用作给予义动词，宿松方言的“在”没有给予义。介词“在”除引进与事外，还可引进处所，引进与事的“在”来源于引进处所的“在”。[①]例（34）里面的第一个“把”是介词，第二个是给予义动词。动词“把”的后面往往用“在”字引进给予的对象，“把”和“在”如果隔开用的话，“把”带直接宾语在前，“在”引进间接宾语在后。不管“把”和“在”是分开用，还是连用，“在”字后面一定要出现间接宾语，我们把这个“在”看成一个“与格标记”。

“把（$+ O_1$）+在+ O_2”格式中，“在”后的与事如果不是指人的词语而是动物名词时，这个动物名词后要有一个动词才能足句。例如：

（36）你把谷在鸡吃你给鸡吃谷。

（37）佢叫你把水在牛喝他叫你给牛喂水。

“把”后的间接宾语也可以是处所名词，这个处所名词同样用“在”引进，例如：

（38）佢把书在学堂里他送书给学校。

（39）把滴盐在菜里放点盐到菜里。

“把”后可以只出现一个间接宾语，“把”的受事用在句首作话题主语，如例（35），这时，“把”的受事往往是定指的，“把”的施事也可以不出现在句法结构层面，但可以在话题主语后补出，如“书（我）把在佢”。这样“把”和“在”就挨在一起了。

“把”后也可以只出现一个直接宾语，“把”的与事作主语，这个与事往往是不定指的，如例（40）、（41）：

（40）一个伢把两个苹果一个孩子给两个苹果。

（41）一个猪把两瓢食一个猪给两瓢食。

“把”的施事也可以不出现在句法结构层面，但可以在主语之前补出，如“（我）一个伢把两个苹果”。

“把”还可以用在连动结构中 V1 的位置上，构成“施事+ V1（把）+ N1（受事）+在+ N2 + V2”形式。例如：

（42）我把车在你骑我给你车骑。

（43）张伢把那些钱在佢几用小张给那些钱给他们用。

（44）你不要把衣裳在佢洗你不要给他洗衣服。

（45）我把一本书在你看我给一本书你看。

---

① 关于“在”引进与事的用法见第四章第一节。

上举例句“把”后的N1可以是有定的，如例（42）—（44）；也可以是无定的，如例（45）。如果“把”后的N1是有定的，N1同样可以提至句首作话题主语，V1的施事也可以不出现，构成“S受事（+施事）+把+在+N2+V2”。例如：

（46）车（我）把在你骑。

（47）那些钱（张伢）把在佢几用那些钱（小张）给他们用。

（48）衣裳（你）不要把在佢洗衣服（你）不要给他洗。

给予义的“把”在宿松方言中还引申出了表摊派或分派的意义。例如：

（49）（这件事）把在我，我就冇得那里好要是搁我身上，我就没有那么好。

（50）张老师病着，把人到佢家去看下佢张老师病了，让人到他家去看看他。

（51）把人洗衣裳，把人切菜让一些人洗衣服，一些人切菜。

六 作被动标记

“把在[ma^{42}·tʻei]”或“把”在宿松话里既可以表被动又可以表原因。“把在”的“在[·tʻei]”因语音弱化可以只说[·ei]；[·ei]也可以不说出，仅保留一个发音动作，这样，听觉上就只有一个“把”，但在宿松人的语感里仍然有“在”字。因此，“把”是“把在”的变体，下文统一记作“把在”。例如：

（52）电视机把在我修好着电视机被我修好了。

（53）衣裳把在风吹脱着衣服被风吹跑了。

（54）张伢把在佢骂一顿在小张被他骂一顿了。

（55）车把在佢骑去在车被他骑去了。

宿松方言中，被动标记不能直接加在动词前，一定要带关系语①，如不说“衣服把在洗脱着”，而要说成“衣服把在N洗脱着”（N为名词或代词）。“把在”的作用是引进动作的施事或当事；句子的主语一般是定指的；动词一般为动作性强的及物动词，不能是光杆动词，必须有前加成分或后附成分。这些与普通话的被动句大致相同。

七 “把在”作原因连词

宿松方言的“把在[ma^{42}·tʻei]”还兼用作原因连词，大致相当于普通话的“因为、由于”。“把在”作连词时也有一个变体“把”，且读音和作被

① 关系语是指直接与动词联系的名词或名词性短语，见王力（1980：386）。

动标记“把”完全相同。“把在”表原因的用法可以分为两类，一类出现在表原因的分句中，我们把这类句子记作A类。如：

（56）把在佢在这里哭，我烦死着因为她在这里哭，我烦死了。

（57）把在佢在这里坐里不走，我连街都冇上因为他在这里坐着不走，我连街都没有上。

（58）把在天落雨，衣裳到将都冇干由于天下雨，衣服到现在都没有干。

（59）老李把在儿子念大学，这两年把存里钱一下用脱着老李因为儿子上大学，这两年把存的钱全部用光了。

（60）佢把在堂客诊病，将恨不得连饭都冇得吃他由于妻子诊病，现在恨不得连饭都没有吃。

（61）把在受儿子的气，张家老人家在床上困脱好几天因为受儿子的气，张家老人家在床上躺了好几天。

（62）本来冇得事，就是把在佢在中间吵脱在本来没有问题，就是因为他在中间坏了事。

这里带“把在”的原因分句一般是肯定形式，不用否定形式，如果原因分句非得用否定形式，则一般不用原因连词“把在”，如不能说“把在你不去念书读书，你家姆妈你妈妈在家里气病着了”，而要说成“你不去念书读书，你家姆妈你妈妈在家里气病着了”。

另一类“把在”出现在单句中，记作B类。如：

（63）我把在你气死着我因为你气死了。

（64）我把在你笑死着我因为你（可笑的言行）笑死了。

（65）佢把在一只鸡还折个人他因为一只鸡丢人。

（66）把在这滴钱害死两条命因为这点钱害死两条人命。

（67）你儿把在句把话伤和气，不值得你们因一两句话伤了和气，不值得。

（68）王伢今年把在滴水累死着小王今年因浇水累得要死。

（69）我把在吃这个菜咸死着我因吃这个菜咸死了。

（70）我把在佢在这里讲话耽误脱一下昼我因为他在这里讲话耽误了一下午。

例（63）、（64）因“气”和“笑”既可以是及物动词又可以是不及物动词而有歧义。作及物动词时，这两例是被动句；作不及物动词时，“把在”表原因。不过，除非在特定的语境下，这两例通常理解为表原因。

A类句的两个分句有一个共同的话题主语，这个主语既可位于结果分句句首，又可位于原因分句句首；当“把在”后面的成分比较复杂时，B

类句的主语也可以放在由“把在”构成的原因成分后面，如例（69）、（70）可说成“把在吃这个菜，我咸死着”“把在佢在这里讲话，我耽误脱一下昼”，这就变成了A类句。A类句和B类句都是因果句。

由“把在”构成的因果句往往带有对说话人来说是“不愉快、不如意”的意味。“把在”作原因连词常常受到语义的限制。当句子表示的事件对说话人来说是“愉快、如意”的时候，即使句子存在因果联系，也往往不用“把在”，如“因为你帮忙，我现在轻松多了”，“由于采取了新的措施，这个学校发展得很快”，两句中的“因为”和“由于”都不能换成“把在”。可见，宿松方言的“把在”比普通话的“因为”和“由于”的使用范围要窄。

第二节　介词“把”的来源①

“把”表处置和引进工具语的用法是历史上表处置和引进工具语的“把”在方言中的延续。“把”字处置句唐代已见用例：

（71）有人把椿树，唤作白旃檀。（《寒山诗》）

（72）把舜子头发悬在中庭树地。（《敦煌变文集·舜子变》）

引进工具语的用法唐代也已经出现，如：

（73）直把春偿酒，都将命乞花。（韩愈:《游城南·嘲少年》，载《全唐诗》卷343）

（74）轻将玉杖敲花片，旋把金鞭约柳丝。（张祜:《公子行》，载《全唐诗》卷511）

关于“把”表处置和引进工具语的来源，祝敏彻（1957）、王力（1980）、贝罗贝（1989）等认为是由用于连动结构“V1（把）+ N1 + V2 + N2”的“持拿”义动词“把”虚化而来。“把”虚化为表处置的介词还是虚化为引进工具语的介词，跟N1和N2是否同指有关，即当N2 = N1时，“把”虚化为表处置的介词；当N2（V2的受事）≠ N1时，“把”虚化为引进工具语的介词。我们赞同这些先生的观点。

用“把”引进处所和引进动作受益者的句子构造同处置式，只不过介词“把”后面的宾语有些特殊。例（23）—（27）中的“把”引进的是处所，“把”的宾语都是处所词。例（28）—（32）中，“把”的宾语“佢他”、“伢儿孩子”、“我”等也都不是谓语动词的受事，谓语动词后另有受事。大概是

① 这里不包括被动标记“把在”或“把”。

由于“把＋受事宾语＋动词”结构的类推作用，使得动作的非受事成分也用“把”来提前，从而形成了“把”引进处所和引进动作的受益者两种用法。元明时期，“把”就出现了引进处所和引进动作受益者的用法，如：

（75）居在人间世，则合把路上经过，向阴云中步行因甚麼？（《西蜀梦》三折［迎仙客］，曲）

（76）你敢把囚人放了绳索来！（《元曲选·还牢末》二折，白）

历史上这两种用法的“把”跟宿松方言引进处所和引进动作的受益者的“把”应具有共同的来源，不过，“把”的这两种用法在普通话里消失了，在方言里却得到保留。

第三节　给予义动词“把”的来源

“把”除了在宿松方言中可用作给予义动词外，在汉语不少方言中也用作给予义动词。北京大学中国语言文学系语言学教研室编的《汉语方言词汇》列了四个方言点：武汉、扬州、长沙、南昌。这四个点分属三种方言：官话、湘语、赣语。其中武汉、扬州既说“把”，又说“给”，长沙、南昌只说“把”，不说“给”。

汉语史上，“把”也用作给予义动词。“把”最初是“持拿”义动词，它的给予义的用法是怎样来的呢？考察历史上“持拿”义“把”出现的句法环境和与之组合的词语，可据以了解给予义“把”的来源。

我们认为，“把”的给予义是由“把”的持拿义发展来的，从前者到后者大致经历了三个阶段。

大约在魏晋南北朝时期，“把”开始出现在包含给予义动词“与”的句子当中。如：

（77）宝公曰：“把粟与鸡呼朱朱。”时人莫之能解。（《洛阳伽蓝记·城西》“白马寺”条）

例（77）与例（78）、（79）平行：

（78）即持此宝与诸兄弟。（晋竺法护译：《生经》）

（79）帝令取鼓与之。（《世说新语·豪爽》）

这三个句子都表示给予意义，给予义是由动词“与”承担的，“把”与“持”、“取”等处于相同的位置，都是动词，表示“给予”这个动作的辅助动作，跟“与”字一起构成连动结构。

这种“把＋直接宾语＋与＋间接宾语”的句式后世仍然多用。如：

（80）若尧当时把天下与丹朱，舜把天下与商均，则天下如何解安！（《朱子语类》卷16）

（81）曾子尽晓得许多散钱，只是无这索子，夫子便把这索子与他。（《朱子语类》卷27）

（82）也是教他自就切己处思量，自看平时个是不是，未欲便把那书与之读。（《朱子语类》卷95）

（83）那时杨戬把那贾奕词与天觉看了……（《大宋宣和遗事·亨集》）

（84）当初那衣服头面把些儿与我做盘缠不得？（《元曲选·灰阑记》第2折）

（85）他若要讨人时，我情愿把婆惜与他。（《水浒全传》第20回）

（86）你待瞒谁？便把这一百两金子与我，直得甚么？你怕是贼赃时，快熔过了与我！（《水浒全传》第21回）

例（80）—（86）是宋元明时期的材料。其时，“把”已经在连动结构中发育成为以引进受事为主要功能的介词，所以，这几个句子都可以作两种分析：（一）谓语部分为连动结构，“把”仍是表示持拿义的动词；（二）谓语部分为状中结构，“把”是引进受事成分的介词。从后来出现“把”跟“与”连在一起的情况看，第一种处理比较妥当，因为只有动词“把”后面才可以不出现宾语，也才能跟“与”字挨在一起。例（87）“把”后不出现宾语而且带“得”，也能证明这个“把”仍然是动词：

（87）王公，我日前曾许你一具棺材钱，一向不曾把得与你。（《水浒全传》第21回）

“把”出现在包含给予义动词“与”的句子当中，是“把”由持拿义转为给予义的第一步。接下来的变化是，“把”的宾语提前，“把”与“与”挨拢。如：

（88）人生天地间，都有许多道理。不是自家硬把与他，又不是自家凿开他肚肠，白放在里面。（《朱子语类》卷9）

（89）子路须是有个车马轻裘，方把与朋友共。如颜子，不要车马轻裘，只就性分上理会。（《朱子语类》卷29）

（90）情如何可灭！此乃释氏之说，陷于其中不自知。不知当时曾把与韩退之看否？（《朱子语类》卷59）

（91）上蔡家始初极有好玩，后来为克己学，尽舍之。后来有一好砚，

亦把与人。（《朱子语类》卷 101）

（92）大雅云："此书却好把与一般颓阘者看，以作其喜学之意。"（《朱子语类》卷 103）

（93）孟子幼时听得东家杀猪，问母亲："这的做什么？"母亲道："待把与你吃。"（元郑镇孙：《直说通略》卷 2）

（94）宋江接了金钗，不合把与那娼妓阎婆惜收了。（《大宋宣和遗事·元集》）

（95）今日我有些金子在这里，把与你，你便可将去陈二郎家买了一具棺材，放在家里。（《水浒全传》第 21 回）

"把"、"与"挨拢是"把"衍生出给予义的关键的一步。当"把"和"与"挨拢在一起的时候，这个"把"就不再跟介词"把"发生纠葛，只能看成动词，"与"表给予，"把"表给予的辅助动作。在下面的句子里，"把"的前面另有辅助动词出现，"把"的持拿义因此失去着落。如：

（96）你与我将这封书去四十五里把与官人。（《清平山堂话本·简帖和尚》）

（97）许宣便起身到卧房中开箱，取出白娘子的银来，把与姐姐。（《警世通言·白娘子永镇雷峰塔》）

（98）且说西门庆去不多时，包了一包砒霜来，把与王婆收了。（《水浒全传》第 25 回）

（99）西门庆取银子把与王婆，教买棺材发送。（《金瓶梅》第 5 回）

很可能当时这个"把与"已经被人们当作一个表示给予义的动词了。其所以如此，是因为"把"和"与"经常连在一起表示给予，使得"与"把它的给予义传染给了"把"。有的学者把这种现象叫作"词义感染"（伍铁平，1984），有的学者管这种现象叫作"组合同化"（张博，1999）。

所谓"词义感染"指的是不同于词义引申的一种词义变动现象，甲词的某个意义不是从甲词本体上滋生出来，而是由乙词客体上移植过来的。无论"把"的本义"握"，还是它的引申义"拿"，都没有可能引申出一个"给予"的意义来。"把"的"给予"义是"与""传染"给它的。发生词义感染首先必须甲、乙两词互相接触，密切往来。如果"把"不和表给予义的词密切接触，"与"无从把自己的意义传染给"把"。笔者考察了《水浒全传》，跟"与"搭配的"把"多到 60 余例，高频组配使"把"从"与"身上感染上给予义成为可能。但仅仅有接触这一条还不够，词与词意义之间的相容性，也是发生词义感染的先决条件。

如果把“给予”这个动作加以分解，那么这个过程可以分解为两个阶段：“拿”是初始阶段，“交付”是结束阶段。“把”的“拿”义跟“给予”义相容而不相悖，因而能够接受“与”的感染而衍生出一个“给予”的意义来。

“把”在感染上“给予”意义之后，就可以摆脱对“与”的依赖，单独表示给予意义。如：

（100）却才小弟正欲要阻，兄长已把在他手里了。（《水浒全传》第38回）

（101）捉得这个和尚，请得一千贯钱来把我们做买卖，却不是好？（《平妖传》第30回）

（102）先夫留下银子，我好意把你，我也不知怎的来的。（《警世通言·白娘子永镇雷峰塔》）

（103）哥哥所遗衣饰庄田之类，都把他去。（《醒世恒言·两县令竞义婚孤女》）

（104）你可有盘缠？把些儿我去。（《西游记》第76回）

（105）只靠伯父把得这些东西，且逐渐用去度日。（《拍案惊奇》卷38）

（106）况他又心慈，见那些穷亲戚，自己吃不成也要把人吃，穿不成的也要把人穿。（《儒林外史》第5回）

（107）那有白使人不把银子之理！（《绿牡丹》第21回）

（108）还有一首诗，叫我把你，劝你，劝你不要悲伤。（《青楼梦》第47回）

无须同“与”字搭配，能单独构成表示给予意义的句子，标志着“把”由持拿义转为给予义的过程的终结。

“把”字后面可以跟直接宾语，如例（105）、（107）；也可以跟间接宾语，如例（101）、（102）、（103）、（106）、（108）。要是“把”的后面既有直接宾语又有间接宾语的话，两者的次序是直接宾语在前，间接宾语在后，如例（28），先间接宾语后直接宾语的例子没有发现。

“把”同给予义发生关系是从进入包含“与”的句子开始的。“把”本来的意义是持拿，所以在这种句子中，“把”的后头无例外地只出现“给予”的东西，不出现接受者。当它衍生出“给予”的意义之后，活动方式向“与”靠近，后头既可以跟给予的东西，又可以跟接受者，但由于原来的活动方式的惯性作用，它仍然跟给予的东西亲近而跟东西的接受者疏远，所以，当它后面既要出现给予的东西又要出现接受者的时候，也就选择了东西在先、接受者在后的次序。现代用“把”表给予义的方言一般都是这样，上文列举的武汉、扬州、长沙、南昌四个方言点中，只有扬州是例外（王世华、黄继林编纂的《扬州方言词典》举的例子是“把我一本书”)。我们认为这可以由“把”的给予义的来源得到解释。至于扬州话出现例外，那大约是这个方言既用“把”，又用“给”，“把”被“给”同化了的缘故。

“把”的给予义产生不算太晚，至迟在元代就有了，从文献反映的情况看，“把”用为给予动词的分布范围也是比较广的。所以我们有理由认为宿松方言“把”用为给予义动词是近代汉语的延续。给予义动词“把”在宿松方言中又发展为跟引进与事的“在”搭配使用，导致“把”和“在”进一步融合为使役动词（详见本章第四节）。

第四节 被动标记“把在”的来源

被动标记“把在”源于给予义动词“把”。给予义动词“把”语法化为被动标记的句法条件是：“把”用作连动结构的前一动词，“把”后面另外有动词。又有不同的情况，其中一类是：

（109）伹不把这一瓶酒在老王喝她不给这一瓶酒老王喝。

这类“S＋把＋N1＋在＋N2＋V”的N1可以是有定的，也可以是无定的。由于动作的受事仍在“把”后面，“把”就不可能发展为被动标记。但是，说话人选择什么作话题是自由的。当“把”后的N1是定指成分时，一般可以作为话题放在句首构成受事主语句，因此，例（109）可变为：

（110）这一瓶酒（伹）不把在老王喝这一瓶酒（她）不给老王喝。

这类句子施事主语通常不出现，但可以补出，如例（110）括号里的成分。由于“把”的宾语提前，“把”和引进与事的介词“在”挨拢，“把在”可以作两种分析:(一）表给予，这种分析是把“把在”看成两个成分:“把”是动词，“这一瓶酒”是它的受事，同时也是“喝”的受事；“在”是介词，引进对象“老王”。(二)表使役、容忍。这种分析是把“把在”看成一个整体，受事主语“这一瓶酒”只能是“喝”的受事，不能是“把在”的受事，“把在”同“老王”发生关系。

“把在”用于构成使役句是“把”由表给予发展为被动标记的关键的一步。例（111）的“把在”只能理解为使役动词：

（111）这一瓶酒莫把在老王喝脱着这一瓶酒别让老王喝掉了。

给予义动词“把”和“在”连用时,“在”引进的是给予的对象。“把在”后的N最初都是有生命的人或动物。但是,当一个语词的意义发生变化之后,它同别的词的组合关系也会发生相应的变化。由于“把在”发生了从表给予到表“使、让、允许”的语义变化，它后面的N就不再限于有生命的人或动物，无生命的事物也可以进入这个格式。如：

（112）衣裳莫把在风吹跑着衣服不要让风吹跑了。

（113）鞋莫把在水浸湿着鞋不要让水浸湿了。

（114）菜莫把在火烧黑着菜不要让火烧黑了。

如果“把在”后面的N不具有这种既是主体又是受事的双重语义身份，即使N是指人，“把在”也只能表给予，不能转化为表使役。如：

（115）老张里女把在佢做堂客在老张的女儿给他做妻子了。

因此，并不是所有的“S受事（＋施事）＋V1（把在）＋N＋V2”类句的“把在”都能发展为表使役，这种转换是有条件的，即N既是“把在”的受事，又是V2的动作的主体。

我们认为被动标记“把在”由使役动词“把在”语法化而来。使役句和被动句表层结构完全相同，都是“S（受事主语）＋把在＋N＋V”形式，V都是及物动词，S在语义上都是V的受事。当这类使役句用于已然语境表示某一情况已经实现时就转而表被动。因此被动句的动词后面往往带有表动作实现或标明动作有了某种结果的成分，如结果补语、动相补语（如“脱”）、完成体助词（如“着”）等。例（111）—（114）去掉句中的否定词，则表已然事件，“把在”就语法化为被动标记了。

被动句与使役句又有所不同。被动句“把在＋N＋V”中的N只是动作的主体，而不再是“把在”的受事，因为“把在”已经虚化为介词了；被动句中“把在”前面只能出现受事主语，不能补出施事，而使役句的“把在”前面虽然可以不出现施事主语，但可以补出。另外，被动句里的V是被动态，而使役句“把在”后面的V是主动态，只不过由于汉语是非形态语言，动词的这种变化不能在形式上体现出来。

宿松方言表“使、让、允许”义最常用的是“等”或“让”。既然表使役的词可以转化为被动标记，那为什么宿松方言的“等”或“让”没有发展成为被动标记呢？笔者考察了宿松方言“等/让”的使用情况，发现与表“使、让、允许”义的“把在”有不同的分布：“等/让＋N＋V”中，V可以是及物动词，也可以是不及物动词。当V是及物动词时，V的受事位于动词后的情况比位于“等/让”前面的情况更常用。“把在＋N＋V”中，V是及物动词，并且它的受事只能出现在“把在”的前面。用“把在”的使役句跟被动句更为接近，这是“把在”发展成为被动标记的原因。

跟给予义相关的“把”总是与“在”搭配，上举表使役和表被动的“把”，有“把”就会有“在”。因此，我们可以将“在”是否跟“把”连用作为判别介词“把”是否来源于给予义“把”的依据。

汉语史上“把”也可用作被动标记。我们认为，历史上的被动标记“把”也由给予义动词“把”经过使役阶段语法化而来。给予义“把”本章第三节已作了介绍。“把”表使役元明时期已见用例：

（116）他两个有甚麼功劳，把他潞州天堂郡去？（《哭存孝》一白）

（117）这明明是天赐我两个横财，不取了他的，倒把别人取了去？（《杀狗劝夫》第二折）

（118）西门庆道：“咱恁长把人靠得着，却不更好了。”（《金瓶梅》第 1 回）

例（116）的“去”为不及物动词，这类句子的“把”不能虚化为被动标记。而例（117）、（118）V2 为及物动词，这两例的“把”既可以理解为表使役，又可理解为表被动，因此，这两例的“把”处于由使役动词向被动标记转化的过程中。

明代已经有了“把”表被动的少量例子：

（119）你是男子汉大丈夫，把人骂了乌龟王八，看你如何做人？（明无名氏：《欢喜冤家》第 1 回）

这一例是表已然事件的句子，“把”只能理解为表被动，而且使役动词往往具有自主性和可控性，而例（118）的“把”不具有这种性质，它已虚化为一个表被动的语法成分了。

第五节 原因连词“把在”的来源

“把在”在宿松方话里既可用作被动标记，又可用作原因连词。“把在”作原因连词举例如下：

（120）把在佢讲那些话，我心里到将都不舒服由于她讲那些话，我心里到现在都不舒服。

（121）我本来昨日就要把书送在你，把在家里临时有滴事，到将只搞拿在你我本来昨日就要把书送给你，因为家里临时有点事，到现在才拿给你。

（122）我把在佢在这里坐里急死着因为他在这里坐（耽误我的时间），我急死了。

（123）我把在佢讲那些话不快活我因为他讲那些话不高兴。

例（120）、（121）的原因连词“把在”出现在表原因的分句中，这类句子即本章第一节“七”的A类句，例（122）、（123）的“把在”出现在单句中，即第一节“七”的B类句。

被动句一般都出现或隐含受事主语，“把在”的关系语N是V的动作主体，V是被动态的及物动词，后面一般不带受事宾语，V表示的动作语义上指向句子的受事主语。跟被动句不同，因果句都不能补出受事主语。

被动句和因果句差别很大，“把在”不是由被动标记直接变为原因连词的，其演变过程经过了一个中间环节，这个中间环节要从宿松方言里“把在＋N1＋V＋N2”的句子说起。这类句子带有说话人很强的出乎意料或“不如意”的主观性，我们把这类句子叫作“遭遇句”。例如：

（124）把在佢害脱我里笔在（没想到）他弄坏我的笔了。

（125）把在猪吃脱红芋在（没想到）猪吃了红薯了。

（126）把在佢买倒火车票在（没想到）他买到火车票了。

（127）把在王伢搭脱我里茶碗在（没想到）小王摔破我的茶碗了。

（128）把在佢捉倒两条鱼在（没想到）他抓到两条鱼了。

（129）把在佢看个儿子在（没想到）她生了一个儿子。

（130）把在你说佢家姆妈走着，害得佢哭死着（没想到）你说他妈妈走了，害得他哭死了。

（131）把在老李当上校长在（没想到）老李当上校长了。

（132）把在佢考上大学在（没想到）他考上大学了。

这类句子不能用“不”或“有有没有”进行否定，这是因为这类句子都表示已经发生的事件，不表示未发生的或不发生的事件，因而没有否定形式。根据动词后宾语是否可以提前，遭遇句又可分为两类。一类可以把动词的宾语提到“把在”的前面构成被动句，如例（124）—（127），例（124）的宾语提前就变成了被动句“我里笔把在佢害脱在我的笔被他弄坏了”；另一类动词的宾语不能提前变换成被动句，如例（128）—（132）[例（128）、（129）受事宾语不是定指的，例（130）—（132）的动词都不是动作性强的动词]。

“遭遇句”不同于被动句。“遭遇句”一般都没有主语，带有比被动句更强的主观性，着眼点跟被动句也不同。被动句是表示动作行为对受事者产生某种影响，它着眼于受事所处的状态；而“遭遇句”则着眼于动作行为的发出者，表示说话人主观上认为动作行为本不该发生在N1身上，N1一般要重读。

“遭遇句”也不同于主动句。主动句一般有主语，“遭遇句”不出现主语。“遭遇句”去掉“把在”，就成了主动句，但句子出乎意料的主观性消失了。“遭遇句”具有不同于主动句的语用价值。

“遭遇句”跟被动句相比，最突出的特点是谓语动词带受事宾语，被动句的谓语动词虽然也可以带宾语，但要受到限制。如：

（133）佢家儿子昨日把在佢打一顿在他儿子昨天被他打了一顿。

（134）衣裳把在佢洗脱头道在衣服被她洗完了第一遍。

（135）被卧把在佢捆成个豆腐块在被子被他捆成一个豆腐块了。

（136）酒把在老张泼在地下在酒被老张泼在地下了。

（137）鸡把在佢撂在河里去着鸡被他丢到河里去了。

上举例句中，动词的宾语不是受事宾语，而是吕叔湘先生（1984）所说的“动量宾语”如例（133）、（134），“结果宾语”如例（135），“处所宾语”如例（136）、（137）。有些被动句也可以带受事宾语，如：

（138）佢把在火烫伤着脸在他被火烫伤了脸。

（139）小莲把在车压断腿在小莲被车压断腿了。

（140）我把在风吹脱帽子在我被风吹掉帽子了。

（141）老刘把在贼偷脱牛在老刘被贼偷掉牛了。

例（138）、（139）动词的宾语是主语身体的一部分，例（140）、（141）的宾语为主语所领有。这类句子的动词在语义上主要指向它的宾语而不是主语。既然动词后面可以带与主语相关的受事宾语，这就为“遭遇句”的产生提供了条件。受汉语中原有的“主＋动＋受事宾语”结构的影响，被动句中动词带宾语逐渐自由，于是就形成了一种不同于被动句又不同于主动句的句子，即“遭遇句”。“遭遇句”跟被动句相同的是，都用“把在”引进动作的施事或当事，动词一般都是及物动词；跟主动句相同的是，动词后面可以带受事宾语。

被动句和“遭遇句”都有表示对说话者来说出乎意料的意思，都有较强的主观性。汉语被动句的语用蕴含意义是表示出乎说话人意料之外，即动作行为对受事者的影响出乎说话人的意料（洪波、赵茗，2005）。“出乎意料”和“不如意”经常是联系在一起的：按照人的正常的期待心理，应该发生的事情是如意的事情，出乎意料的是不该发生的（沈家煊，2002）。所以，被动句和“遭遇句”往往都有表示对说话者来说不如意的意思。

“遭遇句”充任因果关系复句的原因分句，是“把在”演变为原因连词的契机。“遭遇句”与原因分句的线性排列完全相同，只是内部结构关系不同。“把在”作为表原因的连词，管的是它后面的整个部分；而“遭遇句”的“把在”只管它后面的 N1。试比较：

遭遇句：把在佢害脱我里车在他弄坏我的车了。 格式为：（把在 N1）＋ V ＋ N2

A 类因果句：把在佢害脱我里车在，我将连街都不能上由于他弄坏我的车了，我现在连街都不能上。 格式为：把在＋（N1 ＋ V ＋ N2），＋小句

“把在”虚化为原因连词后，原因分句的动词不再限于及物动词，不及物动词、形容词等都可以进入 V 的位置。

被动句即使作为因果关系复句的原因分句，“把在”也只能看作被动标记而不是原因连词。如：

（142）小华从把在佢爷老子打脱一顿，将念书比原先用心好多小华自从被他父亲打了一顿后，现在读书比原来用功多了。

可见，被动句跟原因句的关系较之“遭遇句”要疏远。

“遭遇句”跟原因句在语义上也存在一定的联系。出乎意料的、偶然的事件往往会引发一种绝然不同的，甚至完全相反的结果；如果出现了某种不同的或相反的结果，往往是由出乎意料的、偶然的事件引发的，我们往往要对导致这种结果的原因作出说明。“遭遇句”正好具有这种表示出乎意料的语义特点，因此很容易进入因果关系复句，导致“把在”进一步虚化为原因连词，而由“把在”构成的因果句也带上了对说话者来说不如意的意思。

A、B 两类因果句之间没有本质不同。由于“遭遇句”本身是小句，能自然地用于 A 类句，因此我们认为是 A 类句出现在先，B 类句出现在后。“把在”在 A 类句有了原因连词的用法之后，其后的成分就不再限于小句，谓词或谓词性词组以及体词或体词性词组都可以放在“把在”之后。这样一来，“把在”连同它后面的成分就可以在一个单句里面充当表原因的成分，于是出现 B 类句。

被动标记“把在”演化为原因连词的轨迹是：用于被动句 → 用于遭遇句 → 用于 A 类句的原因分句 → 用于 B 类句。

第十章

述补结构及补语标记

朱德熙（1982）根据形式特征把现代汉语的述补结构分为黏合式和组合式两类，组合式包括状态补语结构（“长得漂亮”）和可能补语结构（“拿得动”），述语和补语之间有“得”。宿松方言有所不同，结果补语结构和趋向补语结构既有黏合式，又有组合式。联系补语的语法成分有两个：“里[·li]”和“得[·tæ]”。“里”连接结果补语、趋向补语、状态补语和可能补语，不连接程度补语；“得”连接状态补语、可能补语和程度补语，不连接结果补语和趋向补语。“得”[1]连接状态补语时，“里”和“得”可以自由替换；连接可能补语时，用“得”比用“里”要常见。“得”既可用于“V得C”，又可用于“V得O”和“V得”。“V得O”和“V得”的“得”本身是能性补语（“V得O”是“V得”带宾语），不是联系补语的成分。为了说清楚“得”和“里”的不同，我们也讨论这两种述补结构。

第一节 结果补语结构

“V里C”表示动作有了某种结果。C可以是单个动词、简单形容词、动词结构。用于陈述句的组合式的“V里C”跟黏合式的“VC”的共同特点是：其后通常要带实现体标记“着”。

C为单个动词：缠惹里笑着 | 气里哭着 | 拉里开着 | 割里断着 | 饿里死着

C为简单形容词[2]：晒里干着 | 染里红着 | 洗里干净着 | 吃里饱着 | 转拧里紧着

C为动词性结构：伢儿孩子与喂里吃饱着 | 手烫里起个泡在了 | 佢气里跑

---

① 宿松方言中，“得”后面的补语也可以是趋向动词，本书只把表动作有了结果的趋向补语归入趋向补语结构类，而把表可能的趋向补语归入可能补语结构类。

② 朱德熙（1980）把现代汉语形容词分为“简单形式”和“复杂形式”两类。这里所谓“简单形容词”相当于朱先生说的形容词的简单形式，下文所谓复杂形容词相当于朱先生说的形容词的复杂形式。

到娘家去着了

“缠里笑着”的意思是惹笑了，“晒里干着”的意思是晒干了，余仿此。C为单个动词和简单形容词时，“V里C着”都可以转换成黏合式的“VC着”，如“气哭着、拉开着、晒干着、洗干净着”。用于陈述句的“V里C着”和“VC着”既可以足句（这时“着”兼表事态出现某种变化），也可用表事态出现某种变化的句末助词“在”结句。例如：

（1）衣裳晒里干着衣服晒干了。| 姆妈妈妈气哭着。

（2）衣裳晒里干着在衣服晒干了。| 姆妈气哭着在。

（3）王伢劳里得着了病在小王操劳得生病了。

“V里C”和“VC”如用于疑问句，句末不用助词“着”或“在”，例如：

（4）——你吃里饱冇吃饱没有？

——吃里饱着了。

（5）——你吃饱冇吃饱没有？

——吃饱着了。

C为单个动词和简单形容词时，“V里C着”都有“VC着”形式，但不是所有的“VC着”都有相应的“V里C着”形式，原因在于“V里C着”和“VC着”并不完全等同。陆俭明（1997）把普通话由形容词充当第二成分的动结式的语法意义概括为以下四种：甲、预期结果的实现，如“晾干了、洗干净了”；乙、非理想结果的出现，如“洗破了、搞坏了”；丙、自然结果的出现，如“长高了、变红了”；丁、预期结果的偏离，如“挖浅了、买贵了”。陆先生指出，影响这四种语法意义的因素是：（一）形容词的性质；（二）动词的性质；（三）述语动词所表示的行为动作对作补语的形容词所表示的性质的制约作用；（四）语境。宿松方言的“VC”与普通话“VC形”的意义大致相同。

甲义：晾干着 | 洗干净着 | 吃饱着 | 听懂着 | 讲清楚着 | 转拧紧着

乙义：气哭着 | 着穿破着 | 饿死着 | 劳操劳瘦着 | 赌输着 | 搞邋遢脏着 | 烧黑着

丙义：变红着 | 变灵性聪明着 | 变好着 | 长齐整漂亮着 | 长胖着

丁义：买长着 | 做短着 | 挖浅着 | 来早着 | 做窄着 | 裁短着 | 煮稀着

甲义和乙义的“VC”都有相应的“V里C”形式，但“V里C”比“VC”更有强调结果的作用。丙义和丁义没有相应的“V里C”形式。虽然实际语言中也有“挖里浅着”等说法，但表示的仍然是甲义或乙义。C为动词性结构时，"V 里 C" 也表示甲义（如 "佢巴巴结里当上校长在了"）和乙义（如 "衣裳洗里退脱掉色在了"），不表示丙义和丁义。

"V 里 C" 和 "VC" 除了上述表义上的差别外，还有以下几点不同：第一，否定形式不同。C 如果为动词性结构，"V 里 C" 没有相应的否定形式。C 为单个动词或简单形容词时，"V 里 C" 的否定形式是 "V 里＋冇有没有＋ C"，否定的是动作结果的达到，如 "晒里冇有干"、"转拧里冇有紧"、"吃里冇有饱" 等；"VC" 的否定形式是 "冇有没有＋ VC"，否定的是动作结果的出现，如 "冇有晒干"、"冇有捏紧"、"冇有吃饱"。试比较下列句子：

（6）——衣裳晒里干冇没有？

——晒里冇有没有干。

（7）——衣裳晒干冇没有？

——冇有没有晒干。

第二，"V 里 C" 用于已然语境，不用于未然语境，如例（8）；"VC" 可用于已然语境［例（9）］，也可用于未然语境［例（10）］：

（8）哥哥昨日又赌里输着。| 佢把在你骂里哭着她被你骂哭了。

（9）妹里的衣裳做短着妹妹的衣服做短了。| 佢把在你骂哭着她被你骂哭了。

（10）衣裳一晒干着就收起来衣服如果晒干了就收起来。| 你着那大个力，衣裳一会儿洗破着你使那么大的力气，衣服一会儿洗破了。

第三，"VC" 可以带宾语，"V 里 C" 不能带宾语。例如：

吃饱着饭 | 洗干净着衣裳 | 屋里坐满着人 | 哭红着眼珠眼睛 | 晒迟着被卧晒晚了被子

第二节　趋向补语结构

趋向补语指由趋向动词充任的补语。作补语的趋向动词可以是单纯趋向动词，如 "来、去、进、出、上、下、回、过" 等，也可以是复合趋向动词，如 "上来、下去、进来、进去、出来、出去、回来、回去、过来、起来" 等。宿松方言的趋向补语结构可以是组合式的 "V 里 C"，也可以是黏合式的 "VC"。

一　"VC" 式的趋向补语结构

由单纯趋向动词 "来、去" 构成的述补结构后边只能带一般宾语，不能带处所宾语，且宾语要放在述语和补语之间。例如：

搞拿一本书来 | 寄一百块钱去

由“进、出、上、下、回、过”等动词作补语的述补结构后头可以带处所宾语，例如：

搬进洞里 | 抬出屋 | 搬回娘家 | 爬上树 | 送下山

北京话宾语在复合趋向动词构成的述补结构中的位置，朱德熙（1982：129）认为由以下三个因素决定：（一）宾语是一般宾语还是处所宾语；（二）宾语是有定的还是无定的；（三）充任述语的动词是及物的还是不及物的。宿松方言的这类格式带宾语时跟普通话大致相同，只存在细微差别。

（一）宾语为处所宾语时，只能插在复合趋向补语中间。例如：

送回娘家去

（二）无定宾语的位置比有定宾语自由。不论充当述语的动词是及物的还是不及物的，无定宾语主要占据甲、丙两种位置：

甲、述语之后：飞一只苍蝇进来着了 | 落掉一个梨子下来着 | 搞拿一本书出来

乙、“V出+宾语+（出）来”：搞拿出一百块钱来 | 摸掏出一百块钱出来

丙、宾语在整个述补结构之后：飞进来一只苍蝇 | 落掉下来一个梨子 | 搞拿出来一本书

有定宾语只能在述语是及物动词的格式里出现，而且只占据甲和乙两种位置，不能占据丙的位置：

甲、搞拿那个书出来 | 送我里的钱过来 | 摘那个桃子下来

乙、搞拿出偷里的东西出来 | 讲出那个话出来着了

（三）述语如果为不及物动词，有定的体词性成分不能作为述补结构的宾语出现，只能作主语出现。例如：

那个伢儿孩子又跑出去着了

二　“V里C”式的趋向补语结构

“V里C”式的C可以是单纯趋向动词，也可以是复合趋向动词。例如：

当里上当上 | 搞拿里来拿来 | 爬里下来爬下来 | 举里起来举起来 | 抬里上来抬上来 | 搬里回来搬回来 | 走里回去走回去

“V里C”表示动作造成的人或物体的位移。“V里C”只用于陈述句，不用于疑问句，疑问句只能用黏合式的“VC”形式，如一般不说“桌子搬

里出来有没有”，而要说成“桌子搬出来有没有”。“V 里 C”后面也都要带表完成兼表事态出现某种变化的时体助词“着”。例如：

当里上着当上了｜搞里来着拿来了｜爬里下来着爬下来了｜举里起来着举起来了｜抬里上来着抬上来了｜搬里出来着搬出来了｜送里回去着送回去了

趋向补语结构“V 里 C”都有相应的“VC”形式，即“V 里 C”都可以转换成“VC”,转换后也要带时体助词“着”,如“爬下来着、举起来着”等。“V 里 C”和“VC”的否定形式均为“没有 VC”，如“没有爬下来、没有送回去”。相比较而言,“V 里 C”比“VC”带有一点强调补语的意味,但“VC”结构比“V 里 C”要常见得多，“V 里 C”并不常见。“V 里 C”和“VC”语义相当接近，这大概是导致“V 里 C”结构逐渐萎缩的原因。

第三节 状态补语结构

状态补语既可以用“里”连接，也可以用“得”连接，“得”和“里”一般可以自由替换。为行文方便，这里统一记作“里”。补语 C 可以是简单形容词、复杂形容词和动词性结构。

C 为简单形容词：晒里干｜写里好｜吃里饱｜捏里紧｜洗里干净｜长里齐整漂亮

C 为复杂形容词：洗里干干净净里个干干净净的｜舞煮、炒里香喷着[①]香喷喷的｜冻里冰冷｜长里才真齐整长得非常漂亮

C 为四字语：讲里头头是道｜搞里乱七八糟｜问里一清二楚

C 为动词性结构：讲里听得懂｜我里的腰痛里直不起起来｜冻里头痛

当 C 包含状态补语结构时，通常是“里”和“得”配合使用，例如：

（11）王伢小王跑得衣裳汗里透湿。

（12）王伢小王跑里衣裳汗得透湿。

“王伢跑得衣裳汗得透尽湿”或“王伢跑里衣裳汗里透尽湿”的说法不常用，这大概是为了避免用字重复。

第四节 可能补语结构

宿松话的可能补语结构有三种：V 得、V 得 O、V 得 / 里 C。头两类“得”

---

① 这里的“着”为状态形容词后缀，“香喷着”中的“喷”要重读。

为能性补语，后一类的“得”和“里”是联系动词和补语的成分。

（一）V 得：用得、吃得、做得

“得”用于表示可能、可以。这类“V 得”的否定形式是在“得”前加“不”，如“吃不得”、“讲不得”、“走不得”。

（二）V 得 O。O 为宾语，由体词性成分充任，例如：

（13）佢穿得我里的衣裳。| 奶奶好些在，将吃得滴奶奶好一些了，现在能吃一点儿。

（14）一斤米吃得两个人。| 家里谷吃得半年。

（三）V 得 / 里 C

可能补语标记既可以用“得”，又可以用“里”，但用“得”比用“里”要常见。为行文方便，这里统一记作“得”。

C 为单个动词、简单形容词，如：

扯得断 | 解得开 | 撕得破 | 考得上 | 吃得下去 | 塞得进去

洗得干净 | 走得快 | 吃得饱 | 捏得紧 | 晒得干

也可以是半虚化成分“倒”、“脱”，如：

（15）奶奶里钱只佢用得倒奶奶的钱只有他能拿来用。| 只有你劝得倒只有你能劝得住。| 我看得倒能看见。

例（15）中的“倒”表示主、客观条件容许实现某种动作，还带有一定的实义。

（16）毛笔字我写得倒毛笔字我会写。| 佢半斤饭吃得倒他能吃半斤饭。| 佢在那里一年一万块钱寻得倒他在那里一年能够挣一万块钱。

例（16）中的“倒”表示完成某种动作的可能性，意义更虚，这类“倒”吴福祥（2002b）称为“假位可能补语”（Dummy potential complements）。

“脱”有“完、掉”的意思，如“吃得脱、洗得脱”。表“完、掉”意义的“脱”和上述的“倒”都只能作补语。这类只能作补语的成分，刘丹青（1994）称为“唯补词”。

表可能的补语“得”也可以用“里”来连接，如“吃里得”、“用里得”、“做里得”，但没有“吃得得”之类的说法。

“V 得 C”的否定形式是“V 不 C”。可能补语的肯定形式和否定形式的出现几率基本持平。宿松方言没有表可能的“能 VC”形式。

“V 得 C”可以带宾语，宾语有两种位置：（一）位于“V 得 C”之后，构成“V 得 CO”的形式；（二）位于“得”和可能补语 C 之间，构成“V

得 OC”的形式。以“V 得 OC”为常。例如：

（17）佢打得哥哥赢。| 我挑得一担水起。| 我写得毛笔字倒我会写毛笔字。

（18）佢打得赢哥哥。| 我挑得起一担水。| 我写得倒毛笔字我会写毛笔字。

带宾语的“V 得 C”的否定形式也有两种：（一）与“V 得 OC”对应的否定形式是“VO 不 C”；（二）与“V 得 CO”对应的否定形式是“V. 不 CO”。如：

（19）佢打哥哥不赢。| 我挑一担水不起。| 我写毛笔字不倒我不会写毛笔字。

（20）佢打不赢哥哥。| 我挑不起一担水。| 我写不倒毛笔字我不会写毛笔字。

带宾语的“V 得 C”的肯定式和否定式都有两种并存语序：

肯定式　否定式

a：V 得 OC → VO 不 C

b：V 得 CO → V 不 CO

这两种不同的语序，代表了两种不同的语言层次。吴福祥（2003a）认为，a 类（原文作 A 类）是唐代产生的形式，后来为绝大多数南方方言所承继，成为这些方言“得”字结构系统中最早的形式；b 类（原文作 C 类）原是宋元时期北方方言中产生的一种形式，这类格式进入通语后通过句法扩散进入南方方言。

第五节　程度补语结构

程度补语结构“V 得 C”中，述语为形容词或动词，“得”后是表程度深的副词或习语“很、不得了、要死、要命、人死”等。例如：

今朝冷得不得了 | 佢懒得很 | 累得要命 | 笑得人死 | 哭得要死

V 含有致使义时，可以带人称代词宾语，其位置通常是在“得”和补语之间，例如：

热得佢要死 | 累得我要命

第六节　小结

一　“里”和“得”在述补结构中的分布

“里”和“得”在述补结构中的分布情况如表 10-1 所示。

表 10–1　　补语标记"里"和"得"分布情况表

补语的类别 / 补语标记	结果补语（只用"里"连接，不用"得"）	趋向补语（只用"里"连接，不用"得"）	可能补语（用"得"连接比用"里"常见）	状态补语（用"得"和用"里"连接均可）	程度补语（只用"得"连接，不用"里"）
里	吃里饱着了 骂里哭着了 冻里得着了病在了	当里上当上 爬里下来爬下来 举里起来举起来 搬里回来搬回来	洗里干净 听里懂 佢打里哥哥赢	长里齐整漂亮 洗里雪白 气里头痛	
得			洗得干净 听得懂 佢打得哥哥赢	长得齐整漂亮 洗得雪白 气得头痛	佢懒得很 热得佢要死

二　格式相同而功能有别的情况

格式相同功能不同有两种情况：一是"V 里 C"既可以是状态补语结构，又可以是结果补语结构；一是"V 得 / 里 C"既可以是可能补语结构，又可以是状态补语结构。

（一）状态补语结构"V 里 C"和结果补语结构"V 里 C"的判别

状态补语和结果补语都可以由简单形容词和动词性结构充任，因此，"V 里 C"有时有歧义。结果补语和状态补语意义相近，单凭意义不易区分哪是状态补语，哪是结果补语。可以找出一些区分的形式标准。第一，结果补语结构所在的句子，句末可以用表完成兼表事态出现变化的助词"着"或表事态出现变化的助词"在"，状态补语结构所在的句子，句末不能用"着"或"在"。如：

（21）鞋磨里破着了。| 气里得着了病在了。（结果补语）

（22）吃里满很饱。| 急里打转筋急得团团转。（状态补语）

有些由动词性结构充任状态补语的句子似乎可以在句末用助词"着"或"在"，但用了"着"或"在"后，"里"连接的就不是状态补语而是结果补语了。试比较：

（23）赌里把屋都卖脱掉。| 辣里出一身汗辣出一身汗。（状态补语）

（24）赌里把屋都卖脱掉着了。| 辣里出一身汗在。（结果补语）

结果补语所在的句子着眼于动作结果的出现，是有界的，说话人旨在将出现的结果作为一种新的情况报告出来，所以句末往往用表事态出现变化的助词"着"或"在"；状态补语所在的句子着眼于人或事物所处的状态，是无界的，说话人旨在对这种状态进行描述。

第二，"得"可连接状态补语，但不连接结果补语，因此，例（22）、（23）

的“里”可用“得”替换，例（21）、（24）的“里”一般不能用“得”替换。C 为简单形容词时，还可以用另外两条区别标准：第一，结果补语结构和状态补语结构的否定形式不同，状态补语结构的否定形式是“V 里＋不＋C”，是否定人或事物所处的状态；结果补语结构的否定形式是“V 里＋有有＋C”，是否定动作结果的达成。例如：

（25）这些柴晒里干，好烧。（状态补语）否定形式：晒里不干

（26）这些柴晒里干着了，将现在收起来。（结果补语）否定形式：晒里有有没有干

第三，C 为状态补语时，C 前后可以加别的成分进行扩展，如例（25）的“晒里干”可以在“干”前面加程度副词“爆很”。C 为结果补语时则不能扩展。

充任状态补语的成分同充任结果补语的成分也不完全一样，黏合式的述补结构一般只充任结果补语，组合式的述补结构只充任状态补语，例如：

黏合式：你把我搞里喝醉着在你把我弄得喝醉了。| 菜干里死脱掉着了。（结果补语）

组合式：佢赌里输得精光他赌博输得精光。| 王伢小王吃里胖得要死。（状态补语）

比况结构一般只充任状态补语，如“佢瘦里和猴子样个他瘦得像猴子一样”。

“里”既可以联系结果补语，又可以联系状态补语，是因为动作的结果跟动作的状态密切相关。某个动作出现某种结果后，留下来的便是一种状态。如果我们把时间线上的某一点看作动作出现了某种结果，那么，这一点之后便是动作留下的状态，如图 10-1 所示：

图 10-1 动作的结果与状态语义关系图

（二）可能补语结构“V 得 / 里 C”和状态补语结构“V 得 / 里 C”的判别

C 如果是简单形容词，“V 得 C”和“V 里 C”既可以是可能补语结构，又可以是状态补语结构。区别只在于语境，如果“V 得 / 里 C”用于已然语境，C 为状态补语；如果“V 得 / 里 C”用于未然语境，C 为可能补语。例如：

（27）你吃得 / 里饱也，吃不饱你吃得饱，吃不饱？（未然语境）

（28）我中时中午吃得 / 里饱，夜里晚上不饿。（已然语境）

例（27）为可能补语结构，其否定形式为“吃不饱”；例（28）为状态补语结构，其否定形式为“吃得 / 里不饱”。

第七节　补语标记的来源

宿松方言的补语标记“得”的用法与普通话的“得”大体相当，来源应该相同。关于补语标记“得”的来源，杨平（1989，1990）、蒋绍愚（2005b）、曹广顺（1995）等多有论述，兹不赘。这里只讨论补语标记“里”的来源。

据吴福祥（2001，2002d），南方方言的状态补语标记源自完成体标记。我们认为，宿松方言的补语标记“里”也来源于完成体助词“里”。完成体助词“里”最常见的用法是附在连动结构的前一个动词后面，构成“V1 里＋ V2”的形式，例如：

（29）鞋我洗里晒倒在鞋我洗了晒好了。| 衣裳我做里穿倒在衣裳做好穿上了。

（30）菜买里莫别搁在灶下厨房。

（31）猪关里跑脱在猪关了跑掉了。| 钱寻里把在佢用脱着挣的钱被他用了。

（32）我买里吃。| 佢拉借里用。

“V1 里＋ V2”又可以是述补结构形式，例如：

（33）冷水喝里泻肚子。

（34）门我撬里开着了。| 佢骂里哭着她被骂哭了。

（35）我听里懂着了。| 佢他学里熟会着了。

（36）索绳子烂里断着了。| 佢她急里哭。

（37）我气里打佢他。

例（33）的“V1 里＋ V2”分析为连动结构也未尝不可，这是因为连动结构和述补结构存在这样的语义关联：某个动作实现后引起另一个相关的动作跟着出现，这个后出现的动作有可能是前一动作实现的结果。具体来说，连动结构“V1 里＋ V2”演变为述补结构首先跟 V1 表示的行为动作与 V2 表示的行为动作的语义关联有关。客观世界可看作由相互联系的动作或事件构成的网络，两个先后发生的动作可以只有时间上的关系，如例（29）—（31）；也可以是构成方式、手段与动作的语义关联，如例（32）；动作与结果的关系则是其中的一种。例如“开”这个动作，可以是别的动作促发而产生的结果，造成“开”的结果的动作行为可以是“踢、撞、拉、剪、切、割、撬、吹”等；而同样一个动作又可以造成多种不同的结果，如“踢”

的结果可以是“破、走、开、肿、翻”等。如果“踢、撞、拉、剪、切、割、撬、吹”进入连动结构 V1 的位置，“开”进入 V2 的位置；或者“踢”进入连动结构 V1 的位置，“破、走、开、肿、翻”进入 V2 的位置，就有可能构成一种动作与结果的关系，连动结构则演变为述补结构，“里”由完成体助词演变为补语标记。

连动结构“V1 里＋ V2”演变为述补结构还跟 V1 和 V2 各自的性质有关。不及物动词如“哭、笑、懂、病、断、醒、昏、会、死、瘫、聋、疯、哑”等一般是动作性不强的非自主动词，它们表示的动作往往因别的动作促动而发生，因此，这类动词很容易进入 V2 的位置表示 V1 的结果或状态，从而引起连动结构演变为述补结构。而动作性强的自主动词如“吃、洗、写、寄、打、听、看、讲、买、挂、坐”等表示的动作往往无须别的动作促动，因而一般不进入连动结构 V2 的位置，即便进入 V2 的位置，也往往不表动作的结果或状态，跟 V1 不构成动作与结果的关系。“V1 里＋ V2”演变为述补结构后，形容词也可以进入 V2 的位置，成为最具能产性的类型。

第十一章

比　较　句

宿松方言的比较句分为平比句、差比句、递比句和极比句四种。我们这里的比较句是指在句法层面有比项（A）和被比项（B）、比较词、比较结果（X）四种构成成分的句子。

第一节　平比句

“平比”是比较事物的异同，表示相比的两个事物在性质、程度等方面是否一致。宿松方言中，平比句使用的比较词有“跟”和“和”，二者可以互相替换，格式为“A＋跟/和＋B＋X”：

我跟/和你一样长高。

这个伢儿孩子跟/和佢家娘他娘长得一模一样。

这个衣裳里的式样跟/和那个衣裳差不多。

佢几他们讲里的话跟/和我不一样。

第二节　差比句

“差比”是比较事物的高下等差，可以分为肯定差比句和否定差比句两类。比较词有“比”和“似”。“比”既用于肯定差比句，又用于否定差比句；“似”多用于否定差比句，用于肯定差比句不常见。“似”字差比句的使用趋于萎缩。用“比”的肯定差比句的格式为“A＋比＋B＋X”：

（1）姐姐比姆妈瘦姐姐比妈妈瘦。

（2）哥哥比妹多念三年书。

（3）我里的身体比原先好些一些。

（4）我比你跑得快些一些。

（5）佢长得比演员还漂亮。

（6）你唱歌唱得比佢好听些一些。

（7）着穿布鞋比着皮鞋舒服好多。

（8）这条（鱼）比那条重半斤都不止。

X 可以是单个的形容词，如例（1），也可以是词组，如例（2）。

“比”字否定差比句是在“比”前面加否定词“不”，如：

（9）姆妈妈妈不比姐姐胖。

（10）哥哥不比妹念里的书多。

（11）我里的身体不比原先好。

（12）我不比你跑得快。

（13）这条（鱼）不比那条重。

用“似”字引出的被比项都在比较结果的后头，形成“A + X +似+ B”格式，语序不同于“比”字句。“似”字比较句中，X 通常为单纯形容词，但肯定句用得不多，通常只用在一些违逆常理的比较句中。例如：

（14）爷爷叔叔大似伯伯叔叔反倒比伯伯大。

（15）儿子狠似老子儿子反倒比父亲厉害。

例（14）带有说话人讥讽、嘲弄的主观意义，因为按常理是伯伯要比叔叔大。例（15）类推。例（14）不能变换成“比”字比较句，例（15）如改成“比”字比较句，则只是客观的叙述，不含讥讽、嘲弄之意。

“似”字否定差比句是在比较结果 X 前面加否定词“不”，这类否定差比句的使用比较普遍，其格式为“A +不+ X +似+ B”，例如：

（16）我家儿子不差似你。

（17）佢后头里堂客不漂亮似前头里堂客他的后妻不比前妻漂亮。

（18）我里的衣裳不贵似你里个的。

（19）我跑得不快似你。

（20）哥哥念里书不多似妹。

（21）着皮鞋不好似着布鞋。

（22）佢不胖似你。

“似”字否定差比句都能改成“比”字比较句。

“比”和“似”本为动词，前者表示比较，后者表示等比。据马贝加（2002），“比”在宋代已虚化为用于比较句的介词了，引进被比项的介词“似”唐五代已见用例。

第三节　递比句

“递比”是表示程度逐渐递增或递减，只有肯定式，没有否定式，比较词是“比”和“似”。例如：

（23）我几里的日子将现在一天比一天好。

（24）伢儿孩子一年比一年大。

（25）张老儿家媳妇一个比一个胜张老儿家媳妇一个比一个强。

这类句子两个比较项通常是相同的“一+时间名词”或“一个”，X一般为单纯形容词。这些句子都能改成“似”字递比句：

（26）我几里日子将一天好似一天我们的日子现在一天比一天好。

（27）伢儿一年大似一年孩子一年比一年大。

（28）张老儿家媳妇一个胜似一个张老儿家媳妇一个比一个强。

第四节　极比句

“极比”是比较某一事物在某种性状上胜过或不及同类的其他事物。极比句只有肯定式。汪国胜（2000c）认为，极比是一种特殊的差比，也是比较事物的高下，“它跟一般差比的不同在于比较的范围：一般差比的求比或被比对象是特指的，而极比的求比或被比对象往往是任指（或遍指）的”。“比”和“似”都能用于极比句，但“比”的范围比“似”要宽。“比”既能用于表示“不及”的句子［例（1）、（2）］，又能用于表示“胜过”的句子［例（3）、（4）］；“似”只用于表示“不及”的句子［例（5）—（7）］：

（29）冇得哪个没有谁比佢有钱。

（30）冇得人没有人比你考里的分高。

（31）我里的这个东西比兀些那些东西都贵。

（32）念书读书比管佢么事任何事情都重要些一些。

（33）冇得哪个没有谁有钱似佢。

（34）冇得人没有人里分分数高似你。

（35）冇得哪个没有谁好似你。

第十二章

双　宾　句

双宾语是一个动词带两个宾语，通常是一个宾语指人（记作“宾$_{人}$”），另一个宾语指物或事（记作“宾$_{物}$”）。两个宾语相对动词的位置次序有两种：“动＋宾$_{物}$＋宾$_{人}$”式和“动＋宾$_{人}$＋宾$_{物}$”式。能带双宾语的动词按其语义性质可以分为以下六类：给予类、取得类、欠负类、踢打类、言说类、称呼类。

第一节　动＋宾$_{物}$＋宾$_{人}$

送个手表佢｜分几斤佢｜匀抽出一部分给别人滴点儿荞麦种我｜还一百块钱你｜找十块钱你｜退十块钱你｜补十块钱佢｜赔十块钱我｜奖一个本子佢｜卖几斤我｜借一百块钱我

进入“动＋宾$_{物}$＋宾$_{人}$”格式的动词均为给予类动词[①]，这些动词有“送、分、匀抽出一部分给别人、还、找、退、补、赔、奖、卖、寄、借”[②]等。这类双宾语句使用很受限制，它要求指人的宾语为单个的人称代词，这些人称代词在这个格式中都读轻声，按刘丹青（2001b），“动＋宾$_{物}$＋宾$_{人}$”式中指人宾语在使用上的限制，是为了不让它成为一个独立的韵律单位从而违背重成分后置倾向。如果指人的宾语是非单个人称代词，则用“动＋宾$_{物}$＋在＋宾$_{人}$”格式的介宾补语句（详见下文第三节）。

第二节　动＋宾$_{人}$＋宾$_{物}$

取得类、欠负类、踢打类、言说类和称呼类动词都只能用于“动＋宾$_{人}$＋宾$_{物}$”式。给予类动词既能用于“动＋宾$_{物}$＋宾$_{人}$”式，又能用于“动＋宾$_{人}$＋宾$_{物}$”式。

a. 送佢个手表｜分佢几斤｜ 还伯伯一百块钱 ｜ 找你十块钱 ｜退你十块

---

① “给”义动词“把”除外，“把”一般用于“动＋宾$_{物}$＋在＋宾$_{人}$”结构中。

② “借”既可以是给予义动词，又可以是取得义动词，两种意义的“借”句法表现不一样。

钱 | 补佢十块钱 | 赔我十块钱 | 奖佢一个本子

a 中的动词均为给予义动词，指人的宾语通常也为人称代词，宾语较长时,不使用这一格式,这个格式的使用不是很普遍。有些给予义动词如“把、匀、卖、借”等不用于这个格式，而要用“动＋宾$_{物}$＋在＋宾$_{人}$”格式。

b. 赢着了你家姐姐一百块钱 | 赚着了佢一百块钱 | 扣脱了我一百块钱 | 罚脱了我一百块钱 | 偷脱了我一百块钱 | 抢脱了哥哥一百块钱 | 买脱了我一百块钱 | 借脱了我十斤黄豆

b 中的动词为取得类动词，有“赢、赚、扣、罚、偷、抢、买、借”等。

c. 差你家哥哥你哥哥一百块钱 | 欠我一百块钱

打佢两巴掌 | 捶佢一拳 | □ uaʔ^{5} 抓佢一下 | □ teu^{213} 踢那个贼一脚

讲姐姐几句 | 我问你一个话 | 托佢个事

c 中的动词为欠负类动词、踢打类动词、言说类动词。欠负类动词主要有“差、欠”两个。踢打类动词有“打、捶、□ uaʔ^{5} 抓、□ teu^{213} 踢”等。言说类动词有“讲、问、托”等。

d. 佢比你大一辈，你要叫他爷爷叔叔。

d 中的动词为称呼类动词，主要用“叫”。“叫”带的两个宾语都指人。两个宾语的顺序是所称人在前，称谓词在后。

第三节 动词＋宾$_{物}$＋在＋宾$_{人}$

给予义动词最常见于“动＋宾$_{物}$＋在＋宾$_{人}$”格式，即在指人的宾语前面加引进与事的介词“在”（引进与事的“在”的来源详见第四章），这种格式不是真正的双宾式。例如：

把钱在老师 | 送个手表在佢 | 分几斤鱼在你家姐姐 | 匀抽出一部分给别人滴点儿荞麦种在我 | 还一百块钱在你 | 找十块钱在你 | 退十块钱在你家姆妈妈妈 | 补十块钱在姐姐 | 赔十块钱在我家哥哥 | 奖一个本子在佢 | 卖几斤在我 | 借一百块钱在我

一般认为，给予类动词是三价动词，但宿松方言中，不但三价的给予类动词用“动词＋宾$_{物}$＋在＋宾$_{人}$”格式，二价的非给予义动词也能用于这个格式，如：

咬一口苹果在伢儿孩子 | 打一件衣裳在你 | 做一双鞋在哥哥 | 杀一头猪在你 | 砍一棵树在你 | 看养一条牛在姐姐 | 洗一个干净碗在你

“在”在这里仍然是引进与事的介词，整个结构也具有给予义。

“动＋宾$_{物}$＋宾$_{人}$”的双宾式，应是在指人的宾语前省略引进与事的介词“在”形成的，但当指人宾语长而复杂时，“在”不能省略，如“分几斤鱼在你家姐姐”就不能说成“分几斤鱼你家姐姐”。

第十三章

疑　问　句

本章主要讨论由否定词“不”、“冇”和“不是”构成的疑问句，以及构成选择问和正反问的格式。由语气词“唻”、“吧$_1$”、“呢”、“也”、“哦”、“吧$_2$”、“呗”、“啵”、“嘿”、“末”、“不吵”、“不噻”、“不嗦”等构成的疑问句详见第七章，不再重复；特指问句主要是由疑问代词构成的，第二章已作讨论，亦不赘。

第一节　“不”和“冇”构成的疑问句

一　“VP-neg?”构成的疑问句

“不［·puʔ］”和“冇［·mɐ］”都可用于句尾构成“VP 不”和“VP 冇”正反问句。[①]例如：

（1）哥哥去不？

（2）哥哥去冇？

（3）你吃饭不？

（4）你吃饭冇？

（5）家里寄钱在佢给他不？

（6）家里寄钱在佢冇？

这类句子要求听话人从正与反两个对立项中选择回答。普通话的正反问句的语义倾向，赵元任(1979)认为“是不倾向于哪一边的”，疑惑程度居中。邵敬敏（1996）也同意这一看法，认为“肯定与否定应该各占百分之五十”。宿松方言“VP–neg”格式的正反问也是不带倾向的中性询问。

“VP–neg”的正反问句分为“VP 不”和“VP 冇”两种，由于“不”和“冇”没有完全虚化，还保留有否定词的一些特点，因而二者在用法上存在明显

① “冇”在句中用作否定词是“没有”的意思，如“我冇没有去”。

差异，可以从以下两个方面进行比较。

第一，"VP 不"用于未然语境，询问的是主观的愿望、能力、状态；"VP 冇"用于已然语境，询问的是已然的动作、变化，或动作的客观效果或结果。例如：

（7）你去不？

（8）你把饭吃脱掉不？

（9）你洗得衣裳干净不？

（10）桃子红不？

（11）你是安徽人不？

（12）你去冇？

（13）你把饭吃脱掉冇？

（14）衣裳你洗干净冇？

（15）桃子红冇？

第二，"VP 不"用于询问惯常性的动作或永恒不变的状态或主观评价，是无界的、静态的；"VP 冇"用于询问某一次的、具体的、临时的动作或变化的出现，是有界的、动态的。例如：

（16）你吃烟不？

（17）你家妹勤快不？

（18）那里冬天冷不？

（19）你吃烟冇？

（20）饭熟冇？

例（16）—（18）询问人或事物不变的或一贯的状态，例（19）、（20）询问某一次的、具体的、临时的动作或变化。

由于上述两个方面的差异，正反问"VP 不"和"VP 冇"在对动词和结构的选择上，也呈现出差异。在对动词的选择上，进入"VP 不"的可以是状态动词[①]，但不能是变化动词[②]，例如：

（21）你像你家姆妈你妈妈不？

（22）你喜欢佢不？

（23）你认得佢不？

---

① 指第六章第二节所说的 A 类动词，这类动词一般不表动作，没有起点和终点，如"是、等于、在、像、归属于、能、敢、该、默倒以为、觉得、显得"等。

② 指第六章第二节所说的 E 类动词，这类动词表示的动作不能持续，动作一开始就结束，即动作起点和终点相重合，如"毕业、到、丢抛弃、结婚、出来"等。

（24）佢是宿松人不？

（25）你敢去不？

（26）你怕那个老师不？

而进入“VP 冇”的一般不能是状态动词，但可以是变化动词，例如：

（27）你毕业冇？

（28）哥哥到北京冇？

从述补结构入句的情况看，能进入“VP 不”的述补结构可以是可能补语结构、程度补语结构以及状态补语结构，但不能是结果补语结构；而进入“VP 冇”的可以是结果补语结构，一般不能为可能补语结构、程度补语结构、状态补语结构。例如：

（29）你听得懂佢里话不？｜你挤得进去不？（可能补语结构）

（30）累得不得了不？ （程度补语结构）

（31）你看看这个对子对联写得好不？（状态补语结构）

（32）今朝冇得没有菜，你吃饱冇？ （结果补语结构）

状态补语结构和结果补语结构语义相近，但结果补语结构能进入“VP 冇”，不能进入“VP 不”，状态补语结构能进入“VP 不”，不能进入“VP 冇”。这是因为状态补语结构着眼于人或事物所处的状态，是静态的，而结果补语结构着眼于动作或变化出现的结果，是动态的（见第十章）。可能补语结构用于未然语境中，表示动作的可能性，也是无界的，程度补语结构、状态动词都跟状态补语结构一样表动作或变化的某种状态，是静态的，这些成分表示的意义跟“VP 不”询问动作或变化的状态或可能性相宜。变化动词表示的动作一开始就结束了，这跟结果补语结构表示动作的实现或有了结果的意义相似，因而跟“VP 冇”询问动作的实现或有了结果的语义相宜。

从语义看，“VP-neg”是正反问句，但从结构形式看，则跟是非问句相近，应是正反问句向是非问句过渡的中间环节，位于句末的“不”和“冇”虽然还带有表否定的意义，但多少已经虚化。

宿松方言中，“不”有比“冇”更为虚化的用法。例如：

（33）你到这里来有事不？

（34）这个事老王不晓得不？

（35）佢在那里哭，你骂着佢在不你骂了她吗？

（36）佢昨日冇来上课，病着在不他昨天没有来上课，病了吗？

（37）那个话把在佢听倒在不那个话被他听见了吗？

这些句子都可以用“是”或“不是”来作答。例（33）不能转换成“你到这里来有不有事”，但如将句末的“不”换成“冇”，则可转换为“你到这里来有冇有没有事”，可见，“冇”是相对于动词“有”而言的，还有一定的实义，而“不”则比“冇”要虚。例（34）谓语部分已有否定词“不”承担了表否定的意义，句末的“不”在功能上只是帮助表达疑问语气；例（35）—（37）都是询问已然的事件，“不”前面还有表事态出现变化的事态助词“在”。例（34）—（37）句末的“不”不能用“冇”替换，这些句子句末的“不”已经由否定词开始向语气词语法化。但是，这种用法的“不”在宿松方言中还不很自由，主语后谓语动词前往往要用一个“是”［ʃʅ］字，构成“是……不”格式。例如：

（38）你到这里来是有事不？

（39）这个事老王是不晓得不？

（40）佢在那里哭，你是骂着佢在不你骂了她吗？

（41）佢昨日冇来上课，是病着在不他昨天没有来上课，是病了吗？

（42）那个话是把在佢听倒在不那个话是被他听见了吗？

“是”在通常情况下读轻声，除非在特别需要强调时才读本调。“是”本是一个判断动词；例（38）—（42）中，“是”后面另有谓语动词，这类“是”我们姑且看作表确定、判断语气的副词，但就意义而论，跟判断动词“是”没有什么差别，即都表判断。因此，从这个意义上说，这些都可看作判断句，而命题是判断的结果，句中“是”可看作命题标记，“不”多用于这类是非问句句末，说明它作为是非问句的语气词还有一定的限制，还没有完全语法化为一个表是非问的语气词。

下面例句的“不”则更像一个语气词了：

（43）你去问下佢看不？

（44）你尝下看不？

例（43）、（44）是要听话人去问问、去尝尝。这两例主语后谓语动词前不能加“是”字，可以看作真正的是非问句。由正反问语法化为是非问是较为常见的现象，如普通话“吗”字是非问就是由句末带否定词“无”（“吗”的前身）的正反问演化而来的。

二　“VP不”构成的反问句

句末用“不”的反问句句中不能出现否定词。例如：

（45）你这样做像话不？

（46）你在外头讲我家妹里坏话你在外面说我妹妹的坏话，对得住我不？

（47）你这个样子，做得事成不？

（48）你家堂客你妻子对你那里那样好，你打得佢下去忍心打她不？

（49）佢随人家一打打听任别人打，有用不？

（50）佢骂娘，懂事不？

（51）王伢中时一个人喝脱一瓶酒，发孬不小王中午一个人喝了一瓶酒，不是犯傻吗？

（52）佢还怪我，好笑不？

这些句子都带有明显的倾向性。去掉“不”，要么句子不能成立，要么变为陈述句，“不”是构成反诘问句的必要成分。反诘问的“VP 不”应由真性询问的“VP 不”过来，当说话人的倾向性很明显而不用听话人回答的时候，“VP 不”就演变为反问句了。

第二节 “不是”构成的疑问句

“不是［·puʔ·ʃʅ］”可用于构成正反问句、反诘问句、回声问句。

一 “不是”构成的正反问句

谓语动词是“是”,其否定形式“不是”位于句末就构成了“是 NP 不是”形式的正反问句。例如：

（53）你是佢家哥哥不是？

（54）今朝是初一不是？

（55）这里是宿松县不是？

“是”后还可以是动词性成分，构成“是 VP 不是”形式的正反问句：

（56）佢捏倒拿着包，是要走不是？

（57）你是冇得没有路费不是？

（58）你从来不来，今朝到这里来是有么事什么事不是？

（59）佢不回你里的话，是不答应同意、应允不是？

（60）你买那那么多菜，家里是来着亲戚在不是？

（61）你将方刚才是到哪里去着在不是？得着我团着寻你害得我到处找你。

（62）衣裳搁在这里，是洗脱着洗了不是？

（63）佢今朝感冒着了，是昨日冻着在不是？

（64）我家锄头不见着了，是把在哪个借去着不是我家锄头没看见，是给谁借去了吗？

“是 NP/VP 不是”都是对已存在、已发生或未发生的情况作推测性的询问。

“是 NP/VP 不是”格式，“不是”跟句中的“是”对举，还带有表否定的意义，是一个否定词。由于是在已有的判断基础上询问，因而，带有一定的肯定倾向。与“VP 不”和“VP 冇”相比，“VP 不是”不是全疑。“是……不是”的语用环境是：在某个特定的言谈现场[①]，由某个人的言、行等，或者某种事物、事件等引发说话人作出了某一判断，但发话人对自己的判断还不能深信不疑，因而要通过询问加以证实。如例（4）可能是问话人看见对方正在做某种准备“走”的动作，比如拿包、换衣服等，从而判断听话人“要走”，但还要加以证实。因此，“是……不是”的正反问对言谈现场有较强的依赖，它是言谈现场引发的结果。普通话中，“你回家吗”可以有两种意思，一是不带任何肯定倾向的中性询问；一是偏向于肯定的询问。但在宿松方言中，表中性询问和偏向于肯定倾向的询问句末不能用同一个形式的词来表示，表中性询问一般用正反问“VP 不”或“VP 冇”，或者用与句末的“不”和“冇”相关的语气词（详见第七章第二节），因语境引发而带肯定性倾向的询问可用“是……不是”。试比较：

普通话	宿松方言
我明天要回家，你回家吗？	我明朝要去家，你去家不？
你收拾东西，是要回家吗？	你捡收拾东西，是要去家不是？

“是 NP 不是”格式中，NP 前面的“是”不能去掉，但当“是”后面另有动词时，“是”可以去掉，因此，例（56）—（64）可以改为：

（65）佢捏倒拿着包，要走不是？

（66）你冇得没有路费不是？

（67）你从来不来，今朝到这里来有么事什么事不是？

（68）佢不回你里的话，不答应同意、应允不是？

（69）你买那那么多菜，家里来着亲戚在不是？

（70）你将方刚才到哪里去着在不是？得着我团着寻你害得我到处找你。

---

① 言谈现场是指物理语境，包括说话者 / 受话者、说话当时的时空及其这一时空中的所有存在。

（71）衣裳搁在这里，洗脱着洗了不是？

（72）佢今朝感冒着了，昨日冻着在不是？

（73）我家锄头不见着了，把在哪个借去着不是我家锄头没看见，给谁借去了吗？

例（65）—（73）从形式和功能看都像是非问句，“不是”已处在由否定词向语气词语法化的过程中。

这类“是NP/VP不是”格式的问句跟“W＋也”的是非问句有相似的语用场合，都是在某个特定的言谈现场，由某个人的言、行，或者某种事物、事件等引发的，但用“也”比用“不是”语气要委婉、客气，并且，肯定性倾向也要大得多。

语气词“也”、“啊$_1$”、“哦$_1$”都可用于“不是”构成的问句后面，从而使“不是”中的“是”分别跟这三个语气词形成合音“不噻”、“不吵”、“不嗦”（详见第七章第二节）。

二 “不是”构成的反问句

如上所述，“是NP/VP不是”格式的问句具有肯定性倾向，这种肯定性倾向如果进一步加强，说话人的倾向性很明显而不用听话人回答，就变为反问句了。这类反问句可以是肯定的形式表否定的意思，例如：

（74）佢把你里东西搞拿去着，你还赖我，眼珠眼睛瞎着不是？

（75）你又问过老人家里的事不是？

（76）你家妹你女儿马上要考大学吧？

——佢光戏她只知道玩，哪哪里考得上不是？

（77）你还维护着佢，佢把你当个么事什么不是？

（78）张伢是个可怜里人小张是一个可怜的人，佢家家里哪一个把佢当人不是她家里谁把她当个人呢？

也可以是否定的形式表肯定的意思，例如：

（79）叫我替你洗衣裳，你哪不晓得我忙不是你不知道我忙吗？

（80）佢么事什么不会不是？

（81）佢哪个事什么事不晓得不是？

（82）你冇没有看倒看见我在这里做事不是？

例（74）—（82）去掉“不是”也可以构成反问句，但用“不是”反问语气要明显得多。“不是”用于反问句时，可以与表虚指或任指的疑问词相呼应，如例（80）、（81）；也可以不与疑问词相呼应，如例（82）。普通话中，“吗”用于反问句时，不与疑问词同现，“呢”用于反问句时，可与“哪里、怎么、什么”等疑问词同现。宿松方言用于反问句的“不是”既不同于共同语的“吗”，也不同于“呢”。

我们认为，反问句句末的“不是”已经虚化为语气词了，理由有二:（一）“不是”只是附在反问句句末起加强语气的作用；（二）“不是”所在的句子有些不能在主语后谓语动词前再加一个“是”，如例（75）、（76）都不能加“是”，这与“不是”构成的是非问句不同。

“不是”和“不”都可用于反问句句末，但“不”使用的范围要小得多，二者的差异主要有：（一）“不”是构成反问句的必需成分，“不是”只是用于加强反诘语气，去掉“不是”，句子仍然是反问句。可见，这种用法的“不是”比“不”意义要虚，“不是”更像语气词。（二）“不”不能跟疑问词同现，“不是”没有这个限制。（三）用“不是”的肯定语气要比“不”强，完全无须听话人作回应，而句末用“不”的反问句还带有希望听话人认同、附和的意味。但“不是”不用于表质问、责备的语气，不能说“你这样做像话不是”。（四）句末用“不”的反问句只有肯定形式，没有否定形式，“不是”没有这个限制。

三 “不是”构成的是非回声问句

“不是”构成的是非回声问句略带反诘语气，口气直切。例如：

（83）佢两个人将讲着话在他俩现在和好了。

——讲着话和好在了不是？

（84）哥哥冇没有回来。

——佢冇没有回来不是？

（85）我不到北京去。

——你不去不是？

（86）妹将方刚才吃着了饭在了。

——吃着了不是？

例（83）—（86）“不是”前面的谓语部分的某个成分往往要重读。当谓语动词前面没有修饰成分时，谓语动词重读，如例（83）的“讲”要重读，如果谓语动词前面有修饰语，则这个修饰语往往重读，如例（84）的“冇”要重读。

四 “不是”构成的疑问句的历史考察

近代汉语文献里的“不是”也可用于疑问句句末，“这种用法可能始自明代”（孙锡信，1999：194）。例如：

（87）太守道：“这厮们莫非有计？恐遭他毒手。再差人去打听，端的果是粮草也不是？”（《水浒全传》）第70回）

（88）李逵问老儿道：“这个是夺你女儿的不是？”（《水浒全传》）第73回）

（89）湘云笑道：幸而是顽的东西，还是这么慌张。说着，将手一撒，你瞧瞧，是这个不是？（《红楼梦》第31回）

（90）我知道你的心病，恐怕你的林妹妹听见，又怪嗔我赞了宝姐姐。可是为这个不是？（《红楼梦》第32回）

（91）老嬷嬷叫住，因问：二位爷是从老爷跟前来的不是？（《红楼梦》第8回）

（92）怎么又要睡觉？闷的很，你出去逛逛不是？（《红楼梦》第26回）

（93）周瑞家的答应了，因说：四姑娘不在房里，只怕在老太太那边呢。丫鬟们道：在那屋里不是？（《红楼梦》第7回）

（94）薛姨妈道：可是呢，你前儿又想着打发人来瞧他。他在里间不是？你去瞧他。（《红楼梦》第8回）

例（87）—（89）中，“是……不是”形式的反复问句，句中的“是”为判断动词；例（90）、（91）中，句中的“是”后另有动词，其句法语义作用较例（87）—（89）有所降低，因而与之对举的“不是”也相应地要虚。例（92）为是非问句，句末的“不是”是负载是非问语气的语气词；例（93）、（94）为反问句，“不是”是表反诘语气的语气词。历史上的“不是”的这些用法跟宿松方言用于句末的“不是”大致相当，其演化过程可概括为：反复问→是非问→反诘问。

近代汉语中，句末用“不是”的问句一般用作后续句，如例（87）、（89），如果是始发句需要有言谈现场中人物或事件的引发，如例（88）、（91），因此，这些句子对话语语境和言谈现场也有较强的依赖。在共同语中，这些处于句末的“不是”后为“吗”字句所兼并，其原因大概是“吗”字的功能涵盖了“不是”的功能，最终将“不是”从语气词系统中排挤出去。

第三节　选择问句

宿松话的选择问句跟普通话大致相同，这里只作简单介绍，不详细讨论。宿松话的选择问句用“VP1（也），还是VP2”的格式，VP1前面可以有个“是”字，但也可以不出现：

（95）你（是）吃饭也，还是吃面？

（96）你（是）今朝回去也，还是明朝回去？

（97）你（是）坐车去也，还是坐飞机去？

当“VP2”是“不 VP”时，“VP1（也），还是 VP2”（VP1= VP2）可看作正反问句，但句法结构跟选择问句完全一样。如：

（98）你（是）吃也，还是不吃？

（99）你（是）去也，还是不去？

（100）你（是）答应同意、应允也，还是不答应？

第四节　正反问句

一　“V－neg-VP”和“VP也－neg-VP”格式的正反问句

本章第一至二节两节介绍的“VP 不”和“VP 冇”的正反问句格式还有与之相对应的“V－neg-VP”和“VP 也－neg-VP”（neg 为“不”或“冇”）两种复杂的格式。“V－neg-VP”中，V 如果为多音节，则只重复第一音节；“VP 也－neg-VP”中，后一个 VP 同于第一个 VP，VP 与“neg-VP”之间一般要插入一个表停顿的语气词“也［·æ］”。例如：

哥哥去不？→哥哥去不去？→哥哥去也不去？

哥哥去冇？→哥哥去冇去？→哥哥去也冇去？

你吃饭不？→你吃不吃饭？→你吃饭也不吃饭？

你吃饭冇？→你吃冇吃饭？→你吃饭也冇吃饭

家里寄钱在佢给他不？→家里寄不寄钱在佢给他？→家里寄钱在佢给他也不寄钱在佢？

家里寄钱在佢冇？→家里寄冇寄钱在佢？→家里寄钱在佢给他也冇寄钱在佢？

妹今年考大学，考得上不？→考不考得上？→考得上也考不上？（不说“考得上也不考得上”）

你几你们吃饱冇？→你几你们吃冇吃饱？→你几你们吃饱也冇吃饱？

痛得很不？→＊痛不痛得很？→＊痛得很也不痛得很？

雨落下得大不？→雨落下得大不大？→雨落下得大也不大？

佢回来不？→佢回不回来？→佢回来也不回来？

佢回来冇？→佢回冇回来？→佢回来也冇回来？

那个事你问佢一声不？→那个事你问不问佢一声？→那个事你问佢一声也不问佢一声？

那个事你问佢他一声冇？→那个事你问冇问佢一声？→那个事你问佢一声也冇问佢一声？

姐姐叫你去不？→姐姐叫不叫你去？→姐姐叫你去也不叫你去？

姐姐叫你去冇？→姐姐叫冇叫你去？→姐姐叫你去也冇叫你去？

你几你们出去吃不？→你几你们出不出去吃？→你几你们出去吃也不出去吃？

你几你们出去吃冇？→你几你们出冇出去吃？→你几你们出去吃也冇出去吃？

佢身体好不？→佢身体好不好？→佢身体好也不好？

佢身体好冇？→佢身体好冇好？→佢身体好也冇好？

你把那个鸡杀脱掉不？→你把那个鸡杀不杀脱？→你把那个鸡杀脱也不杀脱？

你把那个鸡杀脱冇你把那个鸡杀掉没有？→你把那个鸡杀冇杀脱？→你把那个鸡杀脱也冇杀脱？

鱼搁在那里，一会把在猫吃脱着不鱼放在那里，一会被猫吃掉了吗？→ 鱼搁在那里，一会把在猫吃不吃脱着？→ 鱼搁在那里，一会把在猫吃脱也不吃脱着？

鱼搁在那里把在猫吃脱冇鱼放在那里被猫吃掉没有？→鱼搁在那里把在猫吃冇吃脱？→鱼搁在那里把在猫吃脱也冇吃脱？

佢漂亮不？→佢漂不漂亮？→佢漂亮也不漂亮？

“V- 不 -VP”和“VP 也 - 不 -VP”的否定回答是“不 V”，肯定回答通常为“V”，如“你吃饭不”的否定回答为“不吃”，肯定回答通常为“吃”。“V - 冇 -VP”和“VP 也 - 冇 -VP”的否定回答是“冇 V”或“冇有没有”，肯定回答通常是“V 着了”，如“你吃饭冇”的否定回答为“冇吃”或“冇有没有”，肯定回答通常为“吃着了”。

“V-neg-VP”和“VP 也 -neg-VP”表示的意义与“VP-neg”相同，但使用频率不及“VP-neg”高，上举带“*”的句子不能说或说得极少，但如用“VP-neg”就都能说。当谓语动词后的成分比较复杂时，“VP 也 -neg-VP”格式就用得不多，如像“那个事你问佢一声也不 / 冇问佢一声”等句子就说得不是很多。

二 "是不是"格式的正反问句

例（101）—（103）中，"是"后面是名词性成分 NP，例（4）以降"是"后面是动词性成分 VP：

（101）你是不是佢家哥哥？

（102）今朝是不是初一？

（103）这里是不是宿松县？

（104）你是不是要走？

（105）佢今朝冇没有来上课，是不是病着了？

（106）衣裳是不是洗脱着了？

（107）鞋是不是把在雨□ toʔ5 淋湿着在鞋是不是被雨淋湿了？

（108）你是不是冇得没有钱？

（109）佢是不是不答应同意、应允？

"是不是 VP"的正反问跟"VP 不是"表示的意义不同，"是不是 VP"是提出正反对立的两项让对方从中作出选择，"VP 不是"则是表推测性的询问。从形式和功能看，"是不是 NP/VP"更像选择问，它表示的意义与"V 不 VP"大致相当。当谓语动词是"是"时，"是不是 NP"可看作"V 不 VP"格式中特殊的一类；当"是"字后面另有动词性成分时，则用"是不是 VP"。

"是不是 VP"还可用于表提出建议、征询意见的句子，"V 不 VP"式的正反问没有这类用法。例如：

（110）你是不是去问下问问佢看？

（111）佢是不是去学个手艺？

（112）你是不是把作业做脱完？

第十四章

祈使句

本节讨论两类比较特别的祈使句：句末带“佢”的祈使句和句末带“不”、“冇”的祈使句。

第一节　句末带“佢”的祈使句

一　句法和句义

句末用“佢［·k‘æ］”①的句子不都是祈使句。例如：

（1）我把这个旧电视机擢扔脱掉佢！

（2）我把你打死佢！

（3）你二回还一打我家妹你下次如果再打我妹妹，我就把你里的手打断佢！

这几个句子表示说话人自己要怎样，不是要别人怎样，不能算祈使句。这里只讨论祈使句。

句末带“佢”的祈使句表示言者要求听话人作出某种处置。“佢”前面的动词不能是单个动词，通常是动结式，也可以是动趋式（不常见），我们统一记作VC。VC的受事用“把”字提前或出现在主语的位置上，“佢”与VC的受事同指，但其指代意义较虚，是一个语法化了的回指代词。例如：

（4）把王伢灌醉佢把小王灌醉！

（5）今朝热，你把衣裳脱脱掉佢！

（6）这一碗饭你吃脱掉佢！

（7）这一碗饭你把佢吃脱掉佢！

“把＋NP＋动＋佢”是最为常见的格式。例（7）是受事主语句和“把”字句的结合。

句末的“佢”也可不指动作的受事，但这种情况比较少见。例如：

（8）你这个事都做不倒，还不如死脱掉佢这个事都不会做，还不如死了！

---

① “佢”作第三人称代词时，读［k‘æ35］；用于句末作回指代词时，读轻声。

例（8）的“佢”意义很虚，成了一个纯粹的语法成分。

句末用“佢”的祈使句里面的动词一般为动作性较强的及物动词，有的虽为不及物动词，但构成动结式以后有了及物性，就可以进入这样的祈使句了。如“把佢里塞螺波膝盖跪肿佢”。“跪”本为不及物动词，但构成VC以后可以进入带“佢”的祈使句。宿松方言带“佢”的祈使句的谓语一般是动结式，所以，这类祈使句对动词的选择主要就是对动结式的选择。关于祈使句对动结式的选择限制，袁毓林（1993）作过深入的研究。该书第69—80页将动结式分为述人和非述人两类，述人动结式里面又分自主、非自主两小类，自主的动结式又分可控动结式和非可控动结式，可控动结式按照补语C的色彩义分为中性的和褒义的。图14—1是我们根据袁书归纳出的一个与祈使句相关的动结式系统：

与祈使句相关的动结式语义图：

- 动结式
  - 述人动结式
    - 自主动结式
      - 自主可控动结式
        - 褒义色彩的动结式
        - 中性色彩的动结式
      - 自主非可控动结式
    - 非自主动结式
  - 非述人动结式

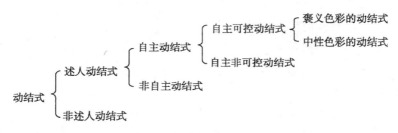

图14—1

袁先生说：述人动结式能进入祈使句，非述人动结式不能进入祈使句。祈使句有肯定式和否定式，自主的动结式能够进入肯定式，有的还能进入否定式，非自主的动结式只能进入否定式，不能进入肯定式；自主可控的褒义动结式只能进入肯定式，不能进入否定式，自主可控的中性色彩的动结式既能进入肯定式祈使句，又能进入否定式祈使句。自主非可控动结式一般不能进入否定祈使句。宿松方言动结式进入带“佢”的祈使句除了要具备袁先生所说的条件之外，还有更为严格的限制。主要有条：（一）不论是自主的动结式还是非自主的动结式一律不能进入否定意义的祈使句。因此，宿松方言没有如下说法：

*莫把鞋磨破佢！｜*不要把佢里的衣裳撕脱掉佢！｜*莫把猪卖脱掉佢！

*莫把碗搭摔脱掉佢！｜*饭莫烧黑佢！｜*不要把钥匙落丢脱掉佢！｜*不要把伢孩子冻病佢！

如将例句中的“佢”去掉，句子便可成立；将“佢”换成完成体助词“着”，句子也可成立，如“莫把鞋磨破”、“莫把鞋磨破着”。下面一组句子里的“莫”不表否定意义：

（9）你莫把饭吃脱掉佢！｜莫把作业做脱掉佢！｜你莫把衣裳洗脱掉佢！

例（9）是正意反说，不是禁止作某种处置，而是提醒、命令、敦促作某种处置，比一般肯定形式的祈使句语气生硬得多。

褒义的自主可控的动结式不但不能进入否定祈使句，而且不能进入肯定祈使句，一般只有非褒义的 VC 才能进入这类祈使句。

贬义的 VC：C 表示人或事物离开、消失、损坏、或偏离原来的状态①，充当 C 的动词或形容词有“走、破、穿、烂、死、断、碎、熄、脱②、扁、弯、痛、瘦”等，例如：

（10）把佢他里的照相机捶扁佢！｜把佢里的衣裳撕脱掉佢！｜把碗摔脱掉佢！｜把门捶破佢！｜把佢里的衣裳搞邋遢脏佢！

（11）把饭吃脱佢！｜把烂菜擦扔脱佢！｜把火吹□ ko[21] 灭佢！｜把我里的头毛一下全部剃脱佢！｜把没得用里的纸烧脱佢！｜把猪卖脱佢！｜把索绳子铰剪断佢！｜把桃子打下来佢！

例（10）的“佢”一般不能去掉，例（11）可以去掉，但用“佢”较为常见。例（10）中，说话人认为 VC 所表示的动作会使处置的对象（动作的受事），甚至动作涉及的某一方不利，如“把佢他里的照相机捶扁佢”，说话人不但认为照相机受损了，而且认为照相机的领有者“佢”也受到了损害。例（11）的 VC 跟例（10）的 VC 在语义上没有明显不同，但说话人一般不关注 VC 所表示的动作对处置的对象（动作的受事）或动作涉及的某一方是否不利或有损害。可见，例（10）的贬义色彩要比例（11）强。

中性的 VC：C 表示任务完成或达到某种预期结果，例如：

（12）把作业做脱佢！｜把衣裳洗脱佢！｜把信写起来佢！｜把火点着

① 表示偏离原来状态的 VC 从语义上看不能严格地算作贬义，但这类 VC 所在的句子可以表示说话者主观认为对动作的受事或动作涉及的某一方会有某种不利或损害，因此也纳入贬义一类。

② “脱”通常作补语，表示“消失、损坏、动作完成或有了结果”等意义，具体表示什么意义要依其前动词的语义而定。这里把用于动词后表示“消失、损坏”义的“V 脱”看作贬义色彩的动结式，把用于动词后表示“动作完成或有了结果”义的“V 脱”看作中性色彩的动结式。

佢！| 把书买倒[①]佢！| 把菜切倒佢！| 把画挂倒佢！| 把鞋着倒佢！

这类祈使句也可不用“佢”，用与不用都比较常见。

褒义的 VC：C 表示达到某种好的、有利的结果。这类祈使句不能在句末用“佢”。宿松方言一般没有如下说法：

* 把衣裳洗干净佢！| * 把花放正佢！| * 把话讲圆泛中听、周到佢！| * 把鞋带系好佢！| * 书摆齐佢！| * 头梳光佢！（自主可控褒义动结式）

如将上举例句中的“佢”去掉，句子便可成立。

上述 VC 均为自主可控动结式。自主非可控动结式也能进入带“佢”的祈使句，这类句子一般要带“一定”、“要”、“非要偏要”、“只”（“只”是表示说话者“意愿、祈望”的副词）等标记来加强指令或意愿。[②]例如：

（13）你一定要把病诊好佢！| 你要把那个贼抓倒佢！| 你只把小王骂哭佢！| 你要把佢救活佢！

例（13）句末的“佢”也可以不用，但用“佢”较为常见。

宿松方言祈使句用“佢”不用“佢”的情况如表 14–1 所示：

表 14–1

<table>
<tr><th>VC的意义类别
祈使句的类别</th><th colspan="3">自主可控动结式</th><th>自主非可控动结式</th></tr>
<tr><td rowspan="2">表肯定意义</td><td>贬义</td><td>中性</td><td>褒义</td><td rowspan="3">可用“佢”，也可不用，以用较为常见。如：你一定要把病诊好（佢）。</td></tr>
<tr><td>一般需用“佢”。如：把你打死佢。</td><td>可用“佢”，也可不用。如：把衣裳洗脱（佢）。</td><td>不用“佢”，通常用“着”。如：你把衣裳洗干净着。</td></tr>
<tr><td>表否定意义</td><td colspan="3">不用“佢”，通常用“着”。如：你莫把钱用脱着。</td></tr>
</table>

① 作补语的“倒”是表动作完成或有了结果的半虚化成分。

② 袁先生用“给我、一定要、千万要”等来判别可控动结式和非可控动结式，可控动结式既可以加这些标记，又可以不加，非可控动结式必须加这些标记。并说“无标记的肯定式祈使句的预设之一是：说话人在发出一个指令之前，认为听话人愿意并且能够去执行这个指令。有标记的肯定式祈使句的预设之一是：说话人在发出一个指令之前，认为听话人不一定愿意或不一定能够去执行这个指令”（所以要用“给我、一定要、千万要”等强调标记来表示命令的强制性——不管能不能、愿不愿意，都要努力去执行）（袁毓林，1993：73—74）。

由表 14-1 可见，带“佢”的祈使句里的 VC 以贬义的为最常见，这一点成为宿松话这类祈使句的重要的语用特色。

二 “佢”的语义及语用功能

宿松方言中，祈使句用“佢”与否跟祈使句的语用预设有关。

“佢”的作用是将听话人的注意力集中到处置的对象（动作的受事）上，以引起听话人的关注，从而敦促听话人对动作的受事实施某种处置。试比较：

（14）你把这些烂菜撂扔脱佢！

（15）你把这些烂菜撂扔脱！

例（14）、（15）表示的意思基本相同，二者没有明显差别，相比之下，例（14）带有说话人要听话人把注意力集中在“烂菜”上，从而敦促听话人作出处置；而例（15）只是一般的指令，敦促处置的意味要比例（14）弱一些。

袁毓林（1993:7）指出：“从表达功能上看，祈使句的作用主要是要求（包括命令、希望、恳求等）听话人做或不做某事。”“说话人在发出一个指令之前，必须对听话人应该不应该、能够不能够、愿意不愿意执行指令事先作出若干假定”（袁毓林，1993：27）。VC 为贬义的祈使句的语用预设是：说话人认为他所发出的指令对处置的对象（动作的受事）甚至动作涉及的某一方是不利的、有损害的，说话人在发出这个指令之前，认为听话人不一定愿意去执行这个指令，因而一般需用“佢”回指，以引起听话人的关注，敦促听话人作出处置。

VC 为中性的祈使句的语用预设是：说话人认为他所发出的指令对处置的对象（动作的受事）甚至动作涉及的某一方无所谓好坏，说话人在发出这个指令之前，认为听话人可能会去执行这个指令，因而可在句末用回指的“佢”，但也可不用。如果说话人要加强自己的指令或意志，敦促听话人去执行，便用“佢”。例如：

（16）把衣裳洗脱掉佢！

VC 为褒义的祈使句的语用预设是：说话人认为他所发出的指令对处置的对象（动作的受事）或动作涉及的某一方是好的、有利的，说话人在发出这个指令之前，认为听话人会主动去执行这个指令，因此，说话人关注的往往不是听话人是否执行指令，而是动作结果的达成，因而这类祈使句一般不用“佢”，但可在句末用表动作实现的助词“着”。

句末带回指代词的祈使句广泛分布于赣语、西南官话、江淮官话、湘语、粤语、客家话、吴语中。笔者还对太湖话、武汉话、黄冈话、英山话、襄樊话等方言进行了调查。武汉话、黄冈话、英山话等方言的句末回指代词的用法跟宿松方言有共同点，就是一般只能进入肯定祈使句，不能进入否定祈使句。所不同的是，句末回指代词对意义、色彩不同的动词或动结式的选择有差异。英山话和武汉话句末回指的“他”的使用情况大致同宿松话的“佢”，即既可用于谓语动词或动结式为贬义色彩的祈使句，又可用于谓语动词或动结式为中性色彩的祈使句。黄冈话中，回指的“他”使用范围比宿松方言要窄，一般只用于谓语动词或动结式为贬义的祈使句，较少用于谓语动词或动结式为中性的祈使句，如可以说“把书卖他”、“把衣服脱他”、“把钱送他”，但不能说“把书买他”、“把衣服穿他”、“把结婚证领他”。[①] 但某些动结式为中性的祈使句如“把作业做了他”，黄冈话也能说。襄樊话句末回指的“他”的使用大致同黄冈话，但范围比黄冈话稍窄，黄冈话可以说“把作业做了他”，襄樊话则不能说。湖南话的回指代词不仅可以进入谓语动词或动结式为贬义和中性的祈使句，而且可以进入谓语动词或动结式为褒义的祈使句，下面例句引自易亚新（2003），易文将回指代词记作“它”，下文统一改作“他”：

（17）把腿跌断他！｜把纸烧成灰他！（贬义）

（18）今朝把衣洗完他！｜把饭煮他/把信发出去他！｜把任务分配下去他！（中性）

（19）把房子布置归一（好）他！｜把椅子摆齐他！｜把帽子戴正他！｜把成绩提高他！（褒义）

从各方言回指代词的使用情况看，回指代词以进入动词或动结式为贬义的祈使句最为常见，能够进入动词或动结式为褒义的祈使句的方言很少。湖南话的回指代词使用范围最广，黄冈话和襄樊话的回指代词使用范围最小，其次是宿松话、英山话和武汉话。这样，回指代词对动词或动结式的选择就形成一个蕴含系列：如果能进入动词或动结式为中性的祈使句，那么它也能进入动词或动结式为贬义的祈使句；如果能进入动词或动结式为褒义的祈使句，那么它也能进入动词或动结式为中性的祈使句。

---

① 黄冈话和武汉话可以说“把书买倒”、“把衣服穿倒”、“把鞋晒倒”（“倒”表动作的完成或有了结果），“倒”后不用“他”。带“倒”的动词所表示的动作能持续或能留下一个可以持续的状态。

如上所述，回指代词一般不能进入否定祈使句。能用回指代词的祈使句一旦用上否定词进行否定，句末就不能用代词回指，而通常是在相应的位置用上完成体助词。宿松方言用“着”，黄梅话、英山话、武汉话、黄冈话用“了”，湖南话用“哒”。下面的例句，武汉话的见李崇兴、胡颖（2006），湖南话的见易亚新（2003）：

（20）莫把水倒了！｜莫把钱用了！｜不要把朋友得罪了！｜不要把我托付的事忘了！（武汉话）

（21）你不把菜泼哒！（湖南话）

（22）你莫把伢冻病着！｜你不要把钱用脱掉着！（宿松话）

否定祈使句的句式义是，说话人告诫听话人不要做出某个动作并导致某种不希望的结果。或许是因为否定祈使句的句式义要求动词后面要跟一个表动作完成或有了结果的成分，而完成体助词不但具有足句作用，而且语义上能够满足这种需要。

武汉话和湖南话祈使句句末的“他”还有更为虚化的用法，例（23）引自李崇兴、胡颖（2006），例（24）引自易亚新（2003）：

（23）这件事只许办成，不许办砸，办砸了你就去死他！｜你去听下子听听，听得不耐烦就溜他！｜你没有长脚？你不晓得跑他？

（24）会开一半就溜他！｜你干脆躲他！

易亚新认为，这个“他”是表示结果、完结义的助词，是由回指的“他”虚化而来。

处置性祈使句[①]句末的回指代词能够发展为表完成的助词，原因主要有三：（一）现代汉语（包括方言）中，处置性的陈述句的谓语动词后通常要带一个表结果、完成义的成分，受其影响，处置性祈使句的谓语动词后的回指代词就有可能被认同为表结果达成，从而逐渐被当作表结果达成的成分使用，特别是在回指代词通常直接跟在动词后面的方言如武汉、湖南等方言，这种演变的可能性会更大。因为，直接接在动词后面的回指代词往往还有足句作用，这样，它就成为一个在句法中必现的成分，其使用频率也会更高，而语言成分发生演变的条件之一就是高频使用。（二）已经语法化了的回指代词，其指代义变得模糊抽象，在高频率使用中，回指代词有可能扩展到与它原来句法环境不相符的句子中。例（23）、（24）中的“他”

① 这里所说的处置性的句子包括处置式和受事主语句。

用于不及物动词后，已经脱离了原来用于及物性强的动词后的句法环境，这种句法环境使得“他”的指代义变为零，其语法功能就有了发生转化的可能。（三）如上所述，宿松、武汉、黄冈等方言中，回指代词只能进入处置性的肯定祈使句，处置性的陈述句和否定祈使句的动词或动结式后则通常用完成体助词，这样，回指代词跟完成体助词就在处置性的句子这一子系统中呈互补分布，久而久之，这个回指代词的功能跟完成体助词发生了混淆，有可能被认同为表结果达成的助词，“动＋回指代词”结构逐渐被重新分析为“动＋完成体”结构。

三　关于“他”与“之”的讨论

易亚新（2003）认为湖南方言“把＋宾＋动＋它”祈使句是从古代汉语继承下来的，“动$_1$（把／将）＋宾＋动$_2$＋之”为书面语形式，“把＋宾＋动＋它”为口语形式。从结构看，古代汉语的“动$_1$（把／将）＋宾＋动$_2$＋之”与现代方言“把＋宾＋动＋回指代词”确有相似之处，语义上也都有处置义。据曹广顺、龙国富（2005），“动$_1$＋宾＋动$_2$＋之”格式在汉魏六朝时期开始出现，“之”与动$_1$的宾语同指，V_1位置上是“取”、“持”、“将”、“捉”等动词，这类动词后来逐渐虚化为表处置的介词。例如：

（25）丁常言：“将我儿杀之，都不复念。”（《三国志魏书》裴注引《曹瞒传》）

（26）汝将此人安徐杀之，勿损皮肉。（《长阿含经》卷7）

（27）是时流离王，实时拔剑，取守门人杀之。（《增壹阿含经》卷26）

（28）就将符一法命焚之。（冯翊：《桂苑丛谈》）

（29）船者乃将此蟾以油熬之。（陆勋：《志怪》）

（30）还把身心细识之。（敦煌文书《维摩诘经讲经文》）

这种“介（把／将）＋宾＋动＋之”格式中的“之”后来消失了。消失的原因，大概就因为回指的“之”在语义和语用上都是一个羡余的成分，语义和语用上不重要的成分，句法上也会逐渐变得不重要。这种回指的“之”的消失符合语言的经济原则。古代汉语的“把／将＋宾＋动＋之”格式和现代汉语方言“把＋宾＋动＋回指代词”格式的用途并不相同。古代汉语中的“把／将＋宾＋动＋之”更多的是用于叙述已然事实的陈述句，较少用于祈使句；而现代汉语方言中的“把＋宾＋动＋回指代词”格式只用于祈使句或意志句（如宿松话就有“我把这个旧电视机撂扔脱掉佢！”、“我把你打死佢！”之类的说法），回指代词有不同于古代汉语“之”的语用意义。所以，我们认为，现代方言“把+宾+动+回指代词”格式跟古代汉语的“把/将+宾+动+之”格式没有继承关系。

我们不承认古今这两种格式有继承关系，但我们承认这两种格式的产生具有一些类似的机制。“及物动词+典型受事”是典型及物结构，是无标记结构，这是古今汉语共同的。古代汉语的“把/将+宾+动+之”和“把+宾+动+回指代词”都是处置式，其动词都是动作性较强的及物动词，都是受“及物动词+典型受事”结构的影响而形成的。就古代汉语的“把/将+宾+动+之”结构而论，可能当时人们对“及物动词+典型受事”已经形成一种心理定势，需要用一个回指的“之”来填补因动作受事的提前而留下的空位。古代汉语中，不但“把/将+宾+动+之”格式中用“之”回指动作的受事，早期的受事主语句也是如此。据蒋绍愚（2004b），《论语》中的受事主语句，除了否定句和有“可/不可”的句子外，句中动词后面必须有一个“之”回指句首的受事主语。这一规则到后来逐渐松动，即使不是否定句和“反宾为主”的句子①，及物动词后面也可以不带宾语“之”，因此，到《世说新语》中就出现了及物动词不带“之”的受事主语句，到《敦煌变文集》中，“受事（+施事）+动词+之”类型的句子仍然使用，但数量减少，尤其是及物动词不带“之”的受事主语句大量增加。这两类结构中，回指的“之”很可能仅仅是满足句法上的需要，没有什么语用目的，因而它在语义、语用上就成了一个羡余成分。汉语方言的“把+宾+动+回指代词”格式也是受“及物动词+典型受事”结构的类推而形成的，只不过，汉语方言这类格式的回指代词有其独有的语义和语用价值，因而在句法上有存在必要。

第二节 句末带“不”和“冇”的祈使句

一 用法

“不［·puʔ］”和“冇［·mɐ］”都可用于祈使句，表示威胁、警告、命令，口气很生硬。例如：

① 蒋先生（2004）所讨论的受事主语句是指“话题—评论”式的受事主语句，“反宾为主”的句子是指意念上表被动的句子。

（31）你走不。

（32）你走冇。

（33）你去写字不。

（34）你去写字冇。

（35）你把钱搞拿出来不。

（36）你把钱搞拿出来冇。

例（31）、（32）都是威胁、警告、命令“你走”的意思，余例类推。这些句子往往用于长辈对孩子或是矛盾十分对立的双方。“不”和“冇”完全没有否定意义，只有加强祈使语气的作用，去掉“不”或“冇”，句子仍为祈使句，因此，我们认为，这里“不”和“冇”已经虚化为语气词了。“不”和“冇”一般可以自由替换，替换后基本意义相同，但存在细微差别。句末用“不”的祈使句说话人关注的是听话人是否愿意执行指令，侧重于主观意愿，如例（1）说话人主观上认为听话人“可能不愿意走”，便在句末用“不”；而句末用“冇”的祈使句说话人关注的是指令是否得以执行，侧重于客观结果。

二 来源

“不”和“冇”本为否定词，用于祈使句句末的“不”和“冇”当是由“VP不”和“VP冇”的正反问句过来的，二者表祈使的语义差异跟“VP不”和“VP冇”的正反问句的差异相对应，即一个侧重主观意愿、一个侧重客观结果，这是语法化的保持原则在起作用。但由于用于祈使句句末的“不”或“冇”已虚化，这种差异显得很细微。

句末用“不”和“冇”的疑问句和祈使句句调完全相同，二者从形式看没有什么区别，只能依据语境来判断。汉语疑问句和祈使句存在着内在的语用联系，疑问的形式通常可用来表祈使的内容。“VP-neg”的正反问是说话者要求听话人进行回答，但在无须作出回答或答案已明确的语境下，听话人能够了解说话人语用意图，从而判断这是说话人发出的要他实施动作行为的指令，表正反问的“VP不”和“VP冇”就用于表祈使了，这样，“不”和“冇”的性质就发生了变化，即由否定词完全虚化为表祈使的语气词。可见，“不”和“冇”由否定词发展为语气词当是语用变化引起的。

第十五章

否 定 句

本章以否定词为线索讨论宿松话的否定句。宿松话所用的否定词有“不、冇（有）、冇得、不得、莫”等。

第一节 ［不puʔ⁵］

“不”的用法大致与普通话相同，通常用在动词、形容词等前表示否定。例如：

（1）我今朝不回去。

（2）佢不会写字。

（3）我今朝有些不快活高兴。

（4）我不吃烟抽烟。

（5）佢长得不漂亮。

（6）佢滴都一点都不勤快。

“不”还可以用于以下格式。

a. A不A

A为动词或形容词，构成反复问：

吃不吃？｜去也不去？｜好不好？｜干净也不干净？

这类格式第一个A后往往要用表停顿的语气词“也”。

b. 不管A不A、管佢A不A

你不管来不来，都要跟我讲一声。｜不管你同不同意，我都要去。

管佢好不好，买一个用下看用用看。

c. 不A不B

A、B为意思相同或相近的单音节动词。表示“既不……也不”：

不哭不闹｜不言不语｜不吃不喝

A、B为形容词、方位词。表示适中：

不胖不瘦 | 不多不少 | 不长高不矮 | 不冷不热 | 不前不后

d. A 不 A，B 不 B

A、B 为单音节动词、形容词、名词或方位词。表示既不像这，又不像那的中间状态，带有说话人不满意的主观意义：

死不死，活不活 | 生不生，熟不熟 | 男不男，女不女 | 人不人，鬼不鬼 | 上不上，下不下

e. 不是 A 就是 B

不是打就是骂 | 不是你去，就是我去 | 不是起风就是落雨下雨

f. 不 A 就 B

表示如果不这样就会怎样：

不得病就好着不生病就好了 | 不发狠努力就考不上 | 不去就算着算了

第二节 “冇有”、“冇”和“冇得”

“冇［mau^{24}］”和“冇有”通常用在动词或形容词前，为否定谓词性成分的副词；“冇得”否定体词性成分，是动词。“冇（有）”和“冇得”合起来相当于普通话的“没有”。

一 冇有［·mɐiəu^{42}］/［mau^{24}iəu］/［·mə·iəu］、冇［mau^{24}］/［·mɐ］

“冇有”念［·mɐiəu^{42}］，是一种强调否定，有特别申明或辩驳的意思，这种意义的“冇有”也可念成［mau^{24}iəu］，念［mau^{24}iəu］强调否定的意义更强；念［·mɐ·iəu］语气要弱，是客观的一般性的否定。例如：

（1）我冇有［·mɐiəu^{42} / mau^{24}iəu］跟佢讲。（被人误认为“我跟佢讲”了，其实，“我”根本没有“跟佢讲”，所以要辩驳或特别申明）

（2）我冇有［·mɐ·iəu］跟佢讲。（一般性否定）

（3）我昨日冇有［·mɐiəu^{42} / mau^{24}iəu］回去。（被人误认为“我昨日回去”了，其实，“我”根本没有“回去”，所以要辩驳或特别申明）

（4）我昨日冇有［·mɐ·iəu］回去。（一般性否定）

在不包含辩驳意义的句子中，一般只念［·mɐ·iəu］，例如：

（5）哥哥还冇有到家。

（6）佢还冇有吃脱完饭。

（7）我里的病还冇有好。

（8）饭还冇有熟。

（9）天还冇有晴。

（10）水还冇有烧热。

（11）桃子还冇有红。

例（5）—（11）都有副词“还”，“还”表示动作或状态持续不变，因此，这些句子都是客观叙述动作或状态仍然没有发生变化或出现某种结果，不是辩驳对方的观点或看法。

“冇”念［mau^{24}］时，其用法与念［mau^{24}iəu］的“冇有”相当；念［·mɐ］时，“冇”与念［·mɐ·iəu］的“冇有”相当。

“冇有”和“冇”还可以用于以下格式，用“冇”比用“冇有”要普遍得多。

A冇（有）A。A为动词或形容词，用于反复问：

吃冇（有）吃？|去也冇（有）去？|熟冇（有）熟？|干净也冇（有）干净？

二　冇得［mau^{24}tæʔ^{5}］、［·mɐtæʔ^{5}］

“冇得”一般念［·mɐtæʔ^{5}］，只有在特别申明否定时才念［mau^{24}tæʔ^{5}］，有特别申明或辩驳的意思。

（12）佢冇得［mau^{24}tæʔ^{5}］那个心思。（被人误认为“佢有那个心思”了，其实，“他”根本没有“那个心思”，所以要辩驳或特别申明）

（13）佢冇得［·mɐtæʔ^{5}］那个心思。（一般性否定）

“冇得［·mɐtæʔ^{5}］”跟普通话的动词“没有”的意义相同，跟“有”的意义相反。例如：

（14）我冇得工夫陪你讲话我没有时间陪你说话。

（15）我脚管冇得劲我的腿没有劲。

（16）家里冇得好东西吃。

（17）佢家今朝冇得人。

（18）明朝冇得雨。

（19）我养里的鱼冇得一个月就死脱着死掉了。

（20）那个鱼冇得一斤重。

（21）我冇得那里那样聪明。

（22）佢冇得你那里那样会做事。

（23）我跑里得冇得你那里那样快。

（24）我冇得你做得那里那样好。

例（12）—（15）是对领有、具有的否定。例（16）—（18）是对存在的否定，句首往往是处所、时间词语。例（19）、（20）表示数量不足。例（21）—（24）用于比较，表示不及。“冇得”还可以用在动词性成分前，例如：

（25）你又不是冇得吃、冇得喝你又不是没有吃的、没有喝的？

（26）鞋着［tʃoʔ⁵］破着了，将冇得着鞋穿破了，现在没有穿的。

（27）你把酒一下喝脱，二回冇得做情你把酒全喝掉，以后没有待客或送礼的。

上举例句里的“吃”、“喝”、“着穿”、“做人情”等都具有指称性，“冇得”有使其后的动词带上指称性的作用。

第三节　不得［puʔ⁵ tæʔ⁵］

宿松方言中，“不得”可以分成两个：一个用在动词或性质形容词前面，记作“不得$_1$”，断定客观条件不允许动作结果的达成；另一个是用在动词性成分前面，记作“不得$_2$”，表示盼望事情早些发生或出现某种结果。

一　不得$_1$

“不得”后面的成分多为单个动词或形容词，也可以是复合动词。例如：

（1）门不得开门开不了，你帮我开一下。

（2）这个索绳子不得断断不了。

（3）火不得着火点不着或烧不着。

（4）这那多这么多东西，佢一个人不得动他一个人拿不动。

（5）佢这一回这一次考试肯定不得及格。

（6）我买里东西不得回去我买的东西弄不回去。

（7）火小着了，饭不得熟熟不了。

（8）鸡舞煮一个小时都不得烂煮不烂。

（9）佢里的病不得好。

（10）落雨衣裳不得干下雨衣服干不了。

这些句子“不得”后面的成分在语义上都可以看作由别的动词促发而形成的结果，但这个表促发动作的动词不出现在句法层面。“不得”表示“结果不能达成”，如例（1）是表示“索弄不断”的意思，至于促发“断”的动作到底是“剪”，是“拉”，还是别的，往往是语境隐含的或无须说明的，因而并不出现在句法层面。余例类推。例（1）—（6）中，“不得”后面是动词，这些动词通常能充任结果补语或趋向补语，例（7）—（10）“不得”后面是形容词，也都能充任结果补语。

“不得”还可用于下列句子。例如：

（11）桃子再过一个星期都不得红。

（12）佢今朝都不得来。

（13）佢三点钟都不得到。

（14）明朝都不得晴。

（15）你莫缠佢你别逗他（指“逗孩子玩”），佢一会一夜都不得困他等一会一晚上都不能入睡。

例（11）—（15）中，“不得”后面的成分不能看作由别的动词促发而形成的结果，但这些动词和形容词在语义上仍然能看作具有结果义的动作或变化。例（11）“不得”后的“红”表变化的完成，例（12）、（13）“不得”后的“来”、“到”表示的动作一开始就完结了，例（14）、（15）“不得”后面的形容词、动词表示一个新状态完成，是瞬时变化、动作的结果。因此，这些句子的“不得”也都表示“结果不能达成”。

“不得 $_1$X”的肯定形式是“得 X”，但其肯定形式多用于疑问句，如例（12）的肯定形式可说成：

（16）佢今朝得来不他今天能来吗？

能进入“不得”后面的成分均为动词或形容词（以单个动词或形容词居多），只有少数“动作＋处所”结构能进入“不得”后面，如“天落雨，今朝不得到家”（“到家”已经融合得像一个词了），其他如动补结构、动宾结构等均不能进入“不得”后，因此，宿松方言没有如下说法：

（17）* 门不得开开门开不了，你帮我开一下。

（18）* 这个索绳子不得割断断不了。

（19）* 火小着了，饭不得煮熟熟不了。

（20）* 佢里的病不得诊好。

（21）* 佢在上课，我不得跟佢讲话。

（22）* 佢一生都不得当校长。

（23）* 佢这一回不得考第一名。

从历史上看，动词前的“不得”有两种意义，一种表示客观条件不许可，如例（24）—（28）；另一种表示禁止，主要见于公文，如例（29）、（30）：

（24）众从者胁公，不得归。(《春秋左传·昭公三十一年》)

（25）太子不得立矣。分之都城，而位以卿，先为之极，又焉得立？(《春秋左传·闵公元年》)

（26）阍，门者也，寺人也。不称名姓，阍不得齐于人；不称其君，阍不得君其君也。(《春秋谷梁传·襄公二十九年》)

（27）亳，亡国也。亡国之社以为庙，屏戒也。其屋亡国之社，不得达上也。(《春秋谷梁传·哀公四年》)

（28）孔子下，欲与之言。趋而辟之，不得与之言。(《论语·阳货》)

（29）大宗者，收族者也，不可以绝，故族人以支子后大宗也。适子不得后大宗。(《仪礼·丧服第十一》)

（30）太子不得立矣。分之都城，而位以卿，先为之极，又焉得立？(《春秋左传·闵公元年》)

宿松方言中，"不得 $_1$"不用于表示禁止，用于表示客观条件不许可时，只用于像例（24）、（25）这种"不得"后面为单个动词的句子，不用于例（26）—（28）之类的句子。

二　不得$_2$

"不得 $_2$"的主语是指人的名词或代词，其后通常是动词词组，例如：

（31）我不得佢走离开。

（32）我昨日到家里乎子到家的时候饿死着，不得饭熟。

（33）我不得天晴。

（34）我不得伢儿孩子大。

（35）佢不得你死。

（36）我不得佢寻个堂客找个老婆。

（37）天这那里热天这么热，我不得到家。

（38）这个东西我不得佢脱这个东西我巴不得早点把它用完或吃完。("佢"在这里复指"这个东西")

（39）你在墙上那里那样磨，不得衣裳破吧？

（40）把米在鸡吃给米给鸡吃，你是不得米脱完。

（41）那个东西买脱那多钱那个东西花了那么多钱，佢是不得钱脱钱完。

"不得 $_2$"后多为主谓词组，如例（31）—（36）。例（38）—（41）是"（不得＋宾）＋补语或动相补语"格式。例（31）是表示"我"迫不及待或急切盼望"佢走"的意思，余例类推。例（39）—（41）有点特别，"不得"所在的小句的前面另有小句，这个小句所言情况说话人认为是不该发生或出现的，从字面看，"不得"所在小句的意思是说对方急切盼望衣服早点破、米早点吃完、钱早点用完，如果不是这样，就不会出现前面所说的情况。当然，按照常理，人们一般不希望衣服早点破、米早点吃完、钱早点用完，所以，说话人的言下之意则是"不爱惜衣服、不爱惜米、不爱惜钱"。如例（39）意思是"你如果不是希望衣服早些破，为什么要在墙上磨（衣服）呢？意即你这样做是不爱惜衣服"。

"不得$_2$"没有与之对应的肯定形式。"不得$_2$"实际是用否定的形式表示肯定，它已经融合成一个复合词了。

"不得$_2$"有时可以用普通话的"巴不得"来替换宿松方言也有"巴不得"其用法大致与普通话相同，但二者意义和用法有以下几点差别：（一）"不得"后面通常不能出现表时间的词语，因为"不得"本身就隐含有说话人希望"现在、马上就出现或发生某动作或某情况"之意，如例（31）不能说成"我不得佢明朝走"；"巴不得"的后面可以出现表时间的词语。例（31）的"不得"可以用"巴不得"替换，但替换后意义有差别。例（31）意思为急切盼望"他早些走"，而"我巴不得他走"只是急切盼望"他走"，因此，"巴不得"所在的句子如果要表示事情早些发生，则要在"巴不得"后加表时间的词语，如说成"我巴不得他马上／明天就走"。例（37）"不得"所在的小句前面另有一个表客观状况不允许时间拖延的小句，这里的"不得"如果要换成"巴不得"，则"巴不得"后面必须要出现表某情况即将发生的时间的词语。（二）"不得$_2$"隐含有"不能达成"的意思，如例（31）表示急切盼望"他早些走"的同时，隐含着"恨不能让他走"的意思，"巴不得"仅表急切盼望，不隐含"不能达成"的意思。（三）"巴不得"的宾语可以用否定形式，如"我巴不得他不走"，"不得"的宾语不能用否定形式，下列句子不能说：

（42）* 我不得佢不走。

（43）* 佢不得你不寻堂客找个老婆。

（44）* 佢不得衣裳不破。

三 "不得$_1$"与"不得$_2$"的关系

"不得$_1$"和"不得$_2$"句法环境有差异，"不得$_1$"的主语可以是表示事物的，以指事物为常，但也可以是指人的，"不得$_2$"的主语通常是指人的。

当主语指人，且“不得”后面的成分为“动作+处所”结构时，“不得”是“不得$_1$”还是“不得$_2$”有时不太好区分，要依语境而定。例如：

（45）路上堵车，今朝不得到家。

（46）我在路上又冷又饿，不得到家。

例（45）前面的小句“路上堵车”指延误了时间，“不得到家”是客观条件造成“到不了家”，是“不得$_1$”；例（46）“我在路上又冷又饿”是主体对当时条件或状况的无法忍受的反应，“不得到家”是“迫切盼望早点到家”的意思，是“不得$_2$”。当“不得”前面既有指人的成分，又有指事或物的成分，且“不得”后面为单个动词时，“不得”是“不得$_1$”还是“不得$_2$”也要依语境而定。例如：

（47）佢好多很多钱，不得脱完。

（48）你买那里那么贵里的东西，钱不得脱完。

例（47）“佢好多钱”指他的钱很多，“不得脱”是“不能用完”的意思，是“不得$_1$”；例（48）“你买那里那么贵里的东西”隐含有浪费钱的意思，“不得脱”是“希望钱早些用完”即“不爱惜钱”的意思，是“不得$_2$”。可见，“不得$_1$”和“不得$_2$”的不同是语境造成的。二者意义有相通之处，都有客观条件不允许达成的意思。只不过，“不得$_1$”表示“不能达成”的意思是凸显的，“希望达成”的意思是隐含的，这种隐含义来自于人们从事某种活动或实施某动作行为希望获得成功的心理。用“不得$_1$”的句子是叙述句，表示在某一活动中客观条件不允许结果的达成，而与说话人或动作涉及的某一方的愿望相悖。如例（1）说话人本希望“门能打开”，但客观上却没有达到这个结果。而“不得$_2$”表示“希望达成”的意思是凸显的，“不能达成”的意思是隐含的，当“不得”前面的主语指人，后面是表事件的成分时，“不得”急切盼望事情早些发生或出现某种结果的主观意义就凸显了出来。因此，我们认为，“不得$_2$”应由“不得$_1$”发展而来。

第四节 莫［mo^{24}］

“莫”用于祈使句，有“莫$_1$”和“莫$_2$”两种用法。“莫$_1$”表否定，相当于普通话的“别”，表示祈劝、命令、提醒听话人别做某事；“莫$_2$”是用否定的形式表肯定的内容，表示要求、提醒、命令听话人做某事。“莫$_1$”举例如下：

（1）你莫走。

（2）你莫去洗衣裳。

（3）你今朝莫到街上去。

（4）你莫骂佢。

（5）莫把衣裳搞邋遢着别把衣服弄脏了。

（6）你莫把在佢哄倒在你别被他哄骗了。

“莫$_2$”的例：

（7）你莫吃。

（8）你只莫回去。

（9）你莫去做事咏。

（10）你莫把衣裳洗脱你把衣服洗掉。

（11）你这个学期莫考及格咏。

例（7）是表要求、命令听话人“吃”的意思，余例类推。这些句子往往用于长辈对孩子或是矛盾十分对立的双方，是在执拗的场合，说话人顺着听话人的意思说的，但说话人的语用意图则与字面意思相反。如例（7）的语用环境是：说话人知道听话人在跟自己对抗或过不去，就顺着听话人的意思叫他（她）别吃，但由于是在执拗、对立的场合，听话人也知道说话人的想法跟自己是对立的，因而能够理解说话人的语用意图。可见，“莫$_2$”是“莫$_1$”在特殊语境下产生的。由于“莫$_2$”不表否定，因此只有褒义和中性义的词语能进入这类带“莫”的祈使句，贬义词不能进入这类祈使句；而“莫$_1$”表否定，因此只有贬义和中性义的词语能进入这类带“莫”的祈使句，褒义词不能进入这类祈使句。因此，例（1）—（3）的“莫”在执拗、对立的语境中可以转化为“莫$_2$”，例（4）—（6）则不能。[①]

① 关于祈使句的语用约束详见袁毓林（1993：18—23）。

参考文献

Alain Peyraube "Historical Change in Chinese Grammar", *Cahier de linguistique-Asie Orientale*, 1999, 28 (2).

Alain Peyraube (贝罗贝) " Syntactic Change in Chinese : On Grammaticalization, Bulletin of the Institute of History and Philology of the Academia Sinica", Taiwan, 1991, 59 (3).

Christine LAMARRE(柯理思):《从河北冀州方言对现代汉语[V在+处所词]格式的再探讨》，载戴昭铭主编《汉语方言语法研究和探索——首届国际汉语方言语法学术研讨会论文集》，黑龙江人民出版社2000年版。

Talmy Givón, *Syntax: A Functional-Typological Introduction (Vol.2)*, Amsterdam: John Benjamins, 1990.

Paul J. Hopper. & Elizabeth Closs Traugott, *Grammaticalization*, Beijing: Foreign Language Teaching and Research Press, 2001.

Russell Ultan, "Toward a Typology of Substantival Possession", In J.H. Greenberg (ed.), 1978.

安徽省宿松县地方志编纂委员会编:《宿松县志》，江西人民出版社1990年版。

贝罗贝:《双宾语结构从汉代至唐代的历史发展》，《中国语文》1986年第3期。

贝罗贝:《早期"把"字句的几个问题》，《语文研究》1989年第1期。

毕永峨:《远指词"那"词串在台湾口语中的词汇化与习语化》，《当代语言学》2007年第2期。

蔡镜浩:《重谈语助词"看"的起源》，《中国语文》1990年第1期。

曹广顺:《近代汉语助词》，语文出版社1995年版。

曹广顺、龙国富:《再谈中古汉语的处置式》，《中国语文》2005年第4期。

曹广顺、遇笑容:《中古译经中的处置式》，《中国语文》2000年第6期。

曹树基:《明代初年长江流域的人口迁移》，《文献》1991年第2期。

查清兰:《星子方言的"着"字》，《南昌职业技术师范学院学报》2001年第2期。

陈晖：《涟源（桥头河）方言的被动标记》，载戴昭铭主编《汉语方言语法研究和探索——首届国际汉语方言语法学术研讨会论文集》，黑龙江人民出版社2002年版。
陈平：《释汉语中与名词性成分相关的四组概念》，《中国语文》1987年第2期。
陈宝勤：《汉魏南北朝时期的副词“都”》，《沈阳大学学报》1995年第3期。
陈宝勤：《副词“都”的产生与发展》，《辽宁大学学报》1998年第2期。
陈宝勤：《语气助词“在”和“有”的产生与消亡》，《汉字文化》2004年第4期。
陈昌仪：《赣方言概要》，江西教育出版社1991年版。
陈初生：《早期处置式略论》，《中国语文》1983年第3期。
陈淑梅：《鄂东方言语法研究》，江苏教育出版社2001年版。
陈淑梅：《鄂东方言的副词“把”》，《汉语学报》2006年第1期。
陈玉洁：《联系项原则与“里”的定语标记作用》，《语言研究》2007年第3期。
陈泽平：《福州方言的结构助词及其相关的句法结构》，《语言研究》2001年第2期。
储泽祥：《邵阳方言研究》，湖南教育出版社1998年版。
储泽祥：《“底”由方位词向结构助词的转化》，《语言教学与研究》2002年第1期。
崔振华：《益阳方言研究》，湖南教育出版社1998年版。
戴浩一：“Temporal Sequence and Chinese Word Order”, Iconicity in Syntax, edited by John Haiman, pp.49–72. Amsterdam, John Benjamins Publishing Company, 1985. 黄河译，《国外语言学》1988年第1期。（引文据译文）
戴浩一：《以认知为基础的汉语功能语法刍议》，《国外语言学》1990年第4期。
戴耀晶：《赣语泰和方言的动词谓语句》，载李如龙、张双庆主编《动词谓语句》，暨南大学出版社1997年版。
邓思颖：《从南雄珠玑方言看被动句》，《方言》2004年第2期。
丁声树：《关于进一步开展汉语方言调查研究的一些意见》，《中国语文》1961年第3期。
董秀芳：《词汇化：汉语双音词的衍生和发展》，四川民族出版社2002年版。
杜道流：《现代汉语感叹句研究》，博士学位论文，安徽大学，2002年。
冯春田：《近代汉语语法研究》，山东教育出版社2000年版。
冯春田：《汉语方言助词“咋吧/不咋”的来历》，《古汉语研究》2006年第

1 期。
冯胜利：《汉语的韵律、词法与句法》，北京大学出版社 1997 年版。
高嶋谦一、蒋绍愚主编：《受事主语句的发展与使役句到被动句的演变》，《形式与意义——古代汉语语法论文集》，Lincom CmbH 2004 年版。
高福生：《〈金瓶梅〉里的句尾“着”》，《语言文字论稿》，江西高校出版社 1999 年版。
高育花、祖胜利：《中古汉语副词“都”的用法及语义指向》，《西北师范大学学报》1999 年第 6 期。
关键：《“一直”“总”“老”的比较研究》，《汉语学习》2002 年第 3 期。
郭锐：《汉语动词的过程结构》，《中国语文》1993 年第 6 期。
郭锐：《过程和非过程——汉语谓词性成分的两种外在时间类型》，《中国语文》1997 年第 3 期。
何洪峰、程明安：《黄冈方言的“把”字句》，《语言研究》1996 年第 2 期。
何洪峰、苏俊波：《“拿”字语法化的考察》，《语言研究》2005 年第 4 期。
洪波：《论汉语实词虚化的机制》，《古汉语语法论集》，语文出版社 1998 年版。
洪波、赵茗：《汉语给予动词的使役化及使役动词的被动介词化》，《语法化与语法研究（二）》，商务印书馆 2005 年版。
侯精一主编：《现代汉语方言概论》，上海教育出版社 2002 年版。
胡明扬：《北京话的语气助词和叹词》，《中国语文》1981 年第 6 期。
胡明扬：《语气助词的语气意义》，《汉语学习》1988 年第 6 期。
胡明扬：《“着”、“在那里”和汉语方言的进行态》，载戴昭铭主编《汉语方言语法研究和探索——首届国际汉语方言语法学术研讨会论文集》，黑龙江人民出版社 2002 年版。
胡明扬主编：《汉语方言体貌论文集》，江苏教育出版社 1996 年版。
黄伯荣：《陈述句疑问句祈使句感叹句》，上海教育出版社 1984 年版。
黄伯荣主编：《汉语方言语法类编》，青岛出版社 1996 年版。
黄国营：《“吗”字用法初探》，《语言研究》1986 年第 2 期。
黄群建：《通山方言志》，武汉大学出版社 1994 年版。
黄群建：《湖北阳新方言的“把”字句》，《汉语学报》2002 年第 6 期。
黄晓雪：《安徽宿松方言引进与事的“在”》，《湖北师范学院学报》2006 年 a 第 3 期。
黄晓雪：《方言中“把”表处置和表被动的历史层次》，《孝感学院学报》

2006年b第4期。
黄晓雪:《汉语方言与事介词的三个来源》,《汉语学报》2007年a第1期。
黄晓雪:《说句末助词“在”》,《方言》2007年b第3期。
黄晓雪:《“被”表原因的来源》,《汉字文化》2007年c第5期。
黄晓雪:《安徽宿松方言的原因连词“把在”》,《语言研究》2008年a第3期。
黄晓雪:《宿松方言的助词“下”》,《汉语学报》2008年b第4期。
黄晓雪:《安徽宿松方言的“那里”和“那”》,《中国语文》2009年a第3期。
黄晓雪:《宿松方言的助词“着”》,《中国语文研究》2009年b第1期。
黄晓雪:《“持拿”义动词的演变模式及认知解释》,《语文研究》2010年a第3期。
黄晓雪:《安徽宿松方言的“倒”》,《长江学术》2010年b第1期。
黄晓雪:《宿松方言带“里”和带“得”的述补结构》,《方言》2010年c第1期。
黄晓雪:《宿松方言中句末带“佢”的祈使句》,《语言研究》2011年a第2期。
黄晓雪:《宿松方言“一”的语法化》,《中国语研究》(日本)2011年b第53号(日本)。
黄晓雪:《也谈“了2”的来源》,《现代中国语研究》(日本)2012年第14期。
黄晓雪:《宿松方言的总括副词“一下”》,《语言研究》2013年a第4期。
黄晓雪:《安徽宿松方言的定语标记“里”》,《汉语方言语法研究的新视角》(国际学术会议论文集),上海教育出版社2013年版。
黄晓雪、李崇兴:《方言中“把”的给予义的来源》,《语言研究》2004年第4期。
黄晓雪、贺学贵:《安徽宿松方言引进与事的“在”》,《湖北师范学院学报》2006年第3期。
黄晓雪:《古本〈老乞大〉的人称代词》,《语言研究》(特刊)2001年。
黄晓雪:《古本〈老乞大〉的语气词“也”》,《语言研究》(特刊)2002年。
江蓝生:《疑问语气词“呢”的来源》,《语文研究》1986年第2期。
江蓝生:《吴语助词“来”“得来”溯源》,《中国语言学报》,商务印书馆1995年版。
江蓝生:《处所词的领格用法与结构助词“底”的由来》,《中国语文》1999年a第2期。
江蓝生:《语法化程度的语音表现》,《中国语言学的新拓展》(庆祝王士元教授六十五华诞),香港城市大学出版社1999年版。
江蓝生:《汉语使役与被动兼用探源》,《近代汉语探源》,商务印书馆2000

年版。
蒋静:《“都”总括全量手段的演变及其分类》,《汉语学习》2003 年第 4 期。
蒋冀骋 :《论明代吴方言的介词“捉”》,《古汉语研究》2003 年第 1 期。
蒋冀骋、吴福祥 :《近代汉语纲要》,湖南教育出版社 1997 年版。
蒋绍愚 :《〈祖堂集〉词语试释》,《中国语文》1985 年第 2 期。
蒋绍愚 :《近代汉语研究概况》,北京大学出版社 1994 年版。
蒋绍愚 :《把字句略论——兼论功能扩展》,《汉语词汇语法史论文集》,商务印书馆 1997 年版。
蒋绍愚 :《〈元曲选〉中的把字句》,《语言研究》1999 年第 1 期。
蒋绍愚 :《“抽象原则”和“临摹原则”在汉语语法史中的体现》,《汉语词汇语法史论文集》,商务印书馆 2000 年版。
蒋绍愚 :《汉语语法化的历程 · 序》,载石毓智《汉语语法化的历程》,北京大学出版社 2001 年版。
蒋绍愚 :《“给”字句“教”字句表被动的来源》,《语言学论丛》第 26 辑,商务印书馆 2002 年版。
蒋绍愚 :《汉语语法演变若干问题的思考》,《第五届国际古汉语研讨会暨第四届海峡两岸语法史研讨会论文》(台北)2004 年 a。
蒋绍愚 :《受事主语句的发展与使役句到被动句的演变》,载高嶋谦一、蒋绍愚主编《形式与意义——古代汉语语法论文集》,Lincom CmbH 2004 年 b。
蒋绍愚 :《关于汉语史研究的几个问题》,《汉语史学报》第 5 辑,上海教育出版社 2005 年版 a。
蒋绍愚 :《近代汉语研究概要》,北京大学出版社 2005 年版 b。
解惠全:《谈实词虚化》,《语言研究论丛》第 4 辑,南开大学出版社 1987 年版。
朗大地:《受副词“多么、真”强制的感叹句》,《语言研究》1987 年第 1 期。
李荣 :《现代汉语方言大词典》,江苏教育出版社 2002 年版。
李成军 :《现代汉语感叹句研究》,博士学位论文,武汉大学,2005 年。
李崇兴 :《宜都话里的两种状态形容词》,《方言》1986 年第 3 期。
李崇兴:《湖北宜都方言助词“在”的用法和来源》,《方言》1986 年第 1 期。
李崇兴 :《元代北方汉语中的语气词》,《历史语言学研究》2008 年第 1 辑。
李崇兴、胡颖:《武汉方言中由“V +他”形成的祈使句》,《江汉大学学报》(人文科学版)2006 年第 6 期。
李崇兴、黄树先、邵则遂 :《元语言词典》,上海教育出版社 1998 年版。

李宗江：《汉语常用词演变研究》，商务印书馆 1999 年版。
李冬香：《浏阳方言的“到”》，《韶关大学学报》（社会科学版）2000 年第 5 期。
李如龙：《论汉语方言的类型学研究》，《暨南学报》（哲学社会科学版）1996 年第 2 期。
李如龙、张双庆主编：《客赣方言调查报告》，厦门大学出版社 1992 年版。
李如龙、张双庆主编：《动词谓语句》，暨南大学出版社 1997 年版。
李思明：《〈朱子语类〉的处置式》，《安庆师范学院学报》1994 年第 1 期。
李小凡：《当前方言语法研究需要什么样的理论框架》，《语文研究》2003 年第 2 期。
李行杰：《描写 分析 综合 创新》，《方言》1999 年第 1 期。
李宇明：《汉语量范畴研究》，华中师范大学出版社 2000 年版。
廖海明：《安远龙布话虚词研究》，硕士论文，华中科技大学，2003 年。
林立芳：《梅县方言的结构助词》，《语文研究》1999 年第 3 期。
林立芳、庄初生：《南雄珠玑方言志》，暨南大学出版社 1995 年版。
刘丹青：《语义优先还是语用优先——汉语语法学体系建设断想》，《语文研究》1995 年第 2 期。
刘丹青：《苏州方言的动词谓语句》，载李如龙、张双庆主编《动词谓语句》，暨南大学出版社 1997 年版。
刘丹青：《法化中的更新、强化与叠加》，《语言研究》2001 年 a 第 2 期。
刘丹青：《汉语给予类双及物结构的类型学考察》，《中国语文》2001 年 b 第 5 期。
刘丹青主编：《语言学前沿与汉语研究》，上海教育出版社 2005 年版。
刘海燕译，刘丹青校注：《类型学与方言句法》，《方言》2004 年第 2 期。
刘丹青：《语法调查研究手册》，上海教育出版社 2008 年版。
刘坚等：《论诱发汉语词汇语法化的若干因素》，《中国语文》1995 年第 3 期。
刘纶鑫：《客赣方言比较研究》，中国社会科学出版社 1999 年版 a。
刘纶鑫：《客赣方言史简论》，《南昌大学学报》（社会科学版）1999 年 b 第 3 期。
刘纶鑫、田志军：《客赣方言研究的回顾与展望》，《南昌大学学报》（社会科学版）2003 年第 2 期。
刘宁生：《汉语偏正结构的认知基础及其在语序类型学上的意义》，《中国语文》1995 年第 2 期。

刘勋宁：《现代汉语词尾“了”的语法意义》，《中国语文》1988年第2期。
刘勋宁：《现代汉语句尾“了”的语法意义及其与句尾“了”的联系》，《世界汉语教学》1990年第2期。
刘勋宁：《现代汉语句尾“了”的来源》，《方言》1985年第2期。
刘永耕：《动词“给”语法化过程的义素传承及相关问题》，《中国语文》2005年第2期。
刘月华主编：《趋向补语通释》，北京语言文化大学出版社1998年版。
刘子瑜：《再谈唐宋处置式的来源》，《语言学论丛》第25辑，商务印书馆2002年版。
卢烈红：《〈古尊宿语要〉代词、助词研究》，武汉大学出版社1998年版。
陆俭明：《现代汉语中一个新的语助词“看”》，《中国语文》1959年第3期。
陆俭明：《关于现代汉语里的疑问语气词》，《中国语文》1984年第5期。
陆俭明：《首届国家汉语方言语法学术研讨会论文集·序》，载《汉语方言语法研究和探索——首届国际汉语方言语法学术研讨会论文集》，黑龙江人民出版社2000年版。
陆俭明：《词语句法、语义的多功能性：对“构式语法”理论的解释》，《外国语》2004年第2期。
陆剑明、马真：《现代汉语虚词散论》，语文出版社1999年版。
吕叔湘：《〈景德传灯录〉中“在”“着”二助词》，载《汉语语法论文集》（增订本），商务印书馆1984年版。
吕叔湘：《与动词后“得”与“不”有关之词序问题》，载《汉语语法论文集》（增订本），商务印书馆1984年版。
吕叔湘：《“把”字用法研究》，载《汉语语法论文集》（增订本），商务印书馆1984年版。
吕叔湘：《“被”字句、“把”字句动词带宾语》，载《汉语语法论文集》（增订本），商务印书馆1984年版。
吕叔湘：《中国文法要略》，商务印书馆1982年版。
吕叔湘：《疑问·否定·肯定》，《中国语文》1985年第4期。
吕叔湘主编：《现代汉语八百词》（增订版），商务印书馆1999年版。
罗昕如：《新化方言的“下”与“哒”》，《方言》2000年第2期。
罗自群：《汉语现代方言“VP＋（O）＋在里/在/哩”格式的比较研究》，《语言研究》1999年第2期。

马贝加：《近代汉语介词》，中华书局 2002 年版。
马庆株：《汉语动词和动词性结构》，北京语言学院出版社 1992 年版。
毛秉生：《衡东前山话的副词》，载伍云姬主编《湖南方言的副词》，湖南师范大学出版社 2007 年版。
梅祖麟：《汉语方言里虚词"着"字三种用法的来源》，《中国语言学报》第 3 辑，商务印书馆 1988 年版。
梅祖麟：《唐宋处置式的来源》，《中国语文》1990 年第 3 期。
梅祖麟：《从汉代的"动、杀"、"动、死"来看动补结构的发展》，《语言学论丛》1991 年第 16 辑。
梅祖麟：《唐代、宋代共同语的语法和现代方言语法》，《中国境内语言暨语言学》1994 年第 2 期。
梅祖麟：《汉语语法史中几个反复出现的演变方式》，《古汉语语法论集》，语文出版社 1998 年版。
彭逢澍：《娄底方言的副词例释》，载伍云姬主编《湖南方言的副词》，湖南师范大学出版社 2007 年版。
平田昌司：《休宁方言的动词谓语句》，载李如龙、张双庆主编《动词谓语句》，暨南大学出版社 1997 年版。
齐沪扬：《"呢"的意义分析与历史演变》，《上海师范大学学报》（社会科学版）2002 年第 1 期。
钱乃荣：《北部吴语研究》，上海大学出版社 2003 年版。
［日］桥本万太郎：《语言地理类型学》，余志鸿译，北京大学出版社 1985 年版。
阮绪和：《江西武宁话的"拿"字句》，《江西教育学院学报》（社会科学版）2006 年第 1 期。
邵敬敏：《关于疑问句的研究》，载吕叔湘等《语法研究入门》，商务印书馆 2003 年版。
邵敬敏、王鹏翔：《陕北方言的反复是非问句》，《方言》2003 年第 1 期。
邵敬敏、朱彦：《"是不是 VP"及其类型学意义问句的肯定性倾向》，《世界汉语教学》2002 年第 3 期。
沈家煊：《"语法化"研究综观》，《外语教学与研究》1994 年第 4 期。
沈家煊：《"有界"和"无界"》，《中国语文》1995 年第 5 期。
沈家煊：《形容词句法功能的标记模式》，《中国语文》1997 年第 4 期。
沈家煊：《语用法的语法化》，《福建外语》1998 年 a 第 2 期。

沈家煊：《实词虚化的机制——〈演化而来的语法〉评介》，《当代语言学》1998年b第3期。
沈家煊：《"在"字句和"给"字句》，《中国语文》1999年a第2期。
沈家煊：《不对称和标记论》，江西教育出版社1999年版b。
沈家煊：《转指和转喻》，《当代语言学》1999年c第1期。
沈家煊：《语言的"主观性"和"主观化"》，《外语教学与研究》2001年第4期。
沈家煊：《如何处置"处置式"——论把字句的主观性》，《中国语文》2002年第5期。
沈家煊：《复句三域"行、知、言"》，《中国语文》2003年第3期。
沈家煊：《认知语言学与汉语研究》，载刘丹青主编《语言学前沿与汉语研究》，上海教育出版社2005年版。
石锓：《浅谈助词"了"语法化过程中的几个问题》，《汉语史研究集刊》2000年第2期。
石汝杰：《高淳方言的动词谓语句》，载李如龙、张双庆主编《动词谓语句》，暨南大学出版社1997年版。
石汝杰、[日]宫田一郎主编：《明清吴语词典》，上海辞书出版社2005年版。
石毓智、李讷：《十五世纪前后的句法变化与现代汉语否定标记系统的形成——否定标记"没(有)"产生的句法背景及其语法化过程》，《语言研究》2000年第2期。
石毓智、李讷：《汉语语法化的历程》，北京大学出版社2001年版。
孙朝奋：《〈虚化论〉评介》，《国外语言学》1994年第4期。
孙朝奋：《实词虚化的机制——〈演化而来的语法〉评介》，《当代语言学》1998年第3期。
孙锡信：《近代汉语语气词》，语文出版社1999年版。
孙宜志：《宿松方言的"一VV到"和"一VV着"结构》，《语言研究》1999年第2期。
孙宜志：《安徽宿松方言同音字汇》，《方言》2002年第4期。
[日]太田辰夫：《中国语历史文法》(中译本第二版)，北京大学出版社2003年版。
覃远雄：《南宁平话的结构助词》，《广西民族学院学报》1998年第4期。
唐爱华、张雪涛：《宿松方言的结构助词》，《安庆师范学院学报》(社会科学版)2004年第6期。

唐爱华:《安徽宿松方言的指示代词》,《安庆师院学院》(社会科学版)2000年第2期。
唐爱华:《安徽宿松方言的“了”与普通话的“了”》,《宿州师专学报》2001年第4期。
唐爱华:《宿松方言研究》,文化艺术出版社、中国社会科学出版社2005年版。
唐爱华:《宿松方言的语气词》,《皖西学院学报》2005年第3期。
唐钰明:《汉魏六朝被动式略论》,《中国语文》1987年第3期。
唐钰明:《唐至清的“被”字句》,《中国语文》1988年第6期。
万波:《安义方言的动词谓语句》,载李如龙、张双庆主编《动词谓语句》,暨南大学出版社1997年版。
汪平:《贵阳方言的语法特点》,《语言研究》1983年第1期。
汪国胜:《大冶方言语法研究》,湖北教育出版社1994年版。
汪国胜:《湖北方言的“在”和“在里”》,《方言》1999年第2期。
汪国胜:《大冶方言的“把”字句》,博士学位论文,华中师范大学,2000年a。
汪国胜:《新时期以来的汉语方言语法研究》,《华中师范大学学报》2000年b第2期。
汪国胜:《湖北大冶方言的比较句》,《方言》2000年c第3期。
汪化云:《鄂东方言研究》,巴蜀书社2004年版。
汪化云:《汉语方言“个类词”研究》,《历史语言研究所集刊》(台北)2008年第79本第三分。
汪化云:《方言指代词与复数标记》,《中国语文》2011年第3期。
汪化云:《汉语方言 tɕ 类复数标记的来源》,《语言研究》2012年第1期。
汪维辉:《〈老乞大〉诸版本所反映的基本词历时更替》,《中国语文》2005年第6期。
王芳、刘丹青:《河南光山方言来自“里”的多功能虚词“的”》,《语言研究》2011年第2期。
王红:《副词“都”的语法意义试析》,《汉语学习》1999年第6期。
王力:《汉语史稿》,中华书局1980年版。
王建伟、苗新伟:《语法化现象的认知语用解释》,《外语研究》2001年第2期。
王克仲:《意合法对假设义类词形成的作用》,《中国语文》1990年第6期。

王培光、张惠英：《说“个、的”可以表完成、持续》，载戴昭铭主编《汉语方言语法研究和探索——首届国际汉语方言语法学术研讨会论文集》，黑龙江人民出版社 2003 年版。
文旭：《〈语法化〉简介》，《当代语言学》1998 年第 3 期。
吴福祥：《尝试态助词“看”的历史考察》，《语言研究》1995 年第 2 期。
吴福祥：《敦煌变文语法研究》，岳麓书社 1996 年版。
吴福祥：《从“VP－neg”式反复问句的分化谈语气词“么”的产生》，《中国语文》1997 年第 1 期。
吴福祥：《重谈“动＋了＋宾”格式的来源和完成体助词“了”的产生》，《中国语文》1998 年第 6 期。
吴福祥：《南方方言几个状态补语标记的来源（一）》，《方言》2001 年第 4 期。
吴福祥：《能性述补结构琐议》，《语言教学与研究》2002 年 a 第 5 期。
吴福祥：《汉语能性述补结构“V 得 / 不 C0”的语法化》，《中国语文》2002 年 b 第 1 期。
吴福祥：《南方方言里虚词“到（倒）”的用法及其来源》，《中国语文研究》（香港）2002 年 c 第 2 期。
吴福祥：《南方方言几个状态补语标记的来源（二）》，《方言》2002 年 d 第 1 期。
吴福祥：《南方方言能性述补结构“V 得 / 不 C”带宾语的语序类型》，《方言》2003 年 a 第 3 期。
吴福祥：《关于语法化的单向性问题》，《当代语言学》2003 年 b 第 4 期。
吴福祥：《再论处置式的来源》，《语言研究》2003 年 c 第 3 期。
吴福祥：《近年来语法化研究的进展》，《语言教学与研究》2004 年第 1 期。
吴福祥：《汉语历史语法研究的检讨与反思》，《汉语史学报》2005 年第 5 辑，上海教育出版社。
吴启主：《常宁方言研究》，湖南教育出版社 1998 年版。
伍铁平：《词义的感染》，《语文研究》1984 年第 3 期。
伍云姬主编：《湖南方言的副词》，湖南师范大学出版社 2007 年版。
武振玉：《副词“都”的产生和发展》，《社会科学战线》2001 年第 5 期。
向熹：《简明汉语史》，高等教育出版社 1993 年版。
项梦冰：《连城方言的动词谓语句》，载李如龙、张双庆主编《动词谓语句》，暨南大学出版社 1997 年版。
萧国政：《武汉方言“着”字与“着”字句》，《方言》2000 年第 1 期。

谢留文：《南昌县（蒋巷）方言的两个虚词“是”和“着”》，《中国语文》1998 年第 2 期。
邢福义：《“起去”的普方古检视》，《方言》2002 年第 2 期。
邢向东：《论现代汉语方言祈使语气词“着”的形成》，《方言》2004 年第 4 期。
徐阳春：《南昌方言的体》，《南昌大学学报》（社会科学版）1999 年第 3 期。
徐以中、杨亦鸣：《副词“都”的主观性、客观性及语用歧义》，《语言研究》2005 年第 3 期。
许宝华、[日]宫田一郎：《汉语方言大词典》，中华书局 1999 年版。
许小明、周玲玲：《江西吉水话的“里”探微》，《吉安师专学报》2000 年第 1 期。
杨平：《“动词＋得＋宾语”结构的产生和发展》，《中国语文》1989 年第 2 期。
杨荣祥：《近代汉语副词研究》，商务印书馆 2005 年版。
杨永龙：《〈朱子语类〉完成体研究》，河南大学出版社 2001 年版。
杨永龙：《汉语方言先时助词“着”的来源》，《语言研究》2002 年第 2 期。
易亚新：《常德方言的“它”字句》，《语言学论丛》2003 年第 28 辑。
游汝杰：《汉语方言学导论》，上海教育出版社 1992 年版。
于立昌：《“一”表体功能的形成与发展》，《语言研究》2008 年第 2 期。
余光中、田植均：《近代汉语语法研究》，学林出版社 1999 年版。
俞光中：《水浒全传》句末的“在这（那）里”考》，《中国语文》1986 年第 1 期。
袁宾：《祖堂集》被字句研究》，《中国语文》1989 年第 1 期。
袁家骅：《汉语方言概要》，文字改革出版社 1983 年版。
袁毓林：《现代汉语祈使句研究》，北京大学出版社 1993 年版。
袁毓林：《汉语语法研究的认知视野》，商务印书馆 2004 年版。
岳俊发：《“得”字句的产生和演变》，《语言研究》1984 年第 2 期。
曾毅平：《石城（龙岗）方言的被动句、双宾句、“来、去”句、“有”字句和“添”字句》，载戴昭铭主编《汉语方言语法研究和探索——首届国际汉语方言语法学术研讨会论文集》，黑龙江人民出版社 2003 年版。
詹伯慧：《汉语方言语法研究大有可为——序《汉语方言语法调查手册》，《语文研究》1994 年第 4 期。
詹伯慧：《二十年来汉语方言研究述评》，《方言》2000 年第 4 期。
詹伯慧：《汉语方言语法研究的回顾与前瞻》，《语言教学与研究》2004 年第 2 期。
詹开第：《口语里两种表示动相的格式》，《句型和动词》，语文出版社 1987

年版。
张赪：《汉语介词词组词序的演变》，北京语言文化大学出版社 2002 年版。
张敏：《认知语言学与汉语名词短语》，中国社会科学出版社 1998 年版。
张敏：《汉语方言双及物结构南北差异的成因：类型学研究引发的新问题》，《中国语言学集刊》2011 年第 4 卷第 2 期。
张林林：《九江话里的“着”》，《中国语文》1991 年第 5 期。
张美兰：《祖堂集》语法研究》，商务印书馆 2003 年版。
张双庆主编：《动词的体》，中国东南方言比较研究丛书第 2 辑，香港中文大学中国文化研究所吴多泰中国语文研究中心 1996 年版。
张谊生：《现代汉语副词研究》，学林出版社 2000 年版 a。
张谊生：《论与汉语副词相关的虚化机制》，《中国语文》2000 年 b 第 1 期。
张谊生：《副词“都”的语法化与主观化——兼论“都”的表达功用和内部分类》，《徐州师范大学学报》（哲学社会科学版）2005 年第 1 期。
张振兴：《蓬勃发展中的汉语方言学》，载许嘉璐等主编《中国语言学现状与展望》，外语教学与研究出版社 1996 年版。
赵新：《论“V — neg”式反复问句的分化演变》，《湖北教育学院学报》（社会科学版）1994 年第 1 期。
赵艳芳：《认知语言学概论》，上海外语教育出版社 2001 年版。
赵元任：《汉语口语语法》，吕叔湘译，商务印书馆 1979 年版。
赵元任 (Chao，Yuen–ren). *A Grammar of Spoken Chinese*，Berkeley：University of California Press. Second Printing，1970 .
郑张尚芳：《皖南方言的分区（稿）》，《方言》1986 年第 1 期。
郑张尚芳：《方言中的舒声促化现象》，《中国语言学报》1995 年第 5 期。
中国社会科学院、澳大利亚人文科学院：《中国语言地图集》，香港：朗文出版有限公司 1987 年版。
钟兆华：《语气助词“呀”的形成及其历史渊源》，《中国语文》1997 年第 5 期。
周静芳：《赣方言的形成与发展初论》，《南昌大学学报》（社会科学版）1998 年第 3 期。
朱德熙：《北京话、广州话、文水话和福州话里的“的”》，《方言》1980 年第 3 期。
朱德熙：《语法讲义》，商务印书馆 1982 年版。
朱德熙：《自指和转指——汉语名词化标记“的、者、所、之”的语法功能和语义功能》,《方言》1983 年第 1 期。
朱德熙：《汉语方言里的两种反复问句》,《中国语文》1985 年第 1 期。
朱德熙:《"V-neg-VO" 与 "VO-neg-V" 两种反复问句在汉语方言里的分布》,《中国语文》1991 年第 5 期。
朱德熙：《从方言和历史看形容词的名词化》,《方言》1993 年第 2 期。
朱德熙：《现代汉语语法研究》，商务印书馆 2001 年版。
朱冠明：《中古译经中的"持"字处置式》,《汉语史学报》第 1 辑，上海教育出版社 2002 年版。
朱建颂：《武汉方言研究》，武汉出版社 1992 年版。
朱建颂：《武汉方言词典》，江苏教育出版社 1995 年版。
祝敏彻：《论初期处置式》,《语言学论丛》第 1 辑，商务印书馆 1957 年版。
祝敏彻：《"得"字用法演变考》,《甘肃师大学报》1960 年第 1 期。
祝敏彻：《汉语选择问、反复问的历史发展》,《语言研究》1995 年第 2 期。
左福光：《四川宜宾方言的被动句和处置句》,《方言》2005 年第 4 期。
左林霞：《孝感方言的标记被动句》,《语言研究》2004 年第 2 期。

后　　记

本书是在我博士论文的基础上修改充实而成的。从做博士论文至书稿完成历时九载。虽耗时较长，但总感自己功底不够深，视野不够开阔，因而对即将面世的书稿不免心存惶恐。

书稿在修改过程中，采纳了张敏先生提出的先对宿松方言语法进行总体描写，然后对那些有特色的语法现象和语法成分作细致深入的研究的建议；吴福祥先生拨冗赐序，还对书稿提了很多宝贵的修改意见，给我以启发和指导。在此谨向张先生和吴先生致以最诚挚的谢意。

我要特别感谢我的导师李崇兴先生。我能够将自己的母方言与近代汉语语法结合起来进行研究，得益于从先生那里学来的近代汉语语法。从博士论文到书稿的完成，先生倾注了大量的心血。他严谨的治学态度和鼓励创新的精神使我受到鞭策和鼓舞。在写作过程中，每每有所发现或有新的思想，先生总是鼓励我加以发掘和深入研究。文章的不足和疏漏之处，也常逃不过先生的法眼，促使我不断地思考和反复进行修改。总之，书稿有今天这个样子，离不开先生的循循善诱，他培养了我发现问题、探求本真的志趣。

感谢支持我的众多师友和家人。感谢董为光先生、黄树先先生、程邦雄先生、何洪峰先生、卢列红先生、储泽祥先生等给我的建议和指导，感谢他们对我的鼓励和帮助。

黄晓雪

2013 年 9 月于杭州小和山